주심부(註心賦)와 유식(唯識)

주심부(註心賦)와 유식(唯識)

초판 1쇄 발행 2023년 9월 27일

엮은이 황정원
펴낸이 강수걸
편집 이혜정 신지은 강나래 오해은 이선화 이소영 김소원
디자인 권문경 조은비
펴낸곳 산지니
등록 2005년 2월 7일 제333-3370000251002005000001호
주소 부산시 해운대구 수영강변대로 140 BCC 613호
전화 051-504-7070 | 팩스 051-507-7543
홈페이지 www.sanzinibook.com
전자우편 sanzini@sanzinibook.com
블로그 sanzinibook.tistory.com

ISBN 979-11-6861-174-0 03220

주심부와 유식
註心賦 唯識

야청 황정원 엮음

산지니

머리말

    이 책은 영명(永明) 연수(延壽)대사의 <주심부>(註心賦)에 나오는 노래 중에서 유식(唯識)에 관련된 것만 초록(抄錄)한 것이다. 연수(延壽)대사는 중국 송(宋)대에 선교일치(禪敎一致)를 주장한 대표적인 선사(禪師)인데, 특히 유식학(唯識學)의 중요성을 강조한 분이다. 처음에는 대사(大師)의 <종경록>(宗鏡錄) 백권(百卷)에서 유식(唯識) 부분을 초록하여 보림선원(寶林禪院)의 교재(敎材)로 사용하려고 하였었다. 막상 정리해 보니 그 내용들이 이미 시중에 나와 있는 유식론(唯識論) 서적들과 중복(重複)되는 것이 많고, 또 유식(唯識)을 설명한 분량(分量)이 20여 권을 훌쩍 넘어서 한 권(卷)으로 정리하기가 힘들었다. 그래서, 만년(晚年)의 저술인 <주심부>(註心賦) 사권(四卷)에서 유식(唯識)을 강의한 내용을 살펴보니 분량도 단권(單券)으로 정리가 되고, 내용도 교재용으로 보다 적당하게 보였다. 원칙상 만법유식(萬法唯識)을 설명하는 유식(唯識)법문만 초록하여 번역하였으나, 삼계유심(三界唯心)과 만법유식(萬法唯識)이 불가분의 관계이므로 일체유심조(一切唯心造)를 설명하는 법문도 부분적으로 중복될 수밖에 없었다.

    원래 부산 보림선원 교재용으로 편집했으나, 부산 가야

사 정현(正賢)스님의 지원을 받게 되어서 출판(出版)에 부치게 되었다. 정현스님과는 15년 전에 부산 범어사에서 원조(圓照) 각성(覺性)스님을 모시고 <주심부> 강의를 같이 들었던 인연이 있다. 초록(抄錄)하는 편집(編輯)작업에는 부산 보림선원(寶林禪院) 도반인 정(鄭) 길상화(吉祥華)보살님의 수고가 컸다. 지면을 통해서 공덕이 큰 두 분께 감사의 말씀을 드린다.

2023년 가을
부산 보림선원에서
야청(也靑) 황정원 합장

차례

일러두기

• 한문(漢文)을 한글로 번역하면서 중요한 단어는 한자(漢字)를 괄호 안에 두었다. 한문(漢文)단어를 풀어서 번역하는 것은 공부를 비효율적으로 오도(誤導)할 우려가 있으므로 직역(直譯)을 원칙으로 하였다.

• 공부하는 불자(佛子)들이 상식적으로 알아야만 하는 전문적인 불교용어(佛敎用語)는 한문(漢文) 그대로 익힐 필요가 있으므로 일일이 모두 한글로 번역하지는 않았다.

• 보림선원의 불자(佛子)들은 노안(老眼)으로 시력(視力)이 약한 도반이 많으므로, 활자를 좀 크게 하자는 요청이 있어서 그 의견에 따라서 약간 큰 글자로 조정하였다.

• 이미 출판한 능엄경 교재인 <불교와 마음>, <불교와 여래장>에 실린 내용과 중복(重複)되는 경우는 가급적 생략(省略)했으나, 설명방식이 다른 내용들은 그냥 두었다.

• [주(註)]에서 불필요하다고 보이는 내용들은 삭제(削除)한 경우도 있다.

• 한글 번역은 원조(圓照) 각성(覺性)스님의 녹취록을 주로 하고, 박건주 선생의 <주심부 역주>(학고방, 2014)를 많이 참조하였다.

제1부
연수(延壽)대사와 유식(唯識)

제1부 연수(延壽)대사와 유식(唯識)

1. 경덕(景德) 전등록(傳燈錄)에 나온 행장(行狀)

연수(延壽)대사는 여항(餘杭)사람이다. 성(姓)은 왕(王)씨다. 총각 때부터 불교에 마음을 두고, 20세가 되자 냄새가 나는 채소를 멀리하고 일일(一日)일식(一食)하였다. <법화경>(法華經)을 독송하는데 일곱 줄을 단번에 읽더니 60일 만에 모두 외웠다. 28세에 화정진(華亭鎭)의 진장(鎭將)이 되었는데, 때마침 취암(翠巖) 영명(永明)대사가 용책사(龍冊寺)로 옮겨 와서 현묘한 법화(法化)를 크게 드날리고 있었다. 이때에 오월(吳越)의 문목왕(文穆王)이 대사(大師)가 도(道)를 사모함을 알고 출가(出家)를 허락하였다. 취암(翠巖)을 스승 삼고 대중(大衆)을 시봉하되 제 몸을 돌보지 않았다. 옷은 비단을 걸치지 않고, 식사는 중미(重味)가 없어서, 그저 채소와 베옷으로 조석(朝夕)을 지냈다. 그런 후에 천태산(天台山) 천주봉(天柱峰)에서 90일 동안 선정(禪定)을 익혔는데, 까마귀 종류인 척알새가 옷자락에 둥지를 틀었다고 한다. 그리고 덕소(德韶)국사를 찾아가니, 처음 보고는 큰 그릇인 줄 알아보고, 비밀스레 현지(玄旨)를 전해주었다. 그리고 "그대는 원수(元帥)와 인연이 있으니, 후일에 불사(佛事)를 크게 일으킬 것이다"라고 예언했다.

처음에 명주(明州) 설두산(雪竇山)에 주석(住錫)하니 배우려는 대중(大衆)들이 구름같이 모였다. [법문은 생략함]

다시 건륭(建隆) 원년(元年)에 충의왕(忠毅王)이 영은산(靈隱山)의 신축한 절에 초청하여 제일세(第一世)주지가 되었다. 이듬해에 다시 영명(永明) 대도량(大道場)에 초청하여 제이세(第二世)주지가 되니, 대중(大衆)의 수(數)가 2,000명을 넘었다. [법문은 생략함] 대사(大師)가 영명(永明)도량에 주석한 15년 동안에, 도(度)한 제자는 1,700명이었다. 개보(開寶)7년에 천태산(天台山)에 들어가서는 대략 만여 명(萬餘名)에게 도계(度戒)하였다.

대사는 항상 일곱 종류의 대중에게 보살계(菩薩戒)를 베풀었다. 밤에는 귀신에게 음식을 나눠주고, 아침에는 온갖 방생(放生)을 하여 그 수효를 헤아릴 수 없다. 매일 여섯 차례 산화(散華)하며 정진하고, 여력(餘力)으로 법화경(法華經)을 13,000번 념(念)하고, <종경록> 100권을 비롯하여 시게부영(詩偈賦詠)이 천만 언(千萬言)을 넘는데, 해외(海外)에도 번졌다. 고려국왕(高麗國王: 光宗)이 대사(大師)의 언교(言敎)를 보고는, 사신(使臣)을 보내 제자의 예(禮)를 올리고, 금실로 짠 가사(袈裟)와 자수정으로 만든 염주(念珠)와 황금다기(黃金茶器)를 바쳤다. 그 나라의 승려 36명을 유학시켰으며, 친히 인기(印記)를 받아 본국으로 돌아와서는 각기 한 지방을 교화하였다.

　개보(開寶)8년인 을해(乙亥) 12월에 병을 보이더니, 26일 진시(辰時)에 향을 피우고 대중(大衆)에게 고(告)하고 가부좌(跏趺坐)를 틀고 좌탈(坐脫)하셨다.

2. 연수(延壽)대사와 유식학(唯識學)

　<주심부>(註心賦)의 저자인 연수(延壽: 904~975)대사는 선종(禪宗)이 승세(乘勢)를 잡던 북송(北宋) 초기(初期)에, 법안종 제3조로서 선교일치(禪敎一致)를 설명하는 많은 저술을 남긴 분이다. 그는 대법안(大法眼) 문익(文益: 885~958)의 법제자인 천태(天台) 덕소(德韶)국사의 법을 이은 유명한 선사(禪師)이었다. 송(宋) 태조(太祖) 건륭(健隆) 2년(年)부터 영명사(永明寺)에 주석(住錫)하면서 15년간 교화(敎化)하다가 72세(歲)에 시적(示寂)하셨는데, 바쁜 일상(日常) 속에서도 선교(禪敎)의 진수(眞髓)를 설명하는 <종경록>(宗鏡錄) 100권, <만선동귀집>(萬善同歸集) 6권, <주심부>(註心賦) 4권, <관심현추>(觀心玄樞) 3권 등(等) 많은 법문을 남겼다.

　연수(延壽)대사는 법안종(法眼宗)의 선사(禪師)인데도 불구하고, 부처님의 교(敎)와 조사(祖師)의 선(禪)이 같다는 주장을 강하게 내세웠다는 점에서, 참 불자(佛子)의 진

면목을 내세운 분이라고 하겠다. 특히 영명사(永明寺) 경내에 교종(敎宗)의 각 종파(宗派)에서 논사(論師)들을 불러 모아 동거(同居)동식(同食)하면서, 수많은 불법(佛法)에 관한 질문(質問)에 대하여 각 파(各派)의 견해를 분류하고 정리하면서, 선교(禪敎)일치(一致)의 결론을 도출하면서 장기간에 걸쳐서 편찬(編纂)된 것이 <종경록> 100권이다. <종경록>을 편찬한 목적은 일심(一心)을 중심으로 하는 선교일치(禪敎一致)사상을 고양(高揚)하는 데 있었던 것 같다. 당시 중국에서 성행하던 천태종(天台宗)·화엄종(華嚴宗)·삼론종(三論宗)·유식학(唯識學)의 주장을 주로 소개하면서, 이를 선지(禪旨)와 융합(融合)하여 선교(禪敎)를 합치(合致)하려는 입장을 표현하고 있다. <종경록>은 대승(大乘)의 경론(經論) 60부와 현성(賢聖) 300인의 주장을 참조하고 있어서, 당시에 불교사상을 가장 잘 정리한 책으로, 즉 불교의 백과사전(百科事典)이라고 할 정도로 선교(禪敎) 양종(兩宗)에서 모두 존중을 받았다고 한다. 그 내용(內容) 중에는 천태(天台)와 화엄(華嚴)이 교종(敎宗)의 주류(主流)를 이루지만, 법상종(法相宗)의 유식(唯識)사상이 의외(意外)로 많이 포함되어 있는데, 무려 20여 권에 걸쳐서 자세하게 설명한 것을 보면, 연수대사는 유식학을 매우 존중했다고 할 수 있다.

그가 만년(晩年)에 저술한 것으로 보이는 <주심부> 4권은, 일심(一心)을 7,500자로 노래한 <심부>(心賦)에다 자신이 직접 주석(註釋)을 자세하게 붙인 독특한 저술이다. 내용을 보면 <종경록>의 100권을 종횡으로 정리(整理)한 것으로 보인다. 이 <주심부>에도 유식(唯識)법문이 비교적 많이 들어 있는 것을 보면, 대사(大師)가 유식(唯識)의 중요성을 시종일관(始終一貫) 강조한 태도를 알 수가 있다. 특기할 점은, 제452번 노래의 주석(註釋)에서 "만약 결정코, 이 유식(唯識)의 정리(正理)를 믿고 들어가면, 신속하게 보리(菩提)에 이른다"고 한 해설이 <종경록>에도 들어 있는 것을 보면, 유식학(唯識學)을 불교공부의 지름길이라고 적극 권장한 태도를 알 수가 있다.

3. 법상종(法相宗)과 유식(唯識)사상

인도(印度)의 마지막 불교는 유식학(唯識學)이었다. 초기 불교 경전(經典)에는 시방삼세(十方三世)가 실유(實有)라는 사상에서 불법을 설명하는, 설일체유부(說一切有部)의 주장이 두드러지게 나타난다. 그러다가 불멸 후 600년경에 용수(龍樹)보살이 팔불(八不)을 주장하여 일체개공(一切皆空)을 강조하면서 이른바 대승(大乘)불교가 시작하는데, 우리가 독송하는 반야심경(般若心經)과 금강경(金剛經)을 포함하는 600부 반야경(般若經)이 그 핵심이었다. 그렇게 성립된 삼론종(三論宗)은 제법(諸法)이 연기(緣起)라는 주장으로, 만법(萬法)은 독자성(獨自性)이 없다는 공무(空無)를 강조하는데, 다시 불멸 후 900년경에 와서는 무착(無着)·세친(世親)의 형제가 가유(假有)인 법상(法相)을 설명하면서 만법유식(萬法唯識)을 주장하였다. 이것이 인도불교의 역사를 크게 구분하는 방식인데, 유식학(唯識學)이 인도불교의 대미(大尾)를 장식한 것은 공지(共知)의 사실이다.

이렇게 인도의 불교가 변천하는 원인을 요약하면, 시방삼세(十方三世)를 실유(實有)로 이해하던 초기의 부파불교가 지나치게 유(有)에 기울어지므로, 설일체유부(說一切有部)의 삼세실유론(三世實有論)을 비판하는 용수(龍樹)보살의 팔불(八不)주장이 등장한 것은 당연한 시대적 요청에 부응(副應)한 현상으로 볼 수 있다. 그런데 삼론종(三論宗)의 말류(末流)들이 공(空)에 치우쳐서 '도무소유(都無所有)하니 발무인과(撥無因果)라'고 주장하는 악취공(惡取空)에 빠지므로, 이러한 공무(空無)를 바로잡고자 가유(假有)를 설명하는 무착(無着)보살과 세친(世親)보살이 등장한 것도 시대적 요청이었다고 하겠다. 이렇게 불교가 변천(變遷)한 시대적인 이유(理由)를 감안하면, 처음에 실유(實有)에 집착하는 병통을 고치는 팔불(八不)중도(中道)라는 처방이 나왔고, 다시 악취공(惡取空)에 빠진 공(空)을 보완하고자 가유(假有)를 강조하는 유식학(唯識學)이 나타난 것으로 설명할 수가 있다.

중국 송(宋)대에 연수(延壽)대사가 편찬한 <종경록> 100권에는 대승사가(大乘四家)인 삼론(三論)·유식(唯識)과 천태(天台)·화엄(華嚴)이 주인공으로 등장하는데, 전(前) 이가(二家)는 이미 인도(印度)에서 완성된 교학(敎學)이었고, 후(後) 이가(二家)는 중국에 와서 비로소 성립한 것이라고 본다. 연수대사의 불교가 고려 광종(光宗)시절에 국내(國內)에 도입되면서 왕가(王家)의 비호 아래 대승사가(大乘四家)는 우리 불교사에서 중심을 차지했었다. 고려의 오교(五敎)일선(一禪)과 오교(五敎)양종(兩宗)을 통하여, 법상종(法相宗)의 유식사상도 계속 전승(傳乘)되었다고 하겠다. 그런데 조선에 와서 억불(抑佛)숭유(崇儒)정책으로 불교가 선교양종(禪敎兩宗)으로 통합되면서 교종(敎宗)이 위축되었고, 대승사가(大乘四家) 중에서 유독 유식학(唯識學)이 번성하지 못했던 것 같다. 고려 이전에는 원측(圓測)과 같은 대가(大家)들이 있었으나, 고려 이후에는 유식학(唯識學)의 전문가를 찾기가 힘든 상태가 된다. 오늘날에 와서는 우리가 유식학을 처음부터 공부할 수 있는 기초적인 교재(敎材)조차 찾기가 쉽지 않다. 근래에 와서 <성유식론>成唯識論에 대한 해설서가 몇 종류 시중에 출간되었으나, <유식삼십송>唯識三十頌을 근간으로 삼는 유식(唯識)이론을 불자(佛子)들이 배울 기회(機會)가 드문 현실(現實)은 여전하다.

유식학(唯識學)을 배워야 하는 이유는 여러 가지가

있지만, 근래에 등장한 양자물리학과 관계가 있다는 사실은 주목할 만하다. 이른바 이중슬릿실험(double slits experiment)에서 나타나는 파동과 입자의 모순(矛盾)을 관찰자(觀察者)의 중요성(重要性)으로 해설하는 양자물리학의 설명방식은 유식(唯識)사상과 맥락을 같이한다는 점이다. 특히 "모든 입자(粒子)는 확률적(確率的)으로 파동(波動)으로 존재할 뿐이고, 관측(觀測)될 경우에만 고정(固定)된 존재(存在)로 나타난다"는 양자물리학의 주장은 유식학의 유식무경(唯識無境)과 같은 이론이다. 양자물리학은 아직 완성되지 않은 학문이지만, 불교의 유식학(唯識學)은 인도에서 완결된 이론이다. 우리가 만약 불교의 유식학(唯識學)을 먼저 학습하면, 장차 양자물리학을 쉽게 이해할 수 있을 것이다.

그래서 연수대사의 <주심부>註心賦 4권에 실린 총 517개의 노래 중에서 유식(唯識)법문이 포함된 100개 정도만 초역(抄譯)하여, 우선 유식학(唯識學)에 입문(入門)하는 교재(敎材)로 삼고자 한다.

제2부
주심부(註心賦)와 주(註)

제2부 주심부(註心賦)와 주(註)

제1장 제1권

[심부(心賦) 제1번]

각 왕 동 품
覺王同品

모든 부처님이 동품(同品)이시고,

[심부(心賦) 제2번]

조 윤 친 전
祖胤親傳

모든 조사(祖師)들은 친히 전(傳)하셨다.

[심부(心賦) 제3번]

대 개 진 속 지 본
大開眞俗之本

크게 진제(眞諦)와 속제(俗諦)의 근본을 여시고,

[심부(心賦) 제4번]

독 표 천 지 지 선
獨標天地之先

홀로 하늘과 땅이 생기기 이전(以前)을 표시(標示)했
다.

[심부(心賦) 제8번]

천 도 진 향 어 피 생 。 만 상 개 종 어 차 출 。
千途盡向於彼生。萬象皆從於此出。

천 갈래 길이 모두 거기를 향하여 생기고,
만상(萬像)이 모두 여기에서 나온다.

[주(註)] 淨名經云。一切法以無住為本。無住者。一切眾生第八識心。此心無住無本。故云從無住本。立一切法。如華嚴經云。不離於心。所見清淨。又云。不離於心無處所。是知心生一切法。如地出水。如谷孕風。如石生雲。如木出火。是知離心無法。離法無心。

    <정명경>에서 일렀다. 「일체 법(法)은 무주(無住)를 근본으로 한다.」 무주(無住)는 일체 중생(眾生)의 제팔(第八) 식심(識心)이다. 이 마음은 무주(無住)이고 무본(無本)이다. 까닭에 "무주본(無住本)에서 일체법(一切法)을 세운다"고 말한다. <화엄경>에서 「마음을 떠나지 않으니, 보이는 바가 청정(清淨)하다」고 하며, 또 「마음을 떠나지 아니하지만 처소(處所)가 없다」고 일렀다. 이로써 마음이 일체 법(一切法)을 생(生)한 줄을 알겠다. 마치 땅에서 물이 나오고, 골짜기가 바람을 품고, 바위가 구름을 생하고, 나무가 불을 내는 것과 같다. 이로써 마음을 떠나서는 법(法)이 없고, 법(法)을 떠나서는 마음이 없는 줄 알겠다.

    如長者論云。若直說第八種子識為如來藏者。即業種恒真。生怖難信。以法如是之力。何一含識而不具神通。承本覺性之功。豈一刹塵而靡含道跡。故華嚴經云。法如是力者。本合如然。又云佛神力者。應真曰神。

저 <장자론>長者論에서 일렀다.[1]「만약에 제8식(識)인 종자식(種子識)을 여래장(如來藏)이라고 직설(直說)하면, 업(業)의 종자(種子)가 항상 진(眞)이므로 두려워서 믿기 어렵다.」법(法)이 이러한 힘을 지니고 있는데, 어떻게 하나의 함식(含識)인들 신통(神通)을 갖추지 않겠는가! 본각(本覺)인 성(性)의 공력을 계승하니, 어떻게 하나의 찰진(刹塵)인들 도(道)의 흔적을 포함하지 않겠는가! 까닭에 <화엄경>에서 일렀다.「법(法)의 이와 같은 힘은 본래 여연(如然)에 합치한다.」또「불(佛)의 신력(神力)이라고 한 것은, 진(眞)에 응(應)함을 신(神)이라고 말한 것이다.」

所以古德云。自力與佛力無別。自智與佛智無差。又云。一身即以法界為量。自他之境都亡。法界即自身遍周。能所之情見絕。如大海之渧。渧渧之中皆得大海。比眾生之心。心心皆含佛智。

그래서 고덕(古德)이 이르길, "자력(自力)과 불력(佛力)이 구별이 없고, 자신의 지혜와 불(佛)의 지혜가 차별이 없다"고 말하였다. 또 일렀다. "일신(一身)이 바로 법계(法界)로써 범위를 삼으니, 자타(自他)의 경계가 모두 없다. 법계

---

[1] 통현(通玄)장자(長者)의 <화엄론>華嚴論을 말한다.

(法界)란 곧 자신(自身)이 주변(周邊)에 두루한 것이므로, 능(能)과 소(所)라는 주객(主客)의 정견(情見)이 끊어졌다. 마치 대해(大海)의 물방울은, 그 방울방울마다 모두 대해(大海)를 얻는 것과 같고, 마찬가지로 중생의 마음은 마음마음마다 모두 불지(佛智)를 머금고 있다."

[심부(心賦) 제22번]

虛^허聲^성頓^돈息^식。 法^법空^공之^지正^정信^신旋^선生^생。

허망한 소리가 단번에 끊어지고,
법공(法空)선사의 정신(正信)이 살아났다.

[주(註)] 高僧傳云。法空禪師初棲蘭若。每至中宵。庵外常有淸聲所召。屢呼空禪。及至開關。又無蹤跡。後乃悟云。乃是自心境界。爾後其聲永絕。

　　<고승전>에서 일렀다. 「법공(法空)선사가 처음 난야(蘭若)에 머무는데, 매일 한밤중이 되면 암자 밖에서 항상 맑은 목소리로 부르기를 '공선(空禪)'이라고 여러 번 외치는지라, 문을 열고 찾아보면 아무런 종적이 없었다. 후에야 깨닫고서 말하였다. "이것은 바로 내 마음의 경계로구나!" 그

이후로는 그 소리가 영원히 끊어졌다.」

[심부(心賦) 제23번]

猛燄俄消。靈潤之眞誠立驗。

맹렬한 화염(火焰)이 갑자기 소멸하니,
영윤(靈潤)선사의 진성(眞誠)이 영험을 보인다.

[주(註)] 高僧傳云。釋靈潤。常與四僧共遊山谷。忽遇野
火四合。三僧迸走。其靈潤獨不動。乃曰。心外無火。火
是自心。爲火可逃。焉能免火。言訖。火至身自斂。

　　<고승전>에서 일렀다.「석영윤(釋靈潤)이 항상 네 명의
승려와 더불어 산곡을 거니는데, 홀연 들판에 불이 나서 사
방에 가득하였다. 세 명의 승려는 달려 나갔는데, 영윤(靈
潤)은 홀로 움직이지 않고, 이렇게 말하였다. "마음 밖에 불
이 없으니, 불은 곧 내 마음이다. 불 때문에 도망치면 어떻
게 불을 면(免)할 수 있겠는가." 말을 마치니, 불이 몸에 이
르자 저절로 꺼졌다.」

[심부(心賦) 제27번]

일 자 보 왕 。 연 출 난 사 지 법 해 。
一字寶王。演出難思之法海。

일자(一字)인 보왕(寶王)이
생각하기 어려운 법해(法海)를 연출(演出)한다.

[주(註)] 心為一字中王。經云。一句能訓誨八萬四千之國
邑。又一切法中。心最為勝。萬象含於一字。千訓備於一
言。如云依境教理行果。五唯識中。一明境唯識。捨離心
外無境。一切境不離心故。二教唯識。成論本教。釋彼唯
識說故。三理唯識。成立本教所說之理。分別唯識性相義
故。四行唯識。明五位修唯識行故。五果唯識。求大果亦
證唯識性故。

　　심(心)은 일자(一字) 중에서 왕(王)이다. 경(經)에서 일
렀다.「심(心)이라는 일구(一句)가 능히 8만 4천의 국읍(國
邑)을 가르친다.」또 일체법(一切法) 가운데 마음이 가장 뛰
어나다. 만상(萬像)이 일자(一字)에 포함되고, 천훈(千訓)
이 일언(一言)에 갖추어져 있다. 이른바와 같이, 경(境)·교
(教)·이(理)·행(行)·과(果)에 의한다. 오유식(五唯識) 중에
서, 1은 경유식(境唯識)이니, 마음 떠나서 다른 경계가 없
고, 일체의 경계가 마음을 떠나지 않은 까닭이다. 2는 교유
식(教唯識)이니, 논(論)을 지어서 본교(本教)를 이룬 것은

저 유식설(唯識說)을 해석하려 하기 때문이다. 3은 이유식(理唯識)이니, 본교(本敎)를 성립하여 설명하는 이치는 유식의 性과 相의 의의(意義)를 분별하기 때문이다. 4는 행유식(行唯識)이니, 오위(五位)에서 유식행(唯識行) 수행하는 것을 설명한 까닭이다. 5는 과유식(果唯識)이니, 대과(大果)를 구하고 또한 유식성(唯識性)을 증득하기 때문이다.

[심부(心賦) 제28번]

_{군 생 자 부}   _{훈 성 막 측 지 종 사}
羣生慈父。訓成莫測之宗師。

수많은 중생의 자부(慈父)께서
헤아릴 수 없는 종사(宗師)들을 가르쳐 기른다.

[주(註)] 淨名經頌云。方便以為父。一切諸聖。皆從一心方便門入。得成祖佛。為人天之師。故華嚴經云。以少方便。疾得菩提。以即心是故。所以疾證。又般若經云。以無所得為方便。心外無法。豈有得耶。是以菩薩親證自心。方能入世間幻化之綱。自利利他。無有斷絕。是知十方如來。皆悟心成佛。故華嚴經頌曰。若人欲了知。三世一切佛。應觀法界性。一切唯心造。

주심부와 유식

<정명경>淨名經의 게송에서 「방편(方便)은 부(父)가 된다」고 일렀으니, 일체(一切) 만법(萬法)의 모든 성인(聖人)들이 모두 일심(一心)으로 방편문(方便門)에 들어서, 조불(祖佛)을 이루어서 인천(人天)의 스승이 되셨다. 저 <화엄경>(華嚴經)에서 이르되, 「적은 방편(方便)으로 빠르게 보리(菩提)를 얻는다」고 한 것은, 즉심(卽心)이기 때문에 빠르게 증득(證得)한다는 것이다. 또 <반야경>(般若經)에서, 「얻을 바 없음[無所得]을 방편(方便)으로 한다.」고 일렀으니, 마음 밖에 법(法)이 없는데 어떻게 얻음이 있겠는가! 그러므로 보살은 자심(自心)을 친증(親證)하여 바야흐로 세간(世間) 환화(幻化)의 그물에 능히 들어가 자리(自利)와 이타(利他)에 끊어짐이 없다. 이로써 시방(十方) 여래(如來)가 모두 오심(悟心)하여 성불(成佛)한 줄 알겠구나. 그래서 저 <화엄경>의 게송(偈頌)에서 일렀다.

"사람들이 삼세(三世)의 일체(一切) 불(佛)을
요지(了知)하고자 한다면,
응당 법계(法界)의 성품(性品)을 관찰하여
일체(一切)가 오직 마음이 만든 것임을 알아라!"

是以經中所說西方阿彌陀等諸佛。皆是釋迦。如古釋云。以理推之。結成正義。皆我本師海印頓現。且法華分身有多淨土。如來何不指己淨土。而令別往彌陀妙喜。思

之。故知賢首彌陀等佛。皆本師矣。復何怪哉。言賢首
者。即壽量品中。過百萬阿僧祇剎。最後勝蓮華世界之如
來也。經中偈云。或見蓮華勝妙剎。賢首如來住其中。若
此不是歎本師者。說他如來在他國土。為何用耶。

따라서 경(經)에서 설명하는 서방(西方)의 아미타(阿
彌陀)를 비롯한 제불(諸佛)이 모두 석가모니(釋迦牟尼)
부처님이시다. 저 고석(古釋)에서 일렀다. "이치로 추론
하여 정의(正義)를 내리면, 모두가 우리의 본사(本師)께
서 해인(海印)삼매로 문득 나툰 것이다." 또 <법화경>에
서 분신(分身)한 많은 정토(淨土)가 나오는데, 여래(如
來)께서 어찌하여 자기(自己)의 정토는 지시(指示)하지
않으시고, 따로 아미타(阿彌陀)와 묘희(妙喜)에 왕생(往
生)하라고만 하셨을까? 한번 생각해 보자! 까닭에 현수
(賢首)와 미타(彌陀) 등의 부처님은 모두가 본사(本師)
이시다. 다시 무엇이 이상하냐! 현수(賢首)는 바로 <법
화경>의 수량품(壽量品)에 나오는, 백만(百萬) 아승지
(阿僧祇) 찰토(刹土)를 지나서 맨 뒤에 있는 뛰어난 연화
(蓮華)세계에 계시는 여래(如來)이시다. <경>의 게송(偈
頌)에서 일렀다.

「혹은 연화(蓮華)의 승묘(勝妙)한 찰토(剎土)를 보니,
현수(賢首)여래가 거기에 계시구나.」

만약 이것이 본사(本師)를 찬탄한 것이 아니고, 다른 여
래(如來)가 다른 국토(國土)에 계신 것을 설명한 것이라면,

주심부와 유식

무슨 소용이 있겠는가!

[심부(心賦) 제49번]

一翳初起。繽粉而華影駢空。
_{일예초기} _{빈분이화영병공}
瞥念纔興。縱橫而森羅滿目。
_{별념재흥} _{종횡이삼라만목}

눈병이 처음 생기면, 어지럽게 화영(華影)이 공중에
가득하고,
한 생각이 문득 일어나면, 종횡(縱橫)으로 삼라(森羅)
가 눈에 가득하다.

[주(註)] 首楞嚴經云。由汝無始心性狂亂。知見妄
發。發妄不息。勞見發塵。如勞目睛。則有狂華。於湛精
明無因亂起。一切世間山河大地。生死涅槃。皆即狂勞顚
倒華相。是知萬法。因想而生。隨念而至。故瓔珞經云。
佛言。我從本來。不得一法。究竟定意。如今始知。所謂
無念。若得無念者。觀一切法悉皆無形。因此得成無上正
真之道。

<수능엄경>에서 일렀다.

「너희들이 무시(無始) 이래로 마음이 광란(狂亂)함으

로 말미암아 지견(知見)이 망발(妄發)하고, 이렇게 망발(妄發)이 그치지 않으니 피로한 견분(見分)이 육진(六塵)을 발표(發表)한다. 마치 피로한 눈에 광화(狂華)가 있는 것과 같다. 맑은 정명(精明)에서 원인도 없이 어지럽게 일어난다. 모든 세간(世間)과 산하대지(山河大地)와 생사(生死)열반(涅槃)이 모두 광로(狂勞)로 전도(顛倒)된 허공꽃의 모습이다.」이로써, 만법(萬法)이 상념(想念)으로 생기고, 상념(想念)따라 이르게 되는 줄을 알겠구나.

그래서 <영락경>瓔珞經에서 일렀다.

「부처님께서 설하셨다. "내가 본래(本來) 일법(一法)과 구경(究竟)의 정의(定意)를 얻지 못했는데, 지금 비로소 이른바 무념(無念)을 알게 되었다. 만약 무념(無念)을 얻으면 일체법(一切法)이 모두 다 무형(無形)임을 보게 되고, 이로 인하여 무상정진(無上正眞)의 도(道)를 이룬다."」

又如起信論云。是故三界虛僞。唯心所作。離心即無六塵境界。此義云何。以一切法。皆從心起妄念而生。一切分別。即分別自心。心不見心。無相可得。當知世間一切境界。皆依眾生無明妄念而得住持。是故一切法。如鏡中像。無體可得。唯心虛妄。以心生則種種法生。心滅則種種法滅故。

또 <기신론>에서 일렀다.

「이러하므로 삼계(三界)는 허위(虛僞)이니, 오직 마음이 지은 것이다. 마음을 떠나면 육진(六塵) 경계(境界)가 없다. 이 뜻이 무엇인가? 일체법(一切法)은 모두 마음에서 일어난 망념(妄念)에서 생긴 것이다. 일체(一切) 분별(分別)은 바로 자심(自心)을 분별(分別)한 것이다. 마음은 마음을 보지 못하니, 얻을 수 있는 모습이 없다. 마땅히 알아라. 세간(世間)의 일체 경계는 모두 중생의 무명(無明) 망념(妄念)에 의지하여 주지(住持)된다. 따라서 일체법(一切法)은 거울 속의 영상(映像)과 같아서 얻을 수 있는 실체(實體)가 없다. 오직 마음뿐이고 나머지는 허망(虛妄)하다. 그래서 마음이 생(生)하면 갖가지 법(法)이 생하고, 마음이 멸(滅)하면 갖가지 법(法)이 멸한다.」

又云。一切境界。唯心妄動。心若不動。則一切境相滅。唯一眞心遍一切處。是知心外見有境界。皆自妄念情想而生。故云。情生智隔。想變體殊。情生智隔者。失正智而成妄想故。想變體殊者。迷眞如以成名相故。

또 일렀다.「일체(一切) 만법(萬法) 경계는 오직 마음이 망동(妄動)한 것이다. 만약 마음이 부동(不動)하면 일체 경계의 모습이 소멸하고, 오직 유일(唯一)한 진심(眞心)이 일체 처소에 두루 하다.」이로써 알지니, 마음 밖에 보이는 경계는 모두 망념(妄念)의 정상(情想)에서 나온 것이다. 때문에 이르길, "정(情)이 생기면 지(智)가 막히고, 생각이 바뀌면 바탕이 다르다"고 하였다. '정(情)이 생기면 지(智)가 막힌다'고 한 것은, 정지(正智)를 잃고 망상(妄想)을 이루기 때문이요, '생각이 바뀌면 바탕이 다르다'고 한 것은, 진여(眞如)를 미혹(迷惑)하여 명상(名相)을 이루기 때문이다.

還源觀云。真空滯於心首。恒為緣慮之場。實際居在目前。翻成名相之境。唯識樞要云。起自心相有二。一者影像相。萬法是心之影像。二者所執相。諸境無體。隨執而生。因自心生。還與心為相。

＜환원관＞還源觀에서 일렀다. 「진공(眞空)이 심수(心首)에 걸려서 항상 연려(緣慮)하는 마당이 되니, 실제(實際)가 목전(目前)에 있으나 문득 명상(名相)의 경계(境界)로 바뀐다.」

＜유식추요＞唯識樞要에서 일렀다. 「자심(自心)의 상(相)이 일어나는 데 두 가지가 있다. 첫째는, 영상(影像)인 상(相)이니 만법(萬法)이 마음의 영상(影像)이다. 둘째는, 소집(所執)한 상(相)이니 모든 경계가 바탕이 없고 집착(執着)함에 따라서 생긴다.」 자심(自心)을 인(因)하여 생겨서는, 도리어 다시 마음과 더불어 상(相)이 된다.

[심부(心賦) 제54번]

乃至筍拔寒林。
（내 지 순 발 한 림 ）

나아가서, 겨울 숲에서 죽순(竹筍)을 얻고,

[주(註)] 孟宗父病。冬中索筍。宗遂抱竹而泣。筍乃隨生。

맹종(孟宗)이 부친의 병환으로 겨울날에 죽순(竹筍)을 찾았는데, 찾지 못하자 맹종이 대나무를 끌어안고 울었더니 죽순이 이에 저절로 솟아났다.

[심부(心賦) 제55번]

魚跳冰沚。
（어 도 빙 지 ）

물고기가 얼음 위에 뛰어올랐고,

[주(註)] 晉王祥至孝。早喪所親。後母朱氏喜食生魚。時寒。祥乃解衣冰上。冰忽自釋。雙鯉躍出。時人以為孝感。

진왕(晉王) 상(祥)은 효성이 지극하였는데 일찍이 모친을 잃었다. 후모(後母)인 주씨(朱氏)가 물고기를 즐겨 먹었다. 당시 추운 겨울이었다. 상(祥)이 얼음 위에서 옷을 벗으니, 얼음이 홀연 저절로 녹으면서 잉어 두 마리가 뛰어나왔다. 당시 사람들은 효성(孝誠)이 감응(感應)한 것이라고 여겼다.

[심부(心賦) 제56번]

주 변 하 중 。
酒變河中。

강물이 술로 변하였으며,

[주(註)] 越王單醪投河。三軍告醉。
월왕(越王) 단(單)이 술잔을 강(江)에다 던지니, 삼군(三軍)이 마시고 모두 취(醉)했다.

[심부(心賦) 제57번]

전 천 석 리 。
箭穿石裏。

화살이 바위를 꿰뚫었다.

[주(註)] 李廣少失殳。問母。父安在。母云。汝父早被虎
所傷。廣遂攜弓捉虎。至山向晚。見石似虎。挽弓射之沒
羽。近前觀看。乃知是石。

　이광(李廣)이 어려서 부친을 잃었다. 모친께 물었다.
"아버지께서 왜 안 계십니까?" 모친이 말하기를, "너의 아
버님은 일찍이 호랑이에게 물려 죽었다."고 한다. 광(廣)이
마침내 활을 가지고 호랑이를 잡으러 나섰다. 산에 이르러
저녁 무렵이 되었는데, 바위를 보니 호랑이 비슷한지라, 활
을 당겨 쏘았는데, 화살이 바위를 꿰뚫었다. 가까이 가서 보
고 나서야 그것이 바위인 줄 알았다.

[심부(心賦) 제58번]

비 국 얼 지 소 성 。 기 공 력 지 능 시 。
非麴蘗之所成。豈功力之能恃。

누룩을 빚어서 된 것이 아니거늘
어찌 공력(功力)으로 능히 믿겠는가!

[주(註)] 上四事。皆從孝心及平等心所感。

위의 네 가지 사건은 모두 효심(孝心)과 평등심(平等心)이 감응(感應)된 것이다.

[심부(心賦) 제59번]

무섬진이불인식변。 도리소연。
無纖塵而不因識變。道理昭然。

터럭만 한 육진(六塵)이라도 모두 식(識)의 전변(轉變)으로 인(因)한 것이니, 그 도리(道理)가 분명하다.

[주(註)] 此八識心有四分。一見分。二相分。三自證分。四證自證分。

이 팔종(八種)인 식심(識心)은 각각(各各) 넷으로 구분(區分)된다. 1은 견분(見分)이고, 2는 상분(相分)이며, 3은 자증분(自證分)이고, 4는 증자증분(證自證分)이다. [2]

華嚴記云。如契經說。一切唯有覺。所覺義皆無。能覺所覺分。各自然而轉。釋曰。此即華嚴經。上半明無外

---

2) 인식(認識)에는 주관(主觀), 객관(客觀), 기억(記憶)이 필요하다.

境。下半明有見相二分。各各自從因緣所生。名自然而轉。下結正義。論云。達無離識所緣境者。則所變相分是所緣。見分名自行相。相見所依自體名事。即自證分。

<화엄기>華嚴記에서 일렀다.[3] 「계경(契經)에서 이르되, "일체(一切) 만법(萬法)에는 오직 각(覺)만 있고 소각(所覺)의 뜻이 없는데, 능각(能覺)과 소각(所覺)이 나뉘면서 각각 자연히 전변(轉變)한다."」

석(釋)에서 말했다.[4] 이 경(經)은 <화엄경>인데, 상반(上半)은 바깥 경계가 없음을 밝혔고, 하반(下半)은 견분(見分)과 상분(相分)인 이분(二分)이 각각 스스로 인연 따라 생겨서 '자연히 전변(轉變)한다'고 하면서 아래에서 정의(正義)를 맺었다.

<논(論)>에서 일렀다.[5] 「식(識)을 떠난 소연(所緣)인 경계(境界)가 없음을 요달하면, 소변(所變)인 상분(相分)이 소연(所緣)이 되고, 견분(見分)은 자체(自體)의 행상(行相)이다. 상견이분(相見二分)이 의지하는 자체(自體)의 명사(名事)가 곧 자증분(自證分)이다.」

釋曰。此中雖是立二分家。義已有三。故次論云。若無自證分。此者應不自憶心所法。如不曾更境。必不能

---

3) <화엄기>는 청량(淸凉)국사 징관(澄觀)의 저술이다.
4) 이 석(釋)은 규기(窺基)의 <성유식론술기>成唯識論述記에 나온 글이다.
5) 논(論)은 현장(玄奘)의 <성유식론>成唯識論 10권이다.

憶。故釋曰。此明有自證分。意云。相離於見。無別自
體。但二功能。故應別有一所依體。若無自證。應不自
憶。

석(釋)에서 말했다. 여기에서 비록 이분설(二分說)를
세웠으나 뜻으로 보면 이미 삼(三)이 있다. 그래서 다음에
<논(論)>에서 일렀다.「만약 자증분(自證分)이 없으면 스
스로 심소법(心所法)을 기억(記憶)하지 못한다. 일어났던
지나간 경계는 다시 일어나지 않으므로 반드시 기억(記憶)
할 가없다.」

까닭에 석(釋)에서 말했다. 이것은 자증분(自證分)이 있
다는 것임을 밝히고 있다. 의(意)에서 일렀다. 상분(相分)이
견분(見分)을 떠나서 따로 스스로 바탕이 있는 것이 아니지
만, 다만 견상(見相)의 두 가지 공능(功能)이 있는 까닭에 응
당 따로 하나의 소의체(所依體)가 있어야 한다. 만약 자증분
(自證分)이 없으면 응당 스스로 기억(記憶)하지 못한다.

心心所法如不曾更境。必不能憶。謂如見分不更相分
之境。則不能憶。要曾更之。方能憶之。若無自證。已滅
心所。則不能憶。以曾不為自證緣故。則如見分不曾更
憶。今能憶之。明先有自證已曾緣故。如於見分憶曾更境
故。

심(心)과 심소법(心所法)은 과거에 일어났던 사건을 그
대로, 다시 재현(再現)할 수가 없으므로, 당연히 기억(記

주심부와 유식

憶)할 수가 없다. 말하자면 견분(見分)은, 지나간 상분(相分)을 다시 경계로 삼지 못하므로, 기억(記憶)할 수가 없다. 반드시 지나간 그 상분(相分)이 있어야만 바야흐로 그것을 기억(記憶)할 수 있다. 만약 자증분(自證分)이 자증(自證)하지 않았다면 이미 소멸한 심소(心所)를 기억(記憶)할 수가 없다. 상분(相分)이 일찍이 자증분(自證分)의 소연(所緣)이 된 적이 없었기 때문에 견분(見分)이 이것을 기억하지 못한다. 지금 능히 이를 기억(記憶)하는 것은 이전(以前)에 언젠가 소연(所緣)으로 자증(自證)한 바가 있기 때문이다. 그래서 지금 견분(見分)이 다시 예전의 그 경계를 기억(記憶)하는 것이다.

次下立三分。論云。然心心所一一生時。以理推徵。各有三分。所量。能量。量果。別故。相見必有所依體故。釋曰。所量是相分。能量是見分。量果是自證分。自證分與相見為所依故。論如集量論伽陀中說。似境相所量。能取相自證。即能量及果。此三體無別。釋曰。所量如絹。能量如人。量果如解數智。果是何義。成滿因義。言無別體者。唯一識故。則離心無境。

다음에 삼분설(三分說)을 설명한다. <논(論)>에서 일렀다. 「그러나 심(心)과 심소(心所)가 하나하나 생길 때에, 이치로 면밀히 살펴보면, 각기 소량(所量)·능량(能量)·양과(量果)의 삼분(三分)으로 구별이 된다. 상분(相分)과 견분

(見分)에는 반드시 소의체(所依體)가 있기 때문이다.」

석(釋)에서 말했다. 소량(所量)은 상분(相分)이고, 능량(量)은 견분(見分)이며, 양과(量果)는 자증분(自證分)이다. 자증분은 상분과 견분의 소의(所依)가 되기 때문이다.

<논(論)>에서 <집량론>集量論의 게송(偈頌)를 인용했다.[6]

「사경상(似境相)은 소량(所量)이고,
능취상(能取相)과 자증(自證)은
즉 능량(能量)과 양과(量果)인데,
이 세 개의 바탕이 따로 있는 것이 아니다.」

해석에서 말했다. 소량(所量)은 비단과 같고, 능량(能量)은 길이를 측량하는 사람과 같으며, 양과(量果)는 셈하여 아는 지혜와 같다. '과(果)'란 무슨 뜻인가? 성만(成滿)의 인(因)을 뜻한다. '별체(別體)가 없다'고 한 것은 오직 일식(一識)인 까닭이니, 마음을 떠나면 경계가 없다.

次立四分。論云。又心心所。若細分別。應有四分。見分。相分。自證分。如前。第四證自證分。若無此者。誰證第三。心分別既同。應皆證故。釋曰。見分是心分。說有自證分。自證分應無有果。諸能量者皆恐被救云。却

---

6) <집량론>集量論은 6세기경에 인도(印度)에서 호법(護法)의 스승인 진나(陳那)가 저술한 양(量)에 관한 논서(論書)이다. 여기서 진나는 삼분설(三分說)을 주장했다.

用見分為第三果。故次論云。不應見分是第三果。見分或
則非量攝故。因此見分不證。第三證自體者必現量故。有
果故。釋曰。見分是能量。須有自證量。見分說有第四
果。恐被救云。却用見分為第三果。故次論云。不應見分
是第三果。見分或則非量攝故。因此見分不證第三。證自
體者必現量故。

다음에 사분설(四分說)을 설명한다. <논(論)>에서 일렀
다. 「또 심(心)과 심소(心所)를 만약에 자세하게 분별하면
응당 사분(四分)이 있다. 견분(見分)·상분(相分)·자증분(自
證分)은 앞에서 설한 바와 같고, 제사(第四)는 증자증분(證
自證分)이다. 만약 이것이 없다면 누가 제삼(第三) 자증분
(自證分)을 증명하겠는가. 심(心)의 분별(分別)은 이미 같
은지라 응당 모두 증명이 있어야 한다.

해석에서 말했다. 견분(見分)은 능량(能量)이니 설명하
면 자증분(自證分)이 있다. 자증분에는 응당 과(果)가 없
고, 여러 능량(能量)에는 모두 과(果)가 있기 때문이다.

해석에서 말했다. 견분(見分)은 능량(量)이니 반드시 자
증량(自證量)이 있다. 견분(見分)에는 제사과(第四果)가 있
어야 한다고 설명한다.

그들이 반론(反論)하면서, '도리어 견분(見分)으로 第三
의 果가 되는 것이라고 해야 한다'고 주장할까 저어하여, 다
음의 <논(論)>에서 일렀다.

「견분(見分)이 제삼과(第三果)라고 해서는 안 된다. 견

분(見分)은 혹은 비량(非量)에 포함되기도 한다」고 하였다. 까닭에 이 견분으로 인하여 제삼과(第三果)를 증(證)하지 않는다. 자체(自體)를 증(證)하는 것은 반드시 현량(現量)이기 때문이다.

釋曰。意明見分通於三量。三量者。謂現量。比量。非量。即明見緣相時。或量非量。不可非量法。為現量果。或見緣相。是於比量。及緣自證。復是現量。故自證是心體。得與比量非量而為果。見分非心體。不得與自證而為其量果。故不得見分證於第三。證自體者必現量故。第三四分既是現量。故得相證無窮過矣。

석(釋)에서 말했다. 생각하건대, 견분(見分)이 삼량(三量)에 통하는 것이 분명하다. 삼량(三量)이란 현량(現量)과 비량(比量)과 비량(非量)이다. 분명히 연상(緣相)을 견(見)할 적에 혹은 현량(現量)하기도 하고 비량(非量)하기도 하는데, 비량(非量)한 법(法)이 현량과(現量果)가 될 수는 없다. 혹은 연상(緣相)을 견(見)함이 비량(比量)이어도 자증(自證)을 연(緣)하면 또한 현량(現量)이다. 때문에 자증(自證)은 심체(心體)이어서 비량(比量) 비량(非量)과 더불어서 과(果)가 되기도 하나, 견분(見分)은 심체(心體)가 아니어서 자증(自證)과 더불어 그 양과(量果)가 되지 못한다. 까닭에 견분(見分)이 제삼(第三)자증분(自證分)을 인증(認證)할 수 없으며, 自體를 證하는 것은 반드시 현량이다. 때문에 제삼분(第三分)과 제사분(第四分)은 이미 현량이다. 때문에 相을 證할 수 있으며, 궁과(窮過)가 없다.

意云。若以見分為能量。但用三分亦得足矣。若以見分為所量。必須第四為量果。若通作喻者。絹如所量。尺如能量。智所量果。是自證分。若人為所使。智為能使。何物用智。即是於人。如證自證分。人能用智。智能使人。故能更證。亦如明鏡。鏡像為相分。鏡明為見分。鏡面如自證分。鏡背如證自證分。面依於背。背復依面。故得互證。亦可以銅為證自證分。鏡依於銅。銅依於鏡。

의(意)에서 말했다. 만약 견분(見分)을 능량(能量)이라 한다면 단지 삼분(三分)으로도 충분할 것이다. 만약 견분을 소량(所量)이라 한다면 반드시 제사(第四)증자증분(證自證分)을 양과(量果)로 해야 한다. 통론(通論)해서 비유하면, 비단은 소량(所量)과 같고, 길이를 재는 것은 능량(能量)과 같으며, 비단을 재어서 알게 된 지식(智識)인 소량과(所量果)는 자증분(自證分)이다. 만약에 길이를 재는 사람이 소사(所使)이고, 지식(智識)이 능사(能使)라면 어떤 놈이 지(智)할 것인가? 즉 이 놈이 증자증분(證自證分)과 같다. 사람이 능히 智를 쓰고, 智가 능히 사람을 부린다. 때문에 능히 재차 인증(認證)함이 또한 마치 밝은 거울과 같다. 거울의 영상이 相이 되고, 거울의 밝음이 見分이 되며, 거울의 面은 自證分과 같고, 거울의 뒷면은 證自證分과 같다. 앞면은 뒷면에 의지하고, 뒷면은 다시 앞면에 의지한다. 까닭에 서로 인증(認證)할 수 있다. 또한 동경(銅鏡)에서 동(銅)이 證自證分이 되며, 거울은 동(銅)에 의지하고, 동(銅)은 거울에 의지한다.

[심부(心賦) 제60번]

非一種而罔賴心成。言思絶矣。

한 종류(種類)도 마음을 의지하지 않고 이루어진 것은 없으니, 말과 생각이 끊어졌다.

[주(註)] 心識變者。如密嚴經頌云。

"심식(心識)이 전변(轉變)한다"는 말은, 저 <밀엄경>密嚴經의 게송에서 일렀다.[7]

藏識體淸淨。衆或所依止。或爲種種形。世間皆悉見。
諸識阿賴耶。如是身中住。譬如欲天主。侍衛遊寶宮。
藏識處於世。當知亦復然。如地生衆物。是心多所現。

---

7)   지바하라(地婆訶羅)가 번역한 <대승밀엄경>이다.

佛及辟支佛。　聲聞諸異道。　見理無怯人。　所觀皆此識。

種種諸識境。　皆從心所變。　瓶衣等眾物。　如是性皆無。

悉依阿賴耶。　眾生迷惑見。　以諸習氣故。　所取能取轉。

智者觀幻事。　此皆唯幻術。　未曾有一物。　與幻而同起。

世中迷惑人。　其心不自在。　妄說有能幻。　幻成種種名。

如鐵因磁石。　所向而轉移。　藏識亦如是。　隨於分別轉。

定者勤觀察。　生死猶如夢。　是時即轉依。　說名為解脫。

此即是諸佛。　最上之教理。　審量一切法。　如秤如明鏡。

「장식(藏識)의 바탕은 청정하여
모든 몸이 의지하는 바가 되니,
갖가지의 형상(形像)을
세간(世間)에 모두 나타낸다.

모든 식(識)과 아뢰야식(阿賴耶識)이
이와 같이 몸에 머무니,
마치 욕계 천상주(天上主: 제석천왕)가
시위(侍衛)를 받으며 보궁을 돌아다니는 것과 같다.

장식(藏識)이 세간에 처함도
그러한 줄 응당 알아야 하니,
마치 땅이 동식물(動植物)을 생(生)하는 것과 같이
이 마음이 많은 것을 나타낸다.

불(佛)과 벽지불(辟支佛)과
성문(聲聞)과 이도(異道)들 중
진리를 보아 두려움 없는 사람은
모두 이 식(識)을 관(觀)한다.

갖가지 여러 식(識)의 경계는
모두 마음이 전변한 것이니,
병(瓶)과 옷 등 모든 물건들이
그러한 성(性)이 모두 없다.

모두 아뢰야식(阿賴耶識)에 의지하여
중생이 미혹하여 본 것이니,
모두 습기(習氣) 때문에
소취(所取)와 능취(能取)로 전변(轉變)한다.

지자(智者)는 환사(幻事)를 보되
모두 환술(幻術)일 뿐이니,
일찍이 한 물건도
환(幻)과 더불어 같이 일어난 적이 없다.

세간의 미혹(迷惑)한 이들은
그 마음이 자재(自在)하지 못하여

'능환(能幻)이 갖가지 이름을
환성(幻成)한다'고 망설(妄說)한다.

저 쇳가루가 자석(磁石)으로 인하여
그 방향으로 움직여 가듯이,
장식(藏識)도 또한 그러하여
분별(分別)을 따라 전변한다.

선정을 닦는 자가 부지런히 관찰하면
생사가 마치 꿈과 같고,
그때에 바로 전의(轉依)하니
이를 해탈(解脫)이라고 하네.

이것이 바로 제불(諸佛)의
최상(最上)의 교리(教理)니,
일체법(一切法)을 자세히 관찰하면
마치 저울과 같고, 명경(明鏡)과 같다.」

若以此一心。為一切法之定量者。如秤稱物。斤兩無
差。似鏡照像。妍醜皆現。又心成者。古釋一心有四。
一紇利陀耶。此云肉團心。身中五藏心也。如黃庭經所
明。二緣慮心。此是八識。俱能緣慮自分境故。色是眼識
境。根身種子器世界。阿賴耶識之境。各緣一分。故云自

分。三質多耶。此云集起心。唯第八識。積集種子。生起
現行。四乾栗陀耶。此云堅實心。亦云貞實心。此是真心
也。故祖佛法中。皆以心為印。楷定萬法故。若能決定信
入。請各收疑。離此別無奇特。故云言思絕矣。

　만약 이 일심(一心)으로 일체법(一切法)의 잣대로 삼는
다면, 마치 저울로 물건의 무게를 달면 몇 근(斤) 몇 양(兩)
으로 차오(差誤)가 없는 것과 같고, 마치 거울이 영상(映像)
을 비추는데 예쁜 것과 추한 것이 모두 나타나는 것과 비슷
하다.

　또한 "마음을 이룬다"고 함은, 고석(古釋)에 일심(一心)
에 4종이 있다고 했다. 제1은 흘리타야(訖利陀耶: hrdaya)
이니, 이는 육단심(肉團心)이다. 몸에 있는 5장(臟) 중에서
심장(心腸)이니, <황정경>黃庭經에서 설명한 바와 같다.
제2는 연려심(緣慮心)이니, 이는 팔종식(八種識)이다. 모
두 능히 자분(自分)의 경계를 연려(緣慮)하기 때문이다. 색
(色)은 안식(眼識)의 경계이며, 나아가서, 근(根)과 신(身)
과 종자(種子)와 기세계(器世界)는 아뢰야식(阿賴耶識)의
경계이다. 각기 그 일분(一分)을 연(緣)하는 까닭에 자분
(自分)이라 한다. 제3은 질다야(質多耶: citta)이니, 이를
집기심(集起心)이라 한다. 오직 제8식(藏識)이 적집한 종자
(種子)에서 현행(現行)을 생기한다. 제4는 건율타야(乾栗
陀耶)이니, 이를 견실심(堅實心)이라 한다. 또한 정실심(貞
實心)이라고도 하는데, 이것이 참마음인 진심(眞心)이다.

까닭에 조사(祖師)와 부처의 법에서 모두 심(心)을 인(印) 삼아 만법(萬法)을 판단한다. 그래서 만약 능히 결정적으로 신입(信入)하여서, 각자의 모든 의심(疑心)을 끊어버리면, 이 법문을 떠나서 달리 기특(奇特)한 것이 없다. 때문에 "말과 생각이 끊어졌다"고 한다.

[심부(心賦) 제61번]

動靜之境。皆我緣持。
如雲駛而月運。似舟行而岸移。

동(動)하고 정(靜)하는 경계를 모두 내가 반연(攀緣) 하여 지지(支持)한다.
마치 구름이 흘러가니 달이 가는 듯하고,
배가 가니 언덕이 움직이는 듯하다.

[주(註)] 圓覺經云。佛言。善男子。一切世界。始終生滅。前後有無。聚散起止。念念相續。循環往復。種種取捨。皆是輪迴。未出輪迴而辯圓覺。彼圓覺性即同流轉。若免輪迴無有是處。譬如動目能搖湛水。又如定眼猶迴轉火。雲駛月運。舟行岸移。亦復如是。善男子。諸旋未

息。彼物先住。尚不可得。何況輪轉生死垢心曾未清淨。
觀佛圓覺而不旋復。

<원각경>에서 일렀다. 「부처님께서 이르셨다. "선남자
(善男子)야. 일체(一切) 세계(世界)의 시종(始終)·생멸(生
滅)·전후(前後)·유무(有無)·취산(聚散)·기지(起止)가, 염념
(念念)이 상속(相續)하여, 순환(循環)하고 왕복(往復)하니,
이러한 여러 가지 취사(取捨)가 모두 다 윤회(輪廻)이다. 윤
회(輪廻)를 벗어나지 못한 채 원각(圓覺)을 알려고 하면, 저
원각성(圓覺性)도 같이 유전(流轉)하게 되니, 만일 윤회(輪
廻)를 벗어나려고 한다면 옳지 않다. 비유하건대, 움직이는
눈이 고요한 물을 흔드는 것 같고, 또 고요한 눈이 회전(回
轉)하는 불을 말미암은 것 같고, 구름이 흘러가니 달이 가
는 듯하고, 배가 가니 언덕이 움직이는 듯함과 같다. 선남자
(善男子)야. 모든 움직임이 쉬지 않았는데도, 저 물건들이
먼저 멈추려고 하는 것은 불가능하다. 하물며 바퀴처럼 구
르는 생사(生死)의 때가 묻은 마음은, 아직 청정(淸淨)하지
도 못한데, 먼저 부처의 원각(圓覺)을 보려고 한다면, 뒤바
뀌지 않겠느냐!」

譬如動目能搖湛水者。古釋云。以眼勞觀水。見水有
動。眼若不瞬。池水則不搖。妄見若除。亦無草木成壞之
相。若舉眼見色。由有色陰。舉身受苦樂。由有受陰。舉
心即亂。由有想陰。舉眼見生滅。由有行陰。精明湛不搖

주심부와 유식

處。即識陰。又若以遍身針刺俱知。不帶分別。則是識陰。若次第分別。則餘識陰。故知一念纔起。五陰俱生。微識未亡。六塵不滅。若唯識之義燈常照。妄何由生。一心之智鏡恒明。旨終不昧。

"비유컨대 움직이는 눈이 고요한 물을 흔드는 것 같다"에 대해 고석(古釋)에서 말했다. 피로한 눈으로 물을 보면 물이 움직이는 듯하다. 눈을 깜짝이지 않으면 연못의 물이 출렁거리지 않는다. 망견(妄見)을 제거하면 또한 초목이 성괴(成壞)하는 모습이 없다. 눈을 들어서 색(色)을 보는 것은 색음(色陰)이 있는 데 연유하고, 몸을 들어서 고락(苦樂)을 받는 것은 수음(受陰)이 있는 데 연유하며, 마음을 들어서 혼란함은 상음(想陰)이 있는 데 연유하고, 눈을 들어서 생멸을 보는 것은 행음(行陰)이 있는 데 연유하며, 정명(精明)이 맑아 흔들리지 않는 곳은 바로 식음(識陰)이다.

또 온몸에 두루 침(針)을 찌르면 다 지각(知覺)하는데 분별(分別)을 띠지 않으면 곧 식음(識陰)이고, 차제(次第)로 분별하면 식음(識陰) 이외의 나머지 음(陰)들이다. 따라서 일념(一念)이 문득 일어나면 오음(五陰)이 함께 일어나고, 미식(微識)이 없어지기 전(前)에는, 육진(六塵)이 멸하지 않는다. 유식(唯識)의 의등(義燈)이 항상 비추면 망(妄)이 어디에서 생기겠는가! 일심(一心)의 지경(智鏡)이 항상 밝으면, 종지(宗旨)는 끝내 어둡지 않다.

又如定眼猶迴轉火者。如定目看旋火輪之時。眼亦迴
轉。前因眼動而水動。即是因心動而境動。後因火動而
眼動。即是因境動而心動。故知心即是境。境即是心。
能所雖分。一體常現。故華嚴疏云。往復無際。動靜一
源。雲駛月運舟行岸移者。亦復如是。故知真心不動。
妄念成差。

또 "또 고요한 눈이 회전(回轉)하는 불을 보고 따라서
회전하는 것과 같다"는 것은, 이를테면 멈춰 있는 눈으로
회전하는 불깡통을 볼 때에 눈도 회전하는 것과 같다는 말
이다. 앞의 경우는 눈이 깜박거리며 움직임으로 말미암아
불이 움직인 것이니 바로 마음의 움직임으로 인하여 경계
(境界)가 움직인 것이다. 뒤의 경우는 불이 움직임으로 인
하여 눈이 움직이게 된 것이니 바로 경계(境界)의 움직임
에 인하여 마음이 움직인 것이다. 그래서 마음이 바로 경계
이고, 경계가 바로 마음임을 알겠다. 능소(能所)로 주객(主
客)이 비록 나누어졌으나 항상 일체(一體)로 나타난다. 까
닭에 <화엄소>에서 이르기를, 「왕복(往復)함에 변제(邊際)
가 없고, 동정(動靜)이 하나의 근원이다」라고 하였다.

"구름이 흘러가니 달이 가는 듯하고, 배가 가니 언덕이
움직이는 듯함과 같다."고 한 것도 또한 이와 같다. 까닭
에 진심(眞心)은 부동(不動)인데 망념(妄念)으로 차별이
생긴다.

주심부와 유식

如起信論云。復次顯示從生滅門即入真如門。所謂推求五陰。色之與心。六塵境界。畢竟無念。以心無形相。十方求之終不可得。如人迷故謂東為西。方實不轉。眾生亦爾。無明迷故謂心為念。心實不動。若能觀察知心無念。即得隨順入真如門故。

저 <기신론>에서 일렀다.「또한 생멸문(生滅門)으로부터 진여문(眞如門)에 들어감을 드러낸다.」이른바 오음(五陰)을 살펴보아도, 몸과 마음, 육진(六塵) 경계가 필경에 무념(無念)이다. 마음은 형상(形相)이 없어서 시방(十方)으로 찾아보아도 끝내 얻을 수 없다. 마치 사람이 미혹(迷惑)하여 동쪽을 서쪽이라 하더라도, 방위(方位)는 실로 바뀌지 않은 것과 같다. 중생도 이와 같아서 무명(無明)으로 미혹(迷惑)하여 심(心)을 념(念)이라고 하지만, 심(心)은 실로 움직이지 않았다. 만약 능히 관찰하여 심(心)이 무념(無念)임을 알면, 바로 진여문(眞如門)에 수순(隨順)하여 들어가는 것이다.

[심부(心賦) 제62번]

어 모 억 이 어 자 장 。
魚母憶而魚子長。

어미 물고기가 배려하니 새끼 물고기가 자란다.

[주(註)] 如魚散子。魚母不憶持。其子即爛壞。魚母若憶。子即生長。如獨影境。過去等諸法。心若不緣。境不現前。一切諸法。皆是心緣識變。若無心。即無法。

　마치 물고기가 알을 낳고는, 어미 물고기가 계속 배려해 주지 않으면 그 새끼가 바로 썩어 죽게 되는데, 어미 물고기가 만약에 계속 배려하면 새끼가 바로 생장(生長)하는 것과 같다. 마치 독영경(獨影境)과 같아서, 과거(過去)의 여러 일들을 마음이 반연(攀緣)하지 않으면 경계가 현전되지 않는다. 일체(一切) 제법(諸法)은 모두가 심(心)이 식(識)을 반연(攀緣)하여 전변(轉變)한 것이다. 만약 무심(無心)하면 바로 무법(無法)이다.

[심부(心賦) 제63번]

봉 왕 기 이 봉 중 수 。
蜂王起而蜂眾隨。

여왕벌이 일어나니 벌 떼가 그 뒤를 따른다.

[주(註)] 大智度論云。諸法入佛心中。唯一寂滅三昧門。

攝無量三昧。如牽衣一角。舉衣皆得。亦如得蜜蜂王。餘
蜂盡攝。心王若起。從心所有善惡等法。悉皆隨起。況如
王出。百司盡隨。

　　<대지도론>大智度論에서 일렀다.「제법(諸法)이 불심
(佛心) 가운데 들어가니, 유일(唯一)한 적멸삼매문(寂滅三
昧門)이 무량(無量)한 삼매를 다 포섭(包攝)한다. 마치 옷
의 한 귀퉁이를 잡아당기면 옷 전체를 다 얻을 수 있는 것과
같다. 또한 여왕벌을 얻으면 나머지 벌을 다 포섭할 수 있는
것과 같다. 심왕(心王)이 만약에 일어나면 마음에 있는 선
악(善惡) 등의 법이 모두 따라서 일어나는데, 하물며 왕(王)
이 외출(外出)하면 백관(百官)이 모두 따르는 것이야 더 말
할 것이 있겠는가.」

[심부(心賦) 제67번]

得果而榮枯已定。盡合前因。
舉念而苦樂隨生。悉諧初願。

과보(果報)를 얻어서 영고(榮枯)가 이미 정해지니,
모두가 전(前)의 원인(原因)에 합치되며,
생각을 들면 고락(苦樂)이 따라서 생기는데

모두가 첫 발원(發願)과 어울린다.

[주(註)] 唯識變定。豐儉由心。飲啄有分。追身受報。未曾遺失。不唯人間報應隨心。一切出世功德。皆在初心圓滿。如華嚴演義記云。初發心時。得如來一身無量身。則法身開顯。得究竟智慧。得一切智慧光明。則般若開顯。以心離妄取。寂照雙流。故解脫開顯。故此心中無德不攝。因該果海。並在初心。從初發心時便成正覺。

오직 식(識)이 전변(轉變)하고 결정(決定)하는 것이, 풍요하고 검소(儉素)함이 마음에서 연유(緣由)한다. 마시는 놈과 쪼아 먹는 놈이 각각 분수(分數)가 있으니, 그 몸을 따라 과보를 받는 것이 일찍이 유실(遺失)됨이 없다. 오직 인간(人間)들만 마음 따라 과보를 받는 것이 아니니, 일체(一切) 출세(出世) 공덕이 다 초심(初心)의 원만(圓滿)에 있다.

저 <화엄연의기>華嚴演義記에서 일렀다.

「초발심(初發心)한 때에 여래(如來)의 일신(一身)이 한량없는 몸을 얻는 것은 법신(法身)이 열려서 드러남이다. 구경(究竟)의 지혜를 얻고, 일체의 지혜광명(智慧光明)을 얻는 것은 반야(般若)가 열려서 드러남이다. 마음이 망취(妄取)를 떠나서 적(寂)과 조(照)가 함께 흐르는 것은 해탈(解脫)이 열려서 드러난 것이다. 따라서 이 마음 가운데는 온갖 덕(德)이 다 포섭(包攝)되어 있다. 인(因)에 과해(果海)가 포함되듯이, 모두가 초심(初心)에 있다. 초발심(初發

주심부와 유식

心)한 때로부터 문득 정각(正覺)을 이룬다.」

即梵行品。又言初後圓融者。以初是即後之初。後是
即初之後。以緣起法。離初無後。離後無初。故擧初攝
後。若約法性融通。一切因果。不離心性。契同心性。無
德不收。以一切法隨所依住。皆於初心頓圓滿故。如梵
行品云。若諸菩薩。能與如是觀行相應。於諸法中不生二
解。一切佛法疾得現前。初發心時。即得阿耨多羅三藐三
菩提。知一切法即心自性。成就慧身不由他悟。

또「범행품」梵行品에서「초(初)와 후(後)가 원융(圓融)
하다」고 일렀다.[8] '초(初)'는 即後의 初이고, '후(後)'는 即
初의 後이다. 연기법(緣起法)에 의하면 初를 떠나서 後가
없고, 後를 떠나서 初가 없다. 까닭에 初를 들면 後를 포함
한다. 만약 법성(法性)이 융통(融通)한 측면에서 보면, 일
체(一切) 인과(因果)가 심성(心性)을 떠나지 아니하니, 심
성(心性)에 계동(契同)하여 거두지 못하는 덕(德)이 없다.
일체법(一切法)이 의주(依住)하는 바에 따르면 모두 초심
(初心)에서 단박에 원만(圓滿)한 까닭이다.「범행품」에서
일렀다.「만약 모든 보살이 능히 이러한 관행(觀行)에 상응
하면, 제법(諸法) 중에서 이해(二解)를 내지 아니하고, 일
체(一切) 불법(佛法)이 신속하게 현전(現前)한다. 초발심

---

8)「범행품」梵行品은 80권 <화엄경>의 제17권에 있다.

(初發心)한 때에 바로 아뇩다라삼먁삼보리(阿耨多羅三藐三菩提)를 얻어서, 일체법(一切法)이 심자성(心自性)임을 알아서 혜신(慧身)을 성취하되, 다른 것에 말미암아서 깨달은 것이 아니다.」

十善業道經云。爾時世尊告龍王言。一切眾生心想異故。造業亦異。由是故有諸趣輪轉。龍王。汝見此會及大海中形色種類各別不耶。如是一切靡不由心造。乃至又觀此諸大菩薩妙色嚴淨。一切皆由修集善業福德而生。又諸天龍八部眾等大威勢者。亦因善業福德所生。今大海中所有眾生。形色麤鄙。或大或小。皆由自心種種想念。作身語意諸不善業。是故隨業各自受報。

<십선업도경>十善業道經에서 일렀다.「이때 세존께서 용왕(龍王)에게 말씀하셨다. "일체(一切) 중생(眾生)의 심상(心想)이 다르므로 업(業)을 짓는 것도 또한 다르다. 이로 말미암아 여러 세계에 윤전(輪轉)한다. 용왕(龍王)이여! 네가 이 법회와 대해(大海)에서 형색(形色)의 종류가 각기 다른 것들을 보지 않느냐? 이와 같이 일체(一切) 제법(諸法)은 마음으로 짓지 않는 것이 없다. 내지 이들 모든 대보살(大菩薩)의 묘색(妙色)이 엄정(嚴淨)한데, 일체(一切) 모두가 다 선업(善業)과 복덕(福德)을 닦아 모아서 생긴 것이다. 또한 모든 천룡(天龍) 팔부(八部) 등 큰 위세가 있는 자(者)들도 또한 선업(善業)과 복덕(福德)으로 인해서 생긴 바이

다. 지금 대해(大海) 중의 모든 중생의 형색이 거칠고 비루하되, 혹은 크고 혹은 작은 것이, 모두 자심(自心)의 갖가지 상념(想念)으로 말미암아 신어의(身語意)로 여러 불선업(不善業)을 짓는다. 이 까닭에 업(業)에 따라 각기 스스로 과보(果報)를 받은 것이다."」

是知境隨業識轉。是故說唯心。不淨之財變為膿血。非分之寶化作毒蛇。如昔有娼姬。捨錢造普光王寺。主者不受。遂令理於寺東北上。邇後尋掘。悉變為血。所亦有屠羊之人。聚錢於竹筒之內。死後。母開之。亦成赤血。如古德云。眾生世界海。依住形相。苦樂淨穢。皆是眾生自業果報之所莊嚴。不從他有。諸佛菩薩世界海。皆依大願力。自體清淨法性力。大慈悲智力。不思議變化力。之所成就。

이로써 알겠구나! 경계(境界)가 업식(業識)에 따라 전변(轉變)한다. 그래서 유심(唯心)이라고 설명한다. 부정(不淨)한 재화(財貨)가 농혈(膿血)로 변하고, 분수(分數) 밖의 보물(寶物)이 독사로 변화한다. 이를테면 옛날에 어떤 배우(俳優)가 보광왕사(普光王寺)를 짓는 불사(佛事)에 돈을 보시하였는데 주(主)가 받지 않고는 마침내 사찰의 동북편에 묻게 하였다. 얼마 지나지 않아 파보니 모두 핏물로 변해 있었다. 또 양(羊)을 도살(屠殺)하는 사람이 있었는데 돈을 대바구니에다 모아두었다. 사후(死後)에 모친(母親)이 열어 보니 또한 붉은 피로 변해 있었다.

저 고덕(古德)이 말했다.「중생세계의 바다는 형상(形相)에 의지하여 머무니, 고락(苦樂)과 정예(淨穢)가 모두 중생들의 자업(自業)이 과보(果報)로 장엄한 것이고, 다른 것에서 나온 것이 아니다. 제불(諸佛)보살(菩薩)의 세계(世界)인 바다는 모두가 대원력(大願力)과 자체(自體)의 청정(淸淨)한 법성력(法性力)과 대자비지력(大慈悲智力)과 부사의변화력(不思議變化力)으로 성취된 것이다.」

故知染淨緣起。不出自心。世界果成。更無別體。如經頌云。或從心海生。隨心所解住。如幻無處所。一切是分別。又頌云。始從一念終成劫。悉依眾生心想生。一切刹海劫無邊。以一方便皆清淨。又唯識變定。報應無差。千駒一瓢。各任其分。朱門華戶。盡逐其緣。隨善惡現行之心。感豐儉等流之境。

그래서 오염(汚染)과 청정(淸淨)의 연기(緣起)가 자심(自心)을 벗어나지 않음을 알겠다. 세계(世界)의 과(果)가 이루어지는 것은 다른 별체(別體)가 있는 것이 아니다. 저 경(經)의 게송(偈頌)에서 일렀다.

「혹은 심해(心海)로부터 생기고

심(心)이 이해(理解)하고 머무는 바를 따른다.

환(幻)과 같아서 처소(處所)가 없으니

일체(一切)가 이 분별(分別)이다.」

주심부와 유식

또 게송(偈頌)에서 일렀다.

　「일념(一念)에서 시작하여, 끝내 겁(劫)에 이르기까지
　모두 중생의 심상(心想)에 의하여 생기니,
　일체(一切) 찰해(刹海)가 겁(劫)이 무변(無邊)하지만
　하나의 방편(方便)으로 모두 청정(淸淨)하다.」

　또한 유식(唯識)이 전변(轉變)하여 결정(決定)하므로,
보응(報應)은 차이가 없다. 천 수레의 말과 하나의 표주박
이 각기 그 분수(分數)가 있고, 부유한 문호(門戶)도 모두
그 인연에 따른 것이니, 선악(善惡)의 현행(現行)하는 마음
을 따라서 풍요(豊饒)와 검소(儉素)로 등류(等流)하는 경계
(境界)를 감득한다.

[심부(心賦) 제68번]

美惡無體。因念所持。
(미오무체。 인념소지。)

아름답고 미운 것이 바탕이 없는데
망념(妄念)으로 인하여 집지(執持)가 된다.

[주(註)] 一切萬法。因第八識之所持。一切好惡。是第六
意識分別之所起。

일체(一切) 만법(萬法)은 제8식에 의지하여 집지(執持)가 된다. 일체(一切)의 좋고 나쁨은 제6의식(意識)의 분별(分別)에서 일어난 것이다.

[심부(心賦) 제69번]

聲響冥合。形影相隨。
<small>성 향 명 합   형 영 상 수</small>

소리와 메아리가 그윽하게 합(合)하고,
형상(形相)과 그림자가 서로 따른다.

[주(註)] 心直事直。心邪法邪。一一法但隨心開合。更無別旨。或正殺悞殺。實報虛報。絲毫匪濫。晷刻不移。既自心口所為。還自心口所受。

마음이 바르면 하는 일이 바르고, 마음이 삿되면 제법(諸法)이 삿되다. 하나하나의 법(法)이 단지 마음 따라서 개합(開合)하니, 그 밖에 다른 뜻이 없다. 혹 제대로 죽였든 잘못 죽였든 간에, 실보(實報)와 허보(虛報)가 터럭만큼도 어긋남이 없고, 그 시각(時刻)도 옮겨지지 않는다. 이미 자기의 마음과 입으로 행한 것이니, 다시 자신의 마음과 입이 돌려받을 뿐이다.

주심부와 유식

如自鏡錄云。昔月氏國城西有大山。是離越辟支佛住
處。去此不遠。有人失牛。尋到此山。值此辟支燃火染
衣。宿業力故。當於爾時。鉢變為牛頭。法衣變為牛皮。
染汁變為血。染滓變為肉。柴變為骨。其迹既爾。遂為
牛主執入獄中。弟子推覓。莫知所在。從是荏苒經十二
年。後遇因緣。知在獄中。便向王說。我師在獄。願王放
赦。王問獄典。有僧否。典曰。無僧。白王。願喚獄中沙
門者出。我師自出。獄典尋喚。辟支佛即出。此辟支佛在
獄既久。髮長衣壞。沙門形滅。諸弟子等。禮而問曰。師
何在此。師於爾時答以上事。弟子復問。宿世造何因。今
令致此。師答曰。吾於昔時謗他人偷牛。致使如此耳。故
經云。假使百千劫。所作業不亡。因緣會遇時。果報還自
受。

저 <자경록>自鏡錄에서 일렀다.

「옛날 월지국(月氏國) 도성의 서편에 큰 산이 있었는데
이월(離越) 벽지불(辟支佛)이 머무는 곳이었다. 여기에서
멀지 않은 곳에서 어떤 사람이 소를 잊어버리고 찾아다니
다가 이 산에 이르러서, 이 벽지불이 염의(染衣)를 불에 태
우는 것을 보게 되었다. 숙업(宿業)의 힘으로 인하여, 이때
발우가 변하여 우두(牛頭)가 되고, 법의(法衣)가 변하여 우
피(牛皮)가 되며, 염색(染色)한 물이 변하여 피가 되고, 더
러운 쓰레기가 변하여 살이 되었으며, 장작이 변하여 뼈가

되었다. 그 흔적이 이러하자 마침내 소 주인이 그를 잡아서 옥(獄)에 넣었다. 그 벽지불의 제자(弟子)가 찾아다녔으나 계신 곳을 알 수가 없었는데, 세월이 덧없이 흘러 12년이 지난 후에야 우연한 인연으로 옥중(獄中)에 계신 것을 알게 되었다. 바로 왕(王)에게 "저희 스승이 옥(獄)에 계시니 왕께서 석방해주시길 원합니다"라고 탄원하였다. 왕이 옥리(獄吏)에게 "승려가 있는가?" 하고 물었다. 옥리가 바로 가서 부르니, 벽지불이 즉시 나왔다. 이 벽지불이 옥(獄)에 있은 지 오래되어서 머리카락이 길게 자라고 옷은 헤어져 사문(沙門)의 모습이 없었다. 제자(弟子)들이 예(禮)를 올리고 물었다. "스승님께서는 어찌하여 여기에 계십니까?" 스승인 벽지불이 지난 일을 이야기했다. 제자가 다시 물었다. "숙세(宿世)에 어떠한 인연을 지었기에 오늘 이러한 처지에 이르게 된 것입니까?" 스승이 답하였다. "내가 옛적에 사람이 소를 훔치는 것을 비방한 적이 있었는데, 그래서 이러한 지경에 이르게 된 것이다." 저 경(經)에서 일렀다. 「가령 일천 겁(一千劫)이 지나더라도 지은 업(業)은 없어지지 않는다. 인연(因緣)을 만나는 때에 그 과보(果報)를 자신이 받는다.」

[심부(心賦) 제86번]

승 상 생 사 이 경 계
繩上生蛇而驚悸。

새끼줄을 보고 뱀인 줄 알고서 놀랐다.

[주(註)] 論頌云。白日看繩繩是麻。夜裏看繩繩是蛇。麻
上生繩猶是妄。豈堪繩上更生蛇。

<논(論)>의 게송(偈頌)에서 일렀다.

「한낮에 새끼줄을 보면, 새끼줄이 분명 마(麻)인데,

밤에 새끼줄을 보면, 새끼줄이 뱀과 같다.

마(麻)에서 새끼줄이라고 하는 것도 미망(迷妄)인데

어떻게 새끼줄에서 다시 뱀이라는 생각을 일으키랴!」

此況迷心作境之人。如繩上生蛇。若麻上生繩。是依
他起性。若繩上生蛇。是遍計所執性。無名無體。情有理
無。例觀萬境。亦復如是。悉落周遍計度之心。

이것은 미심(迷心)이 경계(境界)를 짓는 사람을 비유한
것이니, 새끼줄을 보고 뱀이라는 생각을 내는 것과 같다. 만
약 마(麻)에서 새끼줄이라는 생각을 낸다면 이는 의타기성
(依他起性)이고, 만약 새끼줄에서 뱀이라는 생각을 낸다면
이는 변계소집성(遍計所執性)이다. 무명(無名)이고 무체
(無體)이니, 감정(感情)으로는 있으나, 이치(理致)로는 없

다. 이를테면 만경(萬境)을 보는 것도 또한 이와 같아서, 모두 두루 계탁(計度)하는 마음에 떨어진 것이다.

[심부(心賦) 제87번]

杌中見鬼而沈吟。

나무 그루터기에서 귀신을 보고 침울하게 신음한다.

[주(註)] 如夜看杌。疑為是鬼。雖無真實。而起怖心。亦如夢中所見。以萬法體虛成事。此亦喻迷心作境。自起怖心。若了一心。無境作對。自然忻厭不生。

　밤에 나무 그루터기를 보고 귀신인가 의심하였다면, 비록 진실이 아니지만 공포심이 일어났다. 또한 꿈속에서 보는 만법(萬法)이 바탕이 비었는데도 사건을 이루듯이, 이 또한 비유하면 미심(迷心)이 경계를 짓는 것인데도 스스로 공포심을 내는 것이다. 만약 일심(一心)임을 요달하면 대상이 될 경계가 없다. 자연히 좋아하고 싫어하는 마음이 일어나지 않는다.

[심부(心賦) 제88번]

癡猿捉月而費力。渴鹿逐燄而虛尋。
<small>치 원 착 월 이 비 력 。 갈 록 축 염 이 허 심 。</small>

어리석은 원숭이가 달을 잡으려고 용을 쓰고,
목마른 사슴이 아지랑이를 쫓아가며 헛되이 찾는다.

[주(註)] 並喻心外取法。無有得理。故證道歌云。不離當
處常湛然。覓即知君不可見。寶藏論云。察察精勤。徒興
夢慮。遑遑外覓。轉失玄路。

　모두 마음 밖에서 법(法)을 취함은 이치를 얻을 수 없음을
비유(譬喻)한 것이다. 그래서 <증도가>證道歌에서 일렀다.

　「당처(當處)를 떠나지 않고 항상 담연(湛然)하지만
　찾아보면, 그대는 볼 수 없음을 알리라.」

<보장론>寶藏論에서 일렀다.

　「살피고 살펴서 정근(精勤)하지만,
　헛되이 꿈속의 사려(思慮)만 일으킬 뿐이며,
　정신없이 밖에서 찾으면
　전전(輾轉)히 현묘(玄妙)한 길을 잃는다.」

[심부(心賦) 제89번]

飲狂藥而情隨轉日。食莨蕩而眼布華針。

음광약이정수전일。 식랑탕이안포화침。

광약(狂藥)을 마시니 정(情)이 도는 해를 따르고,
낭탕자(莨蕩子)를 먹으니 눈에 화침(華針)이 번진다.[9]

[주(註)] 大涅槃經云。如人醉時。見有轉日。此況妄心纔
動。幻境旋生。又經云。如人服莨蕩子。眼見針華。並況
不達一心。妄生境界。

　<대열반경>에서 일렀다. 「마치 사람이 술에 취했을 때
해가 빙글빙글 도는 것처럼 보이는 것과 같다.」 이것은 망
심(妄心)이 움직이자마자 환경(幻境)이 문득 생기는 것을
말한다. 또 경(經)에서 일렀다. 「마치 사람이 낭탕자(莨蕩
子)를 먹으면 눈에 바늘[針] 꽃이 보인다.」 모두가 일심(一
心)을 통달하지 못하여, 망령되이 경계(境界)가 생기는 것
이다.

---

9) 　낭탕자(莨蕩子)는 착시(錯視)현상을 일으키는 일종의 극약(劇藥)이다.

[심부(心賦) 제90번]

^{개 자 상 생} ^{만 품 이 시 종 상 적}
皆自想生。萬品而始終常寂。
^{진 인 념 기} ^{일 진 이 경 계 항 심}
盡因念起。一眞而境界恒深。

모두 상념(想念)에서 생기니, 만품(萬品)이 시종(始終) 상적(常寂)하고,
모두 상념(想念)에서 일어나니, 일진(一眞)이므로 경계(境界)가 항상 깊다.

[주(註)] 經云。一切國土。皆想持之。若無想。即無法。又一切境界。隨念而至。若無念。諸境不生。如還源觀云。攝境歸心眞空觀者。謂三界所有法。唯是一心。心外更無一法可得。故曰歸心。謂一切分別。但由自心。曾無心外境。能與心爲緣。何以故。由心不起。外境本空。論云。由依唯識故。境本無體。眞空義成故。以塵無有故。本識即不生。

경(經)에서 일렀다. 「일체(一切) 국토(國土)를 모두 상념(想念)이 집지(執持)한다.」 만약 상념이 없으면 제법(諸法)이 없다. 또한 일체(一切) 경계는 상념을 따라 나타난다. 만약 상념이 없으면 모든 경계가 생기지 않는다.

저 <환원관>還源觀에서 일렀다. 「일체(一切) 경계를 거두어서 마음에 돌리는 진공관(眞空觀)은, 삼계(三界)에 있

는 법(法)은 오직 일심(一心)이니, 마음 밖에 다른 일법(一法)도 얻을 바 가 없다고 하여 '마음에 돌아간다'고 한다. 일체(一切) 분별(分別)은 자심(自心)을 말미암는다. 일찍이 마음 밖에 다른 경계가 없어서 능히 마음과 더불어 반연(攀緣)된 바가 없다. 왜 그러한가? 마음이 일어나지 않으면 바깥 경계가 본래 공(空)하기 때문이다. <논(論)>에서 일렀다.「유식(唯識)에 의지하기 때문에 경계는 본래 아무런 바탕이 없다. 진공(眞空)의 뜻이 성립되면, 육진(六塵)이 없기 때문이다. 본식(本識)은 바로 불생(不生)이다.」

[심부(心賦) 제91번]

법 내 규 모 。　인 간 궤 칙 。
法內規模。人間軌則。

법내(法內)는 규모가 있고, 인간은 궤칙(軌則)이 있다.

[주(註)] 又真俗二諦。並從心起。第八識心是持種依。真如心是迷悟依。如華嚴記云。依生滅八識。辯二所由。顯法相但是心境依持。而即如來藏。辯其二所以。於中先總。後以會緣入實。

　　진제(眞諦)와 속제(俗諦)인 이제(二諦)가 모두 마음에서 일어난다. 제8식심(識心)은 종자(種子)의 의지(依持)인 지종의(持種依)가 되고, 진여심(眞如心)은 미오의(迷悟依)다.

저 <화엄기>華嚴記에서 일렀다.

「생멸(生滅)하는 팔식(八識)에 의거하여 두 가지의 연유(緣由)를 설명하는데, 법상종(法相宗)의 종지인 '심경(心境)이 서로 의지(依持)하고 있음'을 드러내고 있다. 여래장(如來藏)에 즉(卽)하여 두 가지 소이(所以)를 설명하는데, 이 중에서 먼저 총설(總說)하였고, 나중에 연(緣)을 모아서 실(實)에 든다.」

下別示二相。即以起信眞如生滅二門為二義耳。存壞不二。唯一緣起。結歸華嚴會緣入實。言二門無礙。唯是一心者。結歸起信依一心法立二種門。故須具足二義。方名具分唯識。

이하(以下)에서 따로 이상(二相)을 구별하여 보인다. 즉 <기신론>은 진여(眞如)와 생멸(生滅) 이문(二門)을 이의(二義)로 하며, 존재(存在)와 괴멸(壞滅)이 불이(不二)이며, 오직 하나의 연기(緣起)라고 하여 화엄(華嚴)의 회연입실(會緣入實)에 귀결시켰다. 이문(二門)이 걸림이 없어 오직 일심(一心)일 뿐이라고 말한 것은, 저 <기신론>의 '일심법(一心法)에 의거하여 이종(二種)의 門을 세움'에 귀결시켰다. 모름지기 이의(二義)를 구족(具足)하므로 바야흐로 구분유식(具分唯識)이라고 부른다.

問。唯識第九。亦說其所轉依有其二種。一持種依。
謂第八識。二迷悟依。謂即真如。何以說。言然依生滅八
識。唯有心境依持。答。彼雖說迷悟依。非即心境依持。
以真如不變。不隨於心變萬境故。但是所迷耳。後還淨
時。非是攝相即真如故。但是所悟耳。今乃心境依持。即
是真妄非有二體。故說一。約義不同。分成兩義。說二門
別。故論云。然此二門。皆各總攝一切法。以此二門不相
離故。

문(問): 유식(唯識)의 제구(第九)에 대해서 또한 그 전의
(轉依)에 이종(二種)이 있다고 말한다. 一은 지종의(持種依)
니 제8식을 말하고, 二는 미오의(迷悟依)니 바로 진여(眞如)
를 말한다. 그런데 어떻게 '생멸하는 8식(識)에 의거해서 오
직 심(心)과 경(境)이 의지(依持)한다'고 설명합니까?

답(答): 그것이 비록 미(迷)와 오(悟)가 의지한다고 하지
만, 바로 심(心)과 경(境)이 의지(依持)함은 아니라는 뜻이
다. 진여(眞如)는 변함이 없고, 마음을 따라서 만경(萬境)
으로 변(變)하지 않으니, 단지 미혹(迷惑)될 뿐이다. 나중
에 다시 청정해진 때에 상(相)을 거두어서 진여(眞如)에 즉
(即)하는 것이 아니니, 다만 깨달을 뿐이다. 지금은 심(心)
과 경(境)이 의지(依持)함이니, 바로 진(眞)과 망(妄)이 이
체(二體)가 있는 것이 아니다. 까닭에 하나라고 설명한다.
뜻으로 보면 부동(不同)하므로 두 가지 뜻으로 나누어서 이

주심부와 유식

문(二門)으로 구별하여 설명한다. 그래서 <논(論)>에서 일렀다. 「그러나 이 이문(二門)은 각각(各各) 일체법(一切法)을 모두 아우르니, 이 이문(二門)은 서로 떨어지지 않은 까닭이다.」

[심부(心賦) 제92번]

願無不從。信無不剋。
<small>원 무 부 종 。 신 무 불 극 。</small>

見萬像於掌中。收十方於座側。
<small>견 만 상 어 장 중 。 수 시 방 어 좌 측 。</small>

발원(發願)함에 따르지 않음이 없고, 믿음에 이루지 못함이 없다.
만상(萬像)을 손바닥 안에서 보고, 시방(十方)을 앉은 자리에서 거둔다.

[주(註)] 華嚴策林云。全色爲眼。恒見色而無緣者。色是所緣之境。眼是能緣之根。今即是眼。故無緣也。言全眼爲色。恒稱見而非我者。眼是我能見。今全爲色。正見之時。即非我也。非我離於情想。無緣絶於貪求。收萬像於目前。全十方於眼際。是以緣義無盡。隨見見而不窮。物性叵思。應法法而難準。法普即眼普。義通乃見通。體之

自隱隱。照之遂重重。然後窮十方於眼際。鏡空有而皎明。收萬像以成身。顯事理而通徹。

<화엄책림>華嚴策林에서 일렀다.[10]

「모든 색(色)이 안(眼)이므로, 항상 색(色)을 보지만 반연(攀緣)이 없다. 색(色)은 소연(所緣)인 경계이고, 안(眼)은 능연(能緣)인 근(根)이다. 여기서는 즉안(卽眼)이므로 반연(攀緣)이 없다. 모든 안(眼)이 색(色)이므로, 항상 본다[見]고 하지만 비아(非我)이다. 안(眼)은 내가 능견(能見)함이다. 여기서는 모두 색(色)이므로 바로 견(見)하는 때에 아(我)가 아니다.」 내가 정상(情想)을 떠난 것이 아니고, 반연(攀緣)이 없으니 탐구(貪求)를 끊었다. 만상(萬像)을 목전(目前)에 거두어들이고, 모든 시방(十方)을 안(眼)의 언저리에 포섭한다. 그래서 연(緣)의 뜻이 무진(無盡)하니 보고 또 보아도 끝이 없고, 물성(物性)은 사유하기 어려우니 법법(法法)에 응하여 준칙(準則)을 두기 어렵다. 모든 법(法)이 두루하니 안(眼)이 두루하고, 뜻이 통(通)하니 견(見)이 통(通)한다. 체(體)는 스스로 숨어 있고, 조(照)는 저절로 중중(重重)하다. 연후(然後)에 시방(十方)을 안(眼)의 언저리에 궁구하니, 공(空)과 유(有)를 거울하되 밝고 분명하다. 만상(萬像)을 거두어들여 몸을 이루니, 사리(事理)를 드러내되 통철(通徹)한다.

---

10) <화엄책림>華嚴策林은 현수(賢首) 법장(法藏)의 저술이다.

[심부(心賦) 제93번]

^{감 현 이 유 순 오 심} 。 ^{미 오 이 함 귀 아 식} 。
感現而唯徇吾心。美惡而咸歸我識。

감현(感現)하되 오직 내 마음을 좇고,
미오(美惡)는 모두 내 알이[識]에 돌아간다.

[주(註)] 此明具分唯識者。以不生滅與生滅和合。非一非
異。名阿賴耶識。即是具分。以具有生滅不生滅故。不生
滅即如來藏。即通眞心也。若不全依眞心。事不依理。故
唯約生滅。便非具分。有云影外有質。為半頭唯識。質影
俱影。為具分者。此乃唯識宗中之具分耳。

　　이는 구분유식(具分唯識)을 설명한 것이다. 불생불멸
(不生不滅)과 생멸(生滅)이 화합되어 하나도 아니고 다름도
아님을 이름하여 아뢰야식(阿賴耶識)이라 한다. 바로 이것
이 구분(具分)이니, 생멸(生滅)과 불생멸(不生滅)을 갖추었
기 때문이다. 불생멸(不生滅)은 곧 여래장(如來藏)이고, 바
로 진심(眞心)에 통한다. 만약 온전히 진심(眞心)에 의하지
않으면 사(事)가 이(理)에 의지하지 못한다. 때문에 오직 생
멸(生滅)만 이야기한다면 곧 구분(具分)이 아니다. 또 일렀
다.「그림자 밖에 실질(實質)이 있으면 반두유식(半頭唯識)
이다. 실질과 그림자를 갖춘 그림자만이 구분(具分)이다.」
이것이 바로 유식종(唯識宗)에서 말하는 구분(具分)이다.

又三界唯心。萬法唯識。唯心法總有四義。一是事。
隨境分別。見聞覺知。二是法。論體唯是生滅法數。此二
義。論俗故有。約真故無。三是理。窮之空寂。四是實。
論其本性。唯是真實如來藏法。

또한 삼계(三界)가 유심(唯心)이고, 만법(萬法)은 유식(唯識)이다. 유심(唯心)의 법에 모두 네 가지 뜻이 있다.

1은 사(事)이니, 경계를 따라서 분별(分別)하여 견문각지(見聞覺知)함이다. 2는 법(法)이니, 체(體)를 설명하는데 오직 생멸(生滅) 법수(法數)뿐이다. 이 두 가지 뜻은, 세속(世俗)에서 보면 유(有)이고, 진여(眞如)에서 보면 무(無)이다. 3은 이(理)이니, 궁구하면 공적(空寂)이다. 4는 실(實)이니, 그 본성(本性)을 논하면 오직 진실(眞實)한 여래장(如來藏)법(法)이다.

又如進趣大乘方便經云。佛言。一實境界者。謂眾生
心體。從本已來。不生不滅。乃至一切眾生心。一切二乘
心。一切菩薩心。一切諸佛心。皆同不生不滅真如相故。
乃至盡於十方虛空一切世界。求心形狀。無一區分而可得
者。但以眾生無明癡闇熏習因緣。現妄境界。令生念著。

또한 <진취대승방편경>(進趣大乘方便經)에서 일렀다.
「부처님께서 이르셨다. "일실경계(一實境界)란, 중생의
심체(心體)이니, 본래부터 불생불멸(不生不滅)이다. 나아

가서 일체(一切)의 중생심, 일체(一切)의 이승심, 일체(一切)의 보살심(菩薩心), 일체(一切)의 제불심(諸佛心)도 모두 같이 불생불멸(不生不滅)인 진여상(眞如相)인 까닭이다. 나아가서 시방(十方) 허공(虛空)의 일체(一切) 세계(世界)에서 마음의 형상을 구하여도, 하나의 구분(區分)도 얻을 수 없다. 단지 중생(衆生)의 무명(無明) 치암(癡闇)이 훈습(熏習)한 인연으로 허망(虛妄)한 경계가 나타나서 염착(念着)하게 할 뿐이다.」

所謂此心不能自知。妄自謂有。起覺知想。計我我所。而實無有覺知之相。以此妄心。畢竟無體。不可見故。若無覺知能分別者。則無十方三世一切境界差別之相。以一切法皆不能自有。恒依妄心分別故有。所謂一切境界。各各不自念為有。知此為自。知彼為他。是故一切法不能自有。則無別異。唯依妄心。不了不知。內自無故。為有前外所知境界。妄生種種法想。謂有謂無。謂好謂惡。謂是謂非。謂得謂失。乃至生於無量無邊法想。

이른바 이 심(心)은 자지(自知)하지 못하고, 망령되이 스스로가 있다고 말한다. 각지(覺知)하는 상(想)을 일으켜 아(我)와 아소(我所)를 분별하나, 실은 각지(覺知)하는 상(相)이 없다. 이 망심(妄心)은 필경 무체(無體)니 볼 수가 없다. 만약 '각지(覺知)하여 능히 분별(分別)하는 놈'이 없다고 한다면, 시방삼세(十方三世)의 모든 경계(境界)의 차별상(差別相)도 없다. 일체법(一切法)은 모두 능히 저절로 '유(有)'일 수가 없다. 항상 망심(妄心) 분별(分別)에 의지하는 까닭에 '유(有)'이다. 이른바 일체(一切) 경계는 각각 '있다'고 자념(自念)하지 못한다. 이것을 자(自)로 알고, 저것은 타(他)로 알고 있으니, 이 때문에 제법(諸法)은 저절로 '유(有)'일 수가 없다. 즉 별이(別異)가 없다. 오직 망심(妄心)에 의지하므로, 안에 자(自)가 없음을 깨닫지 못하고 알지 못한다. 그래서 앞과 밖에 지각되는 경계(境界)가 '있다'고 생각하고서, 망령되이 갖가지 상념을 지어서, '있다' '없다' 하거나, '좋다' '나쁘다' 하거나, '옳다' '그르다' 하거나, '얻었다' '잃었다' 하면서, 나아가서 한량없고 가없는 법상(法想)을 낸다.

當如是知。一切諸法。皆從妄想生。依妄心為本。然此妄心無自相故。亦依境界而有。所謂緣念覺知前境界故。說名為心。又此妄心。與前境界。雖俱相依。起無前後。而此妄心。能為一切境界原主。所以者何。謂依妄心不了法界一相故。說心有無明。依無明力因故。現妄境界。亦依無明滅故。一切境界滅。非依一切境界自不了故。

마땅히 이와 같이 알면, 일체(一切) 제법(諸法)은 모두 망상(妄想)에서 생기니, 망심(妄心)에 의지함을 근본으로 한다. 그러나 이 망심(妄心)은 자상(自相)이 없는 까닭에 또

주심부와 유식

한 경계(境界)에 의지하여 있게 된다. 이른바 반연(攀緣)하는 상념(想念)이 앞의 경계를 각지(覺知)하는 까닭에, 이름하여 '마음'이라 한다. 이 망심(妄心)과 앞의 경계(境界)가 서로 의지(依持)하지만 일어남에는 전후(前後)가 없다. 그러하니 이 망심(妄心)은 능히 모든 경계의 원주(原主)가 된다. 왜냐하면, 망심(妄心)에 의지하여 법계(法界) 일상(一相)을 깨닫지 못한 까닭이다. 설명하기를, 마음에 무명(無明)이 있고, 무명의 힘을 의지하는 원인이 있기 때문에 망경계(妄境界)가 나타난다. 또한 무명(無明)이 멸(滅)함에 의하여 모든 경계가 멸(滅)하니, 모든 경계가 '스스로' 불료(不了)한 것에 의(依)함이 아니다.

說境界有無明。亦非依境界故。生於無明。以一切諸佛。於一切境界。不生無明故。又復不依境界滅故。無明心滅。以一切境界。從本已來。體性自滅。未曾有故。因如此義。是故但說一切諸法依心為本。當知一切諸法。悉名為心。以義體不異。為心所攝故。又一切諸法。從心所起。與心作相。和合而有。共生共滅。同無有住。以一切境界。但隨心所緣。念念相續故。而得住持。暫時而有。

경계를 설명하면서 무명(無明)이 있다고 하는데, 경계에 의하므로 무명(無明)이 생긴다는 말이 아니다. 일체(一切) 제불(諸佛)은 모든 경계에서 무명을 내지 않고, 또한 다시 경계가 멸(滅)하므로 무명심이 멸(滅)하는 것이 아니다.

모든 경계는 본래부터 체성(體性)이 자멸(自滅)이므로, 일찍이 있었던 적이 없다. 이러한 뜻에서 단적으로 '일체(一切) 제법(諸法)이 마음에 의지함을 근본으로 한다'고 설명한다. 마땅히 알지니, 일체(一切) 제법(諸法)은 모두 이름이 '마음'이다. 뜻으로 보건대, 바탕이 다르지 않아서 마음에 포섭되기 때문이다. 또한 일체(一切) 제법(諸法)은 다 마음으로부터 일어나며, 마음과 더불어 모습을 짓고, 화합하여 '있음'이니, 공생(共生)공멸(共滅)하며, 함께 주(住)함이 없다. 모든 경계는 단지 마음이 반연(攀緣)함에 따라 염념(念念)이 상속하는 까닭에 주지(住持)하므로 잠시(暫時)만 '있음'이 된다.

[심부(心賦) 제94번]

수 출 금 모 사 자 。 개 적 선 근 。
手出金毛師子。 皆籍善根。
성 변 칠 보 화 지 。 진 승 자 력 。
城變七寶華池。 盡承慈力。

손에서 금모사자(金毛師子)가 나온 것은 모두가 선근(善根)에 의한 것이고,
성(城)이 칠보(七寶)의 연못으로 변한 것은 모두 다 자비(慈悲)의 힘에 의한 것이다.

주심부와 유식

[주(註)] 大涅槃經云。阿闍世王欲害如來。放護財狂醉之
象。佛即舒手示之。即於五指出五師子。是象見已。投地
敬禮。佛言。我於爾時手五指頭實無師子。乃是修慈善根
力故。令彼見如斯事。又云。南天竺國有一大城。名首
波羅。城中有一長者。名曰盧至。為眾導首。佛欲至彼
城邑。化度彼人。彼眾尼乾。聞佛欲至。遂破壞林泉。堅
閉城壁。各嚴器仗。防護固守。設彼來者。莫令得前。佛
言。我於爾時至彼城已。不見一切樹木叢林。唯見諸人莊
嚴器仗當壁自守。見是事已。尋生憐愍。慈心向之。所有
樹木還生如本。河池泉井清淨盈滿。如清淨池生眾雜華。
變其城壁為紺瑠璃。我於爾時實不化作種種樹木清淨華
池。當知皆是慈善根力。能令彼見如是事。

<대열반경>에서 일렀다. 「아사세왕(阿闍世王)이 여래
(如來)를 해치고자 술에 취해 미친 호재(護財) 코끼리를 풀
어 놓았다. 부처님이 바로 손을 펴서 보이니 즉시에 다섯 손
가락에서 다섯 사자(獅子)가 나왔다. 이 코끼리가 그것을
보고서 땅에 엎드려 경례하였다. 부처님께서 말씀하셨다.
"내가 이때 다섯 손가락에 실(實)은 사자(獅子)가 없었다.
이는 자비를 닦은 선근력(善根力)으로 인해서 저들이 이러
한 일을 보게 한 것이다."」

또 일렀다. 「남천축국에 하나의 대성(大城)이 있었는데
이름이 수파라(首波羅)였다. 성(城)안에 한 장자(長者)가

있어 이름이 노지(盧至)인데 대중들을 앞서서 이끌고 있었다. 부처님께서 그 성읍에 가서 그 사람을 제도하고자 하셨다. 그 니건(尼乾)의 무리가 부처님이 오려고 하신다는 소식을 듣고, 마침내 숲과 샘을 파괴하고, 성벽을 굳게 닫았다.[11] 각기 무기와 깃발 등을 엄중히 갖추고 방호(防護)하며 굳게 지켜 그가 들어오려 하더라도 앞으로 나아갈 수 없게 하였다. 부처님께서 말씀하셨다. "내가 이때 그 성에 이르렀는데 모든 수목과 숲을 볼 수 없었고, 오직 여러 사람이 무기와 깃발 등으로 장엄하여 성벽(城壁)에서 수비(守備)하고 있는 모습만 볼 수 있었다. 이 모습을 보고 나서 바로 연민의 마음이 일어나 자비심(慈悲心)이 그들을 향하게 되었다. 모든 수목(壽木)이 다시 본래대로 소생(蘇生)하였고, 하천(河川)과 연못, 샘물이 맑게 가득 고였다. 맑은 연못에 여러 가지 꽃이 피었다. 그 성벽은 푸른빛 유리(琉璃)로 바뀌었다. 내가 이때 실(實)은 갖가지 수목과 청정한 연못을 화작(化作)한 것이 아니다. 마땅히 알지니 이는 모두 자비(慈悲)의 선근력(善根力)이 능히 그들로 하여금 이러한 일을 보도록 한 것이다."」

故知凡有一切苦樂境界。仗佛力為增上緣。但是自心感現。例見目前實境。悉是想生。心外實無一法。但從識

---

11) 니건자(尼乾子)를 신봉하는 '자이나' 교도들이다.

주심부와 유식

變耳。

　따라서 알지니, 무릇 일체(一切) 고락(苦樂)의 경계는 불력(佛力)을 의지해서 증상연(增上緣)이 되었을 뿐이고, 단지 이것들은 자심(自心)이 감현(感現)한 것이다. 예컨대 목전(目前)의 실제의 경계를 보는 것은 모두 상념(想念)으로 생긴 것이고, 마음 밖에는 실은 일법(一法)도 없다. 단지 식(識)으로부터 전변(轉變)한 것이다.

[심부(心賦) 제114번]

履得一之旨。豁爾消疑。

하나인 종지(宗旨)를 체득(體得)하니, 활연(豁然)하여 의심이 사라진다.

[주(註)] 天得一以淸。地得一以寧。人得一而道成。經云。若得一。萬邪滅矣。又云。若得一。萬事畢。若了一眞心。何理而不圓。何事而不畢也。

　하늘은 하나[一]를 얻어서 맑아지고, 땅은 하나[一]를 얻어서 평안해지며, 사람은 하나[一]를 얻어서 도(道)를 이룬다. 경(經)에서 일렀다. 「만약 하나[一]를 얻으면 만사(萬

邪)가 멸(滅)한다.」또 일렀다.「만약 하나[一]를 얻으면 만사(萬事)를 마친다.」만약 하나의 진심(眞心)을 깨달으면, 어떠한 이치(理致)가 원만하지 않으며, 어떠한 일인들 성취되지 않겠는가!

如古德問云。所言心性是一者。何得眾生界見有種種。答。以真如心性是一。隨緣生滅而成種種。又第八識。正是所熏心體。含多種子。熏成種種。即是真如隨緣義。

저 고덕(古德)이 물었다. "이른바 심성(心性)은 하나[一]인데 어떻게 중생계(衆生界)에는 갖가지[種種]가 보이는가?"

답(答): 진여(眞如) 심성(心性)은 하나이지만 인연 따라 생멸(生滅)하면서 갖가지를 이룬다. 또한 제8식은 바로 훈숙(熏熟)된 심체(心體)이며, 많은 종자(種子)를 머금고 있으면서, 갖가지를 훈숙(熏熟)한다. 바로 이것이 '진여(眞如)가 인연에 따른다'는 뜻이다.

又心性是一者。古釋有二義。一者妄心之性。成心之性。以性相不同故。真心之性。真心即性故。二者通成。謂此二性。別明二藏。前之二性。皆具二藏。但為妄覆。名如來藏。直語藏體。即自性心故。此自性清淨真心。不與妄合。名為空藏。具恒沙德。名不空藏。前明即離。此

　　　　　　　　　　　　　　　　주심부와 유식

明空有。故重出也。

또 '심성(心性)은 이것이 하나[一]이다'에 대하여 고석(古釋)에 二義가 있다. 一은 망심(妄心)의 性이니, 마음을 이루는 性은 性과 相이 같지 않다. 眞心의 性은 眞心이 바로 性인 까닭에, 二는 함께 이루는 것이니, 이 이성(二性)에 대해 따로 이장(二藏)을 말하는데, 앞의 이성(二性)은 이장(二藏)을 모두 갖추었다. 단지 妄心이 덮인 고로 여래장(如來藏)이라 이름한다. 바로 장체(藏體)를 말한다면 곧 자성심(自性心)인 까닭이다. 이 자성(自性)청정(淸淨)한 진심(眞心)이 망(妄)과 합해지지 않음을 이름하여 공장(空藏)이라 하고, 항하사(恒河沙)의 공덕을 갖추고 있음을 이름하여 불공장(不空藏)이라 한다. 앞은 즉(卽)과 이(離)를 설명하고, 이것은 공(空)과 유(有)를 설명하므로, 까닭에 같이 설명하였다.

言皆平等無二者。上二.卽離不同。由心之性故不卽。由心卽性故不離。不卽不離。為心之性。後二.卽空之實為不空。卽實之空為空藏。空有不二。為心之性。然空有無二之性。卽是不卽不離之性。故但云一也。

'모두 평등하여 무이(無二)이다'라고 말한 것은, 위의 이성(二性)은 즉(卽)과 이(離)가 不同하되, 心의 性인 까닭에 부즉(不卽)이고, 心이 곧 性에 卽한 까닭에 불이(不異)이니, 不卽하고 不離함이 心의 性인 까닭이다. 뒤의 이장(二

藏)에서, 空에 卽한 實은 불공(不空)이고, 實에 卽한 空은 공장(空藏)이다. 空과 有가 不二임이 心의 性이다. 그렇게 空과 有가 無二인 性이 바로 부즉불리(不卽不離)인 性이다. 까닭에 단지 하나[一]라고 하였다.

[심부(心賦) 제115번]

입 불 이 지 문 。 확 연 무 쟁 。
入不二之門。廓然無諍。

불이(不二)의 문에 들어가니, 확연하여 다툴 것이 없다.

[주(註)] 心外有法。即見有二。便有對治。即乃成諍。若了境即心。能所冥一。即無諍矣。既不涉能所。即非情無情。但直論見性之門。匪落是非之道。是以能所不同。不可執一。心境一味。不可稱異。若以性從緣。則情非情異。為性亦殊。若泯緣從性。則非覺不覺。若二性互融。則無非覺悟。

　　마음 밖에 법(法)이 있으면 바로 견(見)이 둘이 있으니, 문득 대치(對治)함이 있게 되고, 바로 다툼이 성립된다. 만약 경계가 바로 마음임을 깨달으면 能[주관]과 所[객관]가 그윽하게 하나가 되니 다툼이 없게 된다. 이미 能과 所

가 상대하지 않으니, 바로 유정(有情)도 아니고 무정(無情)도 아니다. 단지 곧바로 견성(見性)의 門을 논하게 되면, 시비(是非)의 道에 떨어지지 않는다. 이처럼 能과 所가 不同하니 '하나'라고 집착할 수가 없다. 또 마음과 경계가 一味이니 '다르다'고 말할 수도 없다. 만약 性으로 인연(因緣)에 따르면, 情과 非情이 다르고, 性 또한 다르다. 만약 인연(因緣)을 없애고 性에 따르면 覺도 아니고 不覺도 아니다. 만약 이성(二性)이 서로 융화한다면 각오(覺悟) 아님이 없다.

華嚴經云。眞如無少分非覺悟者。則眞如遍一切有情無情之處。若無少分非覺悟者。豈無情非佛性乎。又經意但除執瓦礫無情之見。非除佛性。則性無不在。量出虛空。寧可除乎。又古德云。覺性是理。覺了屬事。如無情中。但有覺性。而無覺了。如木中但有火性。亦無火照。今言性者。但據理本。誰論枝末。又覺智緣慮名情。自性不改名性。愚人迷性生情。故境智不一。智者了情成性。故物我無二。

<화엄경>에서 일렀다. 「진여(眞如)는 조그만 부분이라도 각오(覺悟)가 아닌 것이 없다.」즉 진여(眞如)는 일체(一切) 유정(有情)과 무정(無情)의 처소에 두루 하다는 말씀이다. 만약 '조그만 부분이라도 각오(覺悟) 아님이 없다'면, 어떻게 무정(無情)이라고 하여 불성(佛性)이 아니겠느냐! 또한 경(經)의 뜻은, 단지 '기와나 자갈이 무정(無情)이다'

라는 견해(見解)에 집착함을 제거할 뿐이지, 佛性을 제거하는 것이 아니다. 즉 성(性)은 없는 곳이 없어서, 量이 허공을 나투니 어떻게 제거할 수 있겠는가!

또 고덕(古德)이 이르길,「각성(覺性)은 理이고, 각료(覺了)는 事이다」고 하였다. 저 무정(無情)에는 단지 각성(覺性)만 있고 각료(覺了)는 없다. 마치 나무 가운데 단지 화성(火性)만 있고, 화조(火照)는 없는 것과 같다. 지금 性이라 한 것은 단지 理인 근본(根本)에 의거한 것인데 누가 지말(枝末)을 논하겠는가. 또한 각지(覺智)가 연려(緣慮)함을 이름하여 정(情)이라 하고, 자성(自性)이 바뀌지 않음을 이름 하여 성(性)이라 한다. 우인(愚人)은 性에 미혹(迷惑)하여 情을 일으키는 까닭에 경계(境界)와 각지(覺智)가 不一하다. 지자(智者)는 情을 알아서 性을 이루는 까닭에 물아(物我)가 무이(無二)하다.

[심부(心賦) 제132번]

당 정 위 지 발 양 。 인 법 성 지 시 설 。
當正位之發揚。因法性之施設。

정위(正位)에 당(當)하여 발양(發陽)하고,
법성(法性)에 원인(原因)하여 시설한다.

[주(註)] 此心賦者有二觀。一唯心識觀。二眞如實觀。先觀唯心。次入眞如。楞伽經云。自覺聖智者。令覺自心耳。攝論云。通達唯是意言分別。無有實法。即爲入唯識方便。不取外相。即入唯心。占察經云。一唯心識觀。二眞如實觀。唯心觀淺。眞如觀深。能入法性。法性即眞如異名。如起信論云。心若馳散。即當攝來。令住正念。其正念者。當知唯心。無外境界。此即唯心識觀。次云。即復此心。亦無自相。念念不可得。此即眞如實觀。若了唯心。成唯心識觀。若了無性。成眞如實觀。心境兩亡。則成無分別智。

이 심부(心賦)에 이관(二觀)이 있다. 일(一)은 유심식관(唯心識觀)이고, 이(二)는 진여실관(眞如實觀)이다. 먼저 유심(唯心)을 관(觀)하고, 다음에 진여(眞如)에 들어간다. <능가경>에서「자각성지(自覺聖智)」라고 이른 것은 자심(自心)임을 깨닫도록 함이다. <섭대승론>에서는「오직 의언(意言)분별일 뿐이어서 실법(實法)이 없음을 통달하여, 바로 유식(唯識)방편에 들어서, 바깥 모습을 취하지 않고 바로 유심(唯心)에 들어간다.」고 일렀다.

<점찰경>占察經에서 일렀다.「일(一)은 유심식관(唯心識觀)이고, 二는 진여실관(眞如實觀)이다. 유심관(唯心觀)은 얕다. 진여관(眞如觀)은 깊어서 능히 법성(法性)에 들어가니, 법성(法性)이 곧 진여(眞如)의 다른 이름이다. 저 <기

신론>에서 일렀다. 「마음이 만약 치달아 흩어지면 즉시 거
두어들여서 정념(正念)에 머물게 한다. 그 정념이란 유심
(唯心)이니 바깥 경계가 없다. 이것이 바로 유심식관(唯心
識觀)이다.」

다음에 일렀다. 「바로 다시 이 마음도 또한 자상(自相)
이 없어 염념(念念)에 얻을 수가 없다. 이것이 바로 진여실
관(眞如實觀)이다.」만약 유심(唯心)을 깨달으면 유심식관
(唯心識觀)을 성취하고, 만약 이 마음이 자성(自性)이 없음
을 깨달으면 진여실관(眞如實觀)을 성취한다. 심(心)과 경
(境)이 모두 사라지면 무분별지(無分別智)를 이룬다.

[심부(心賦) 제148번]

仰空雨莫測之殊珍。
<small>앙 공 우 막 측 지 수 진 。</small>

허공을 쳐다보니 측량할 수 없는 진기(珍奇)한 것들이
비처럼 쏟아져 내렸다.

[주(註)] 華嚴經中。明智居士云。我得隨意出生福德藏解
脫門。凡有所須。悉滿其願。所謂衣服瓔珞。象馬車乘。
華香幢蓋。飲食湯藥等。乃至爾時居士知會眾普集。須臾

繋念。仰視虛空。如其所須。悉從空下。一切眾會。普皆
滿足。然後為說種種法。所謂為得美食而充足者。與說種
種集福德行等。

<화엄경> 중에서 명지(明智)거사가 일렀다.「나는 뜻을
따라 복덕장해탈문(福德藏解脫門)을 지으니, 모든 필요한
것들을 다 그 원(願)대로 만족시켜 준다. 이른바 의복·영락·
코끼리·말·마차·화향(華香)·당개(幢蓋)·음식·탕약(湯藥)
등이다.」나아가서,「이때 거사(居士)가 회중이 널리 모인
것을 알고서 잠시 계념(繋念)하고서는 허공을 쳐다보니, 그
들이 필요로 하는 물건들이 모두 허공(虛空)에서 쏟아져 내
려왔다. 모든 회중(會眾)들이 널리 다 만족하였다. 연후(然
後)에 갖가지 법을 설하였다. 이른바 미식(美食)을 얻어 충
족(充足)한 자(者)들에게 갖가지 복을 쌓는 덕행(德行)등을
설했다.」

釋曰。空中雨物者。一是居士心中出。故云隨意出
生。又云須臾繋念。二是所化眾生自心感現。機應冥合。
非一非異。成就斯事。仰視虛空者。即是法空中現。故法
句經云。菩薩於畢竟空中。熾然建立。

해석에서 말했다. "허공에서 여러 물건들이 비 오듯 했
다"라고 한 것은, 하나는 거사(居士)의 마음에서 나온 것
이니, 까닭에 "뜻을 따라 내었다"고 하였고, 또 "잠시 계념
(繋念)하고서"라 하였다. 둘은 제도받은 중생(眾生)들의 자

심(自心)에서 감현(感現)된 것이다. 근기가 명합(冥合)하게 응하였으니 하나도 아니고 다르지도 않아서 이 일이 성취된 것이다. "허공을 쳐다보았다"라 한 것은 바로 법(法)이 허공 가운데서 나타났다. 까닭에 <법구경>에서 일렀다. 「보살(菩薩)은 필경에 공중(空中)에서 치연(熾然)하게 건립(建立)한다.」

[심부(心賦) 제166번]

妙解而唯應我是。列祖襟喉。

묘해(妙解)하여 오직 나에게 응(應)해야 옳으니,
열조(列祖)의 심요(心要)다.

[주(註)] 此心賦者。但說真心。不言妄識。以真心妄心。各有性相。且真心以靈知寂照為心。不空無住為體。實相為相。妄心以六塵緣影為心。無性為體。攀緣思慮為相。

　이 심부(心賦)는 다만 진심(眞心)을 설명한 것이고 망식(妄識)을 말하지 않는다. 진심(眞心)과 망심(妄心)에 각기 성(性)과 상(相)이 있다. 이제 진심(眞心)은 영지적조(靈知寂照)로서 심(心)이라 하고, 불공무주(不空無住)를 체(體)

로 하며, 실상(實相)을 상(相)으로 한다. 그리고 망심(妄心)은 육진(六塵)인 영상(影像)을 반연(攀緣)함을 심(心)이라 하고, 무성(無性)을 체(體)로 하며, 반연(攀緣)하면서 사려(思慮)함을 상(相)으로 한다.

此緣慮覺了能知之妄心。而無自體。但是前塵。隨境有無。境來即生。境去即滅。因境而起。全境是心。又因心照境。全心是境。各無自性。唯是因緣。故法句經云。燄光無水。但陽氣耳。陰中無色。但緣氣耳。以熱時炎氣。因日光爍。遠看似水。但從想生。唯陽氣耳。此虛妄色心亦復如是。以自業為因。父母外塵為緣。和合似現色心。唯緣氣耳。

이 연려(緣慮)하고 각료(覺了)하여 능지(能知)하는 망심(妄心)은 자체(自體)가 없으니, 단지 목전(目前)의 육진(六塵)이다. 경계(境界)가 있고 없음에 따르니, 경계가 오면 생(生)하고, 경계가 가면 사라진다. 경계(境界)를 인(因)하여 생기니 모든 경계(境界)가 바로 심(心)이다. 또 심(心)을 인(因)하여 경계를 비추므로 전심(全心)이 바로 경계이다. 각각 자성(自性)이 없고 오직 인연(因緣)일 뿐이다. 까닭에 <법구경>에서 일렀다. 「아지랑이에는 물이 없고 단지 양기(陽氣)뿐이다. 오음(五陰) 중에는 색(色)인 물질이 없고 단지 연기(緣氣)뿐이다.」 뜨거운 때의 염기(炎氣)가 햇빛으로 인해 반짝이는데 그것을 멀리서 보면 마치 물처럼 보인다. 단지 상념(想念)으로 생긴 것이고, 단지 양기(陽氣)일 뿐이다. 이 허망한 몸과 마음도 또한 이와 같아서, 자신이 지은 업(業)을 인(因)으로 하고, 부모(父母)와 외진(外塵)을 연(緣)으로 하여, 화합(和合)하면서 비슷하게 몸과 마음을 나타낸다. 그래서 오직 연기(緣氣)일 뿐이다.

故圓覺經云。妄認六塵緣影為自心相。故知此能推之心。若無因緣。即不生起。但從緣生。緣生之法。皆是無常。如鏡裏之形。無體而全因外境。似水中之月。不實而虛現空輪。認此為真。愚之甚矣。所以慶喜執而無據。七處茫然。二祖了而不生。一言契道。則二祖求此緣慮不安之心不得。即知真心遍一切處。悟此為宗。遂乃最初紹於祖位。

그래서 <원각경>에서 일렀다. 「망령되이 육진연영(六塵緣影)을 자심(自心)의 상(相)으로 인식한다.」 따라서 이 능히 추지(推知)하는 마음은 인연(因緣)이 없으면 생기(生起)하지 않는다. 단지 인연(因緣)으로 좇아 생기는데, 연생(緣生)한 법은 모두 무상(無常)하다. 마치 거울 속의 모습이 바탕이 없어서 온전히 바깥 경계에 인연(因緣)한 것과 같다. 또 물속의 달[水月]과도 같아서, 부실(不實)하여 공륜(空輪)이 허환(虛幻)처럼 나타난다. 이것들을 진(眞)으로 인정(認定)하는 것은 매우 어리석다. 까닭에 경희(慶喜)가 집착하였으나 의거할 바를 얻지 못하였고, 칠처(七處)로

주심부와 유식

답하였으나 알지 못하고 아득하였다.[12] 이조(二祖)는 요달(了達)하여 불생(不生)하니, 한 마디에 도(道)에 계합하였다. 즉 이조(二祖)는 이 연려(緣慮)하는 불안한 마음을 구(求)하였으나 얻지 못하다가, 바로 진심(眞心)이 일체처(一切處)에 두루함을 알고, 이것이 종지(宗旨)인 줄 깨달아서, 마침내 최초로 조사(祖師)의 지위(地位)를 이었다.

阿難因如來推破妄心。乃至於五陰六入十二處十八界七大性。一一微細窮詰。徹底唯空。皆無自性。既非因緣自他和合而有。又非自然無因而生。悉是意言識想分別。因茲豁悟妙明真心。廣大含容徧一切處。即與大眾俱達此心。同聲讚佛云。妙湛總持不動尊。首楞嚴王世希有。消我億劫顛倒想。不歷僧祇獲法身。即同初祖直指人心見性成佛。此一真心。則列祖之襟喉也。

아난(阿難)은 여래(如來)께서 망심(妄心)을 추파(推破)하시고, 나아가서 5陰·6入·12處·18界와 7大를 하나하나 자세하게 끝까지 파헤쳐서, 철저하게 오직 공(空)이어서 모두가 자성(自性)이 없어서, 인연(因緣)의 자타(自他)화합(和合)으로 있는 것도 아니고, 또한 자연(自然)히 무인(無因)으로 생긴 것도 아니며, 모두 다 의언(意言)과 식상(識想)의 분별(分別)임을 알았다. 이로 인하여 묘명(妙明)한 진심(眞

---

12) 경희(慶喜)는 아난(阿難)존자로서, 이 부분은 <수능엄경> 제1권에 나오는 칠처징심(七處徵心) 법문을 가리킨다.

心)이 광대하고 함용(含容)하여 일체처(一切處)에 두루함을 활연(豁然)히 깨달았다. 바로 대중(大衆)과 더불어 이 마음을 통달하고, 동성(同聲)으로 부처님을 찬탄(讚嘆)하고 노래하였다.

「묘담(妙湛)하고 총지(總持)하신 부동존(不動尊)이시여!
수능엄왕(首楞嚴王)은 세간에 희유(希有)합니다.
저의 억겁(億劫)동안의 전도상(顚倒想)을 소멸시켜서,
아승지겁(阿僧祇劫) 안 거치고 법신(法身) 얻었네!」

즉 초조(初祖)께서 '바로 사람의 마음을 가리켜서, 심성을 보아 성불하게 한다'[直指人心, 見性成佛]고 한 것과 같으니, 이 하나인 진심(眞心)이 열조(列組)의 심요(心要)이다.

제2권

[심부(心賦) 186번]

각 수 근 주 。 교 문 두 수 。
覺樹根株。教門頭首。

각수(覺樹)의 뿌리와 밑둥치요,
교문(敎門)의 두수(頭首)이다.

[주(註)] 此一心法。諸佛成道之本。菩薩悟入之初。如大
集經云。佛告賢護。我念往昔有佛世尊。號須波日。時有
一人行值曠野。飢渴困苦。遂即睡眠。夢中具得諸種上妙
美食。食之既飽。無復飢虛。從是寤已。還復飢渴。是人
因此即自思惟。如是諸法。皆空無實。猶夢所見。本自非
真。如是觀時。悟無生忍。得不退轉於阿耨多羅三藐三菩
提。又如人以寶倚瑠璃上。影現其中。亦如比丘觀骨。起
種種光。此無持來者。無有是骨。是意作耳。

 이 일심법(一心法)은 모든 부처님이 성도(成道)한 근본
이며, 보살(菩薩)이 깨달아 들어가는 시초(始初)이다. 저
<대집경>大集經에서 일렀다.[13]「부처님께서 현호(賢護)

---

13) <대방등대집경>의「현호보살분」(賢護菩薩分)이다.

에게 말씀하셨다. "내가 생각하건대 예전에 불세존(佛世尊)이 계셨는데, 이름은 수파일(須波日)이었다. 그 때 한 사람이 길을 가다 광야(曠野)를 만나게 되었는데 기갈(飢渴)로 고통을 받고 있었다. 그러다가 잠이 들었는데, 꿈속에서 갖가지 뛰어나고 묘한 미식(美食)을 얻어먹고는 배가 부르고 다시는 기허(飢虛)가 없어졌다. 그리고 잠에서 깨어나니 다시 또 배가 고프고 갈증이 심하다. 이 사람이 이로 인해서 스스로 사유(思惟)하다가, 이러한 제법(諸法)이 모두 공(空)하여 실(實)이 없는 것이 마치 꿈에서 본 것과 같아서 본래 스스로 참이 아님을 알게 되었다. 이와 같이 관찰한 때에 무생법인(無生法忍)을 깨닫고 아뇩다라삼먁삼보리(阿耨多羅三藐三菩提)에서 퇴전(退轉)하지 않게 되었다.

또, 사람이 보물을 유리 위에 가까이 대면 그 가운데 영상(影像)이 나타나는 것과 같다. 또한, 마치 비구가 뼈를 관찰하면 갖가지 광채(光彩)가 일어나는 것과 같다. 이러한 영상(影像)이나 광채(光彩)는, 가지고 온 자가 없으며, 뼈에 있는 것도 아니니, 뜻[意]이 만든 것이다."」

又大方等大集經云。復次賢護。譬如比丘修不淨觀。見新死屍形色始變。或青或黃或黑或赤。乃至觀骨離散。而彼骨散。無所從來。亦無所去。唯心所作。還見自心。又如鏡中像。不外來。不中生。以鏡淨故。自見其形。行人色清淨。所見者清淨。欲見佛。即見佛。見即問。問即

주심부와 유식

報。聞經大歡喜。自念佛從何所來。我亦無所至。我所念
即見。心作佛。心自見。心見佛。心是佛。心是我。心不
自知心。心不自見心。心有想為癡。心無想是泥洹。是法
無可示者。皆念所為。設有其念。亦了無所有空耳。是名
佛印。

　　또 <대방등대집경>大方等大集經에서 일렀다. 「또다시
현호(賢護)여! 비유컨대 비구가 부정관(不淨觀)을 닦으면
서 금방 죽은 시체(屍體)의 형색(形色)이 변하기 시작하면
서, 혹은 푸른색, 혹은 노란색, 혹은 검은색, 혹은 붉은색으
로 변하고, 나아가서, 뼈가 흩어짐을 관찰하면, 그 뼈가 흩
어지는데 온 곳이 없고, 또한 가는 곳이 없다. 오직 마음이
지은 것일 뿐인데, 되돌아 자심(自心)을 본다.

　　또 마치 거울에 나타난 영상(映像)과 같으니, 밖에서 오
지도 않았고, 안에서 생기지도 않았다. 거울이 맑은 까닭
에 스스로 그러한 형상(形相)을 보여주는 것이다. 수행인
(修行人)의 몸이 청정(淸淨)하면 보이는 것도 청정(淸淨)하
다. 부처님을 보고자 하면 바로 부처님을 본다. 부처님을 보
면 바로 질문하고, 물으면 바로 대답하시니, 경(經)을 듣고
는 크게 환희한다. 스스로 생각하기를, '佛이 어디에서 왔는
가?' 한다. 나 또한 온 바가 없다. 내가 생각하면 바로 본다.
마음이 佛을 짓고, 마음이 스스로 보며, 마음이 佛을 본다.
마음이 佛이고, 마음이 我이다. 마음이 스스로 마음을 모른
다. 마음이 스스로 마음을 보지도 못한다. 마음에 상념(想

念)이 있으면 어리석음이고, 마음에 상념(想念)이 없으면 니원(泥洹: 니르바나)이다.」이 법은 보일 수가 없으니, 모두가 생각의 소위(所爲)이다. 설령 그러한 생각이 있더라도 또한 소유(所有)가 없어 공(空)인 줄 요지(了知)한다. 이것이 불인(佛印)이다.

[심부(心賦) 제200번]

餐香積之廚。真堪入律。

향적(香積)세계의 주방에서 음식을 먹으면
진실로 율행(律行)에 들어갈 수가 있다.

[주(註)] 淨名經云。香積世界。彼國菩薩聞香入律。即獲一切功德藏三昧。若從香入法界者。自身即是香眾世界。自心即是香積如來。無量功德。一心圓滿。悟入此者。何假外求。香界既然。十八界亦爾。盡是棲神之地。皆為得道之場。

　　＜정명경＞에서 일렀다. 「향적(香積)세계는 그 나라의 보살(菩薩)이 향내를 맡으면 율행(律行)에 들어가 곧 일체공덕장삼매(一切功德藏三昧)를 얻는다.」 만약 향(香)으로부

터 법계에 든 자는 자기 몸이 바로 향중(香衆)세계이고, 자기 마음이 바로 향적여래(如來)로서 한량없는 공덕이 일심(一心)에 원만(圓滿)하다. 여기에 깨달아 들어간 자가 어찌 밖으로 구(求)할 필요가 있겠는가! 향계(香界)가 이미 그러하니, 18계 또한 그러하다. 모두가 신(神)이 사는 땅이며, 모두가 득도(得道)하는 도량(道場)이다.

[심부(心賦) 제201번]

청 풍 가 지 향 。 밀 가 전 심 。
聽風柯之響。密可傳心。

바람이 흔드는 나뭇가지의 울림을 듣고서
은밀하게 마음을 전(傳)할 수가 있다.

[주(註)] 阿彌陀經云。水鳥樹林。皆悉念佛念法念僧。是知境是即心之境。心是即境之心。能所似分。一體無異。若能見境識心。便是密傳之旨。終無一法與人。

　　<아미타경>阿彌陀經에서 일렀다. 「물과 새와 수림(樹林)이 모두 다 염불(念佛)하고, 염법(念法)하며, 염승(念僧)한다.」 이로써 알겠구나. 경계(境界)란 심(心)에 즉(即)한 경계이고, 심(心)이란 경계에 즉(即)한 심이다. 능(能)과 소

(所)가 나뉜 듯하지만, 실은 일체(一體)로서 다른 것이 없다. 만약 능히 경계(境界)를 보고 식심(識心)하면, 바로 이것이 밀전(密傳)의 뜻이다. 끝내 남에게 전해 줄 일법(一法)도 없다.

[심부(心賦) 제205번]

<ruby>絶<rt>절</rt></ruby><ruby>待<rt>대</rt></ruby><ruby>英<rt>영</rt></ruby><ruby>靈<rt>령</rt></ruby>。 <ruby>一<rt>일</rt></ruby><ruby>念<rt>념</rt></ruby><ruby>齊<rt>제</rt></ruby><ruby>成<rt>성</rt></ruby>。 <ruby>轉<rt>전</rt></ruby><ruby>變<rt>변</rt></ruby><ruby>天<rt>천</rt></ruby><ruby>地<rt>지</rt></ruby>。 <ruby>撼<rt>감</rt></ruby><ruby>動<rt>동</rt></ruby><ruby>神<rt>신</rt></ruby><ruby>明<rt>명</rt></ruby>。
<ruby>孰<rt>숙</rt></ruby><ruby>見<rt>견</rt></ruby><ruby>不<rt>불</rt></ruby><ruby>喜<rt>희</rt></ruby>。 <ruby>誰<rt>수</rt></ruby><ruby>聞<rt>문</rt></ruby><ruby>弗<rt>불</rt></ruby><ruby>驚<rt>경</rt></ruby>。
<ruby>普<rt>보</rt></ruby><ruby>現<rt>현</rt></ruby><ruby>心<rt>심</rt></ruby><ruby>光<rt>광</rt></ruby>。 <ruby>標<rt>표</rt></ruby><ruby>人<rt>인</rt></ruby><ruby>間<rt>간</rt></ruby><ruby>之<rt>지</rt></ruby><ruby>萬<rt>만</rt></ruby><ruby>號<rt>호</rt></ruby>。

절대(絶待)인 영령(英靈)이 일념에 가지런하니,
천지를 전변(轉變)하고 신명을 감동(撼動)시킨다.
이것을 보고서 누군들 기뻐하지 않으며,
이것을 듣고서 누군들 놀라지 않으랴!
심광(心光)을 널리 나투니, 인간(人間)의 만호(萬號)를 표지(標識)한다.

[주(註)] 萬法無體。因心得名。乃至觀於他心。微細可鑒。皆是以心知心。似分能所。四祖云。一切神通作用。皆是自心。所以經云。諸佛於不二法中。現大神變。華嚴

記云。釋他心通者。攝境從心不壞境者。即示心境有無。
護法云。若得本質。恐壞唯心。既不壞境。得之何妨。
壞有何失。以無心於萬物。萬物未嘗無。此得在於神靜。
失在於物虛。謂物實有故。若唯心壞境。則得在於境空。
失在於心有。故以境由心變。故說唯心所變不無。何必須
壞。若以緣生無性。則心境兩亡。故云借心以遣境而心
亡。非獨存心矣。

    만법(萬法)은 바탕이 없는데 마음으로 인하여 이름을
얻는다. 나아가서, 타심(他心)을 관찰함은 미세(微細)해야
볼 수 있는데, 모두 마음으로 마음을 아는 것이어서 비슷
하게 能과 所를 나눈다. 사조(四祖)가 이르기를, "일체(一
切) 신통(神通)작용은 모두 자심(自心)이다."라고 하였다.
까닭에 <경(經)>에서 이르길, 「모든 부처님께서 불이법(不
二法) 가운데서 대신변(大神變)을 나타내신다.」고 하였다.
<화엄기>華嚴記에서 이르기를, 「타심통(他心通)를 해석하
는 것은, 경계(境界)를 포섭하여 마음을 따르되 경계(境界)
를 파괴하지 않는 것이다」라고 하였으니, 바로 마음과 경계
의 유무(有無)를 보인 것이다. 호법(護法)이 이르길, 「본질
(本質)을 얻으면 유심(唯心)을 파괴할까 두렵다.」고 하였는
데, 이미 경계를 파괴하지 않았으니, 이를 얻음에 무슨 방
해가 되며, 파괴한들 잃을 것이 무엇이겠는가! 만물(萬物)
에 무심(無心)하니 만물이 일찍이 없는 것이 아니다. 이것
은 '얻음[得]은 신정(神靜)에 있고, 잃음[失]은 물허(物虛)

에 있다'는 말이니, 물(物)이 실유(實有)한 까닭이다. 만약 유심(唯心)으로 경계(境界)를 파괴한다면, '얻음은 경공(境空)에 있고, 잃음은 심유(心有)에 있다.' 즉 경계가 마음에 연유하여 변하는 것이니, 까닭에 설명하길, '유심(唯心)이라고 해도 소변(所變)이 없지 않은데, 어찌 꼭 파괴해야만 할 것인가?' 만약 연생(緣生)하여 무성(無性)이면 마음과 경계가 모두 없다.'고 하였다. 까닭에 이르길, '마음을 빌려서 경계(境界)를 버리면 마음도 없게 된다.'고 하였다. 마음만 홀로 있을 수가 없기 때문이다.

二云。能所兩亡不獨存故者。上不壞境。且遣懼質之病。今遣空有之理。故心境並許存亡。心境相籍故空。相依緣生故有。有即存也。空即亡也。空有交徹存亡兩全。第一義唯心非一非異者。正出具分唯心之理。雖有唯心之義。尚通生滅唯心。雖兩亡不羈。而未言心境相攝。今分明具唯識故。故云第一義唯心。同第一義故非異。不壞能所故非一。非一故有能所。緣他義成矣。非異故能所平等。唯心義成矣。

二에서 이르길,[14] "能과 所가 함께 없어지면, 독존(獨存)이 아니기 때문이다"라고 한 것은, 위에서 경계를 파괴하지 않고, 또한 질상(質相)을 두려워하는 병(病)을 버렸

---

14) 인용한 疏에서 이렇게 셋으로 나눈 것 같다.

다. 지금 空과 有의 이치(理致)를 버리게 하니, 까닭에 마음
과 경계가 존망(存亡)을 모두 허용한다. 마음과 경계가 서
로 의지하는 까닭에 空이고, 서로 의지하여 연생(緣生)하는
까닭에 有이다. 有이니 곧 존(存)하는 것이고, 空이니 곧 망
(亡)이다. 空과 有가 서로 교철(交徹)하면서 존망(存亡)이
모두 온전하다.

"제일의유심(第一義唯心)은 非一이며, 非異다"라고 한
것은 바로 구분유심(具分唯心)의 이치에서 나왔다. 비록 唯
心의 義가 있으나 오히려 생멸유심(生滅唯心)에 통하므로,
비록 모두 없어도 구속됨이 없으나, 마음과 경계가 서로 포
섭함을 아직 말하지 않았다. 이제 분명히 唯識을 갖춘 까닭
에 第一義唯心을 설명한다. 같이 第一義인 까닭에 비이(非
異)고, 能과 所를 파괴하지 않는 까닭에 비일(非一)이다. 비
일(非一)인 까닭에 能과 所가 있고, 다른 것에 반연(攀緣)
한다는 뜻이 성립된다. 비이(非異)인 까닭에 能과 所가 평
등하고 唯心의 뜻이 성립된다.

云正緣他時即是自故者。結成得於本質。無心外過。
以即自故。不失唯識。是以即佛心之眾生心下。第二正示
法性他心之相。此有兩對語。前對明所緣。後對明能緣。
今初言即佛心之眾生心者。此明所緣眾生心即是佛心。此
明不異。次云非即眾生心之佛心者。此句明眾生心與佛心
非即。非即於有所緣。非異故不壞唯心義。

이르길, "타(他)를 반연(攀緣)할 때에 바로 이 자(自)에 즉(卽)한다"고 함은, 본질(本質)을 얻어서 결성(結成)되므로 마음 밖의 過失이 없다. 자기(自己)에 즉(卽)한 까닭에 唯識을 잃지 않는다.

"이리하여 불심(佛心)에 즉(卽)한 중생심(衆生心)" 이하(以下)의 글은, 第二에서 法性과 他心의 相을 바로 보인 것이다. 여기에 두 개의 對語가 있는데, 전(前)의 對語는 所緣을 드러내고, 후(後)의 對語는 能緣을 드러낸다. 이제 처음에 말한 "佛心에 즉(卽)한 중생심(衆生心)"이라 함은 所緣의 중생심이 바로 佛心임을 드러낸 것이며, 이는 不異임을 밝힌다. 다음에 "중생심(衆生心)에 비즉(非卽)인 佛心"이라 한 것은, 중생심과 佛心이 비즉(非卽)이고, 所緣이 있음에 비즉(非卽)임을 밝힌다. 비이(非異)인 까닭에 唯心의 뜻을 파괴하지 않았다.

言為所緣者。結成所緣。簡非能緣也。次下辯能緣云。以卽眾生心之佛心者。此句明能緣佛心卽是眾生心。明非異。次云非卽佛心之眾生心者。此明佛心與眾生心有非一義。非一故為能緣。非異故不壞唯識之義。

"소연(所緣)이 된다"고 함은 所緣을 결성하여 能緣이 아님을 간택(簡擇)한 것이다.

다음으로 아래에서 能緣을 분간하여 이르기를, "중생심에 즉(卽)한 佛心"이라고 함은, 이 句는 能緣인 佛心이 곧 중생심임을 밝힌 것이며, 비이(非異)임을 밝혔다. 다음에 이르길, "佛心에 즉(卽)하지 않은 중생심"이라 한 것은, 이는 佛心과 중생심에 비일(非一)인 뜻이 있음을 밝혔다. 비일(非一)인 까닭에 能緣이 된다. 비이(非異)인 까닭에 唯識의 뜻을 파괴하지 않는다.

言為能緣者。結成能緣。簡非所緣也。更以喩況。如水和乳。乳為所和。喩眾生心是所緣。水為能和。喩佛心為能緣。以此二和合。如似一味。鵝王啑之乳盡水存。則知非一。然此水名卽乳之水。此乳名卽水之乳。二雖相似。而有不一之義。故應喩之。以卽水之乳。非卽乳之水。為所和。以卽乳之水。非卽水之乳。為能和。義可知矣。

"능연(能緣)이 된다"고 함은 能緣을 결성하여 所緣이 아님을 간택(簡擇)한 것이다. 다시 비유(譬喩)를 들어 설명하면, 마치 물이 우유와 화합하면, 우유가 所和가 되니 즉 중생심이 所緣이라고 비유하고, 물은 能和가 되니 즉 佛心이 能緣이라고 비유한 것이다. 이 둘이 화합(和合)되면 마치 한 맛[一味]인 듯하지만, 거위 왕이 이를 가려 먹으면, 우유는 없어지고 물만 남으니 비일(非一)임을 알 수 있다. 그러나 '이 물은 우유에 卽한 물'이라고 말하고, '이 우유는 물에 卽한 우유'라고 말하면, 이 둘은 비록 상사(相似)하나 불일(不一)의 뜻이 있다. 그러므로 이를 응당 비유(譬喩)한다. '물에 즉(卽)한 우유'는 '우유에 즉(卽)한 물'이 아니니 所和가 되고, '우유에 즉(卽)한 물'은 '물에 즉(卽)한 우유'가 아니니 能和가 된다. 그 뜻을 가히 알 수 있다.

[심부(心賦) 제209번]

_{반 각 수 이 불 영 。 함 철 위 이 비 손 。}
攀覺樹而不榮。陷鐵圍而非損。
_{모 경 이 조 종 오 지 。 제 불 과 원 。}
冒境而朝宗悟旨。諸佛果源。
_{찰 목 이 득 의 진 진 。 군 생 리 본 。}
拶目而得意真真。羣生理本。

각수(覺樹)를 붙잡아도 영화롭지 아니하고,

철위산(鐵圍山)에 빠져도 손상됨이 없다.

경계를 만나되 종지(宗旨)를 보고서 깨달으니, 모든 불과(佛果)의 근원이고,

눈을 탁 치더라도 득의(得意)가 진진(眞眞)하니, 군생(群生)의 이본(理本)이다.

[주(註)] 真俗之法。邪正之門。皆是一心以為根本。如安心法門云。迷時人逐法。解時法逐人。解則識攝色。迷則色攝識。但有心分別計校自心現量者。悉皆是夢。若識心寂滅無一動念處。是名正覺。

주심부와 유식

진속(眞俗)의 법(法)과 사정(邪正)의 문(門)은 모두 一心을 근본으로 한다. 저 <안심법문>安心法門에서 일렀다.

「미혹한 때는 사람이 법(法)을 쫓고, 깨달은 때에는 법(法)이 사람을 쫓는다. 깨달으면 識이 色을 포섭하고, 미혹하면 色이 識을 포섭한다. 다만 마음이 분별(分別)계교(計校)한 자심(自心)의 현량(現量)은 모두 다 꿈이다. 심식(心識)이 적멸(寂滅)하여, 동념(動念)하는 곳이 하나도 없으면, 이것을 정각(正覺)이라 한다.

問云。何自心現。答。見一切法有。有自不有。自心計作有。見一切法無。無自不無。自心計作無。又若人造一切罪。自見己之法王。即得解脫。若從事上得解者氣力壯。從事中見法者。即處處不失念。從文字解者氣力弱。即事即法者深。從汝種種運為。跳踉癲蹶。悉不出法界。亦不入法界。若以界入界。即是癡人。凡有所施為。終不出法界心。何以故。心體是法界故。

문(聞): 어찌해서 自心의 現量입니까?"

답(答): '일체법(一切法)이 有이다'라고 봄은 有가 스스로 有라 함이 아니라, 自心이 분별하여서 有라고 지은 것이다. '일체법(一切法)이 無이다'라고 봄은 無가 스스로 無라 함이 아니라, 自心이 분별하여서 無라고 지은 것이다.

또, 만약 사람이 일체(一切) 죄(罪)를 지었더라도 스스로 자기(自己)가 법왕(法王)임을 보면 바로 해탈(解脫)한다. 만약, 事上에서 해탈하면 기력(氣力)이 굳세고, 事中에서 법(法)을 본 자는 곳곳에서 失念하지 않는다. 문자(文字)로부터 해탈한 자(者)는 기력이 약하다. 事에 卽하거나 법(法)에 즉(卽)한 자는 깊다. 너의 갖가지 행동거지들, 뛰어가고, 느리게 걷고, 미치고, 넘어지는 것이 모두 법계(法界)를 벗어나지 않으며, 또한 법계(法界)에 들어가지도 않는다. 법계(法界)로써 법계에 들어간다면 이 사람은 어리석은 자(者)이다. 무릇 시위(施爲)하는 바가 있으면 끝내 법계심(法界心)을 벗어나지 못한다. 왜 그러한가? 심체(心體)가 법계(法界)이기 때문이다.」

又非獨羣生理本。亦是山河大地之本。人我眾生之本。如宗密禪師原人論。明窮人之本原。如儒宗。命由於天。關於時運。道教生於元氣。小乘教我為其本。權教但說空為本。儒道二教原人之本。人畜等類皆是虛無天道生成養育。謂道法自然。生於元氣。元氣生天地。天地生萬物。故愚智皆稟於天。由於時命。故死後却歸天地。復其虛無。

또한 홀로 "군생(群生)의 이본(理本)"일 뿐 아니라, 또한 산하대지의 근본이고, 인(人)과 아(我)와 중생(眾生)의 근본이다. 저 종밀(宗密)선사의 <원인론>原人論에서 사람의 본원(本原)을 밝게 궁구하였다. 저 유종(儒宗)은 "명(命)은 天에 연유(緣由)하고 시운(時運)에 관계(關係)한다"고 하고, 도교(道敎)는 "원기(元氣)에서 생긴다"고 한다. 소승(小乘)의 敎는 我를 그 근본으로 하였고, 권교(權敎)는 단지 空이 근본이라고 말한다.

儒道二敎는 原人의 本에 대해 이렇게 말한다. "인간(人間) 축생(畜生) 등의 종류는 모두 허무(虛無)한 천도(天道)가 생성(生成)하고 양육(養育)한다. 이른바 '도(道)는 자연(自然)을 본받는다'고 하여, '원기(元氣)에서 생(生)한다'고 한다. 원기(元氣)가 천지를 생하며, 천지(天地)는 만물을 생한다. 까닭에 어리석음과 지혜로움을 모두 하늘에서 받는데, 시명(時命)에 연유(緣由)한다. 따라서 죽은 후에는 다시 천지(天地)에 돌아가서 다시 허무(虛無)에 복귀한다.'

若佛權敎說。如中觀論云。未曾有一法。不從因緣生。是故一切法。無不是空者。若約此原身。心境皆空。身原是空。空即是本者。

저 부처님의 권교(權敎)에서 설명을 하신다. 저 <중관론>에서 일렀다.

「일찍이 단 하나의 법도 인연(因緣)으로 생(生)하지 않은 것이 없다. 까닭에 일체 제법(諸法)은 空 아닌 것이 없다.」

만약 이 原身을 언급한다면, 마음과 경계는 모두 空하다. 신(身)이 원래 空이고, 空이 곧 근본(根本)이다.

若心境皆無。知無者誰。又若都無實法。依何現諸虛
妄。且現見世間虛妄之物。未有不依實法而能起者。如無
溼性不變之水。何有假相虛妄之波。若無淨明不變之鏡。
何有青黃長短之影。

만약 마음과 경계가 모두 없다면 "없다고 아는 자는 누
구인가?" 또 만약에 모두 실법(實法)이 없다면 "무엇에 의
지하여 허망한 것들이 나타나는가?" 즉 세간에 허망(虛妄)
한 것들이 나타나 보이는데, 실법(實法)에 의지하지 아니하
고 생길 수는 없다. 습성(溼性)이라는 불변(不變)하는 물이
없다면 어찌 가상(假相)인 허망한 파도(波濤)가 있겠는가!
정명(淨明)이라는 불변(不變)하는 거울이 없다면 어찌 푸
른색과 노란색, 길고 짧음의 영상(影像)이 있겠는가!

故知空教。但破執情。如法鼓經云。一切空經。是有
餘說。有餘者餘義未了也。大品經云。空是大乘之初門。
未是究竟之說。

그래서 알겠구나! '空이라는 가르침'인 공교(空敎)는 단
지 집착하는 집정(執情)을 없애려는 것이다. 저 <법고경>法
鼓經에서 일렀다. 「空을 설한 모든 경전(經典)은 나머지가
있는 유여(有餘) 설법이다.」여기서 '나머지가 있다'는 말은
'나머지 이치를 아직 다 설파(說破)하지 않았다'는 말이다.
또 <대품경>에서도, 「空은 대승(大乘)의 초문(初門)이다.
아직 구경(究竟)을 설명한 것이 아니다.」라고 일렀다.

주심부와 유식

今依性教佛了義經說。直顯真源。一切有情。皆有本
覺真心。無始已來。常住清淨。昭昭不昧。了了能知。亦
名佛性。亦名如來藏。從無始際。妄想翳之。不自覺知。
但認凡質。故耽著結業。受生死苦。大覺愍之。說一切皆
空。又開示靈覺真心清淨。全同諸佛。

이제 성교(性敎)인 부처님의 요의경(了義經)을 보면, 진
실한 근원을 바로 드러내니, "모든 유정(有情)이 모두 본각
(本覺) 진심(眞心)이 있어서, 본래부터 청정(淸淨)함에 상
주(常住)한다."고 한다. 밝고 밝아서 어둡지 않고, 분명 분
명하여 능히 아는데, 이것을 불성(佛性)이라고도 하고, 또
한 여래장(如來藏)이라고도 부른다. 무시(無始)로부터 망
상(妄想)이 이것을 가리어서 스스로 지각(知覺)하지 못하
고, 단지 자신을 범부(凡夫)로만 여기고서 모습을 탐착(貪
着)하여 업(業)을 짓고, 생사의 고통을 받는다. 대각(大覺)
께서 이를 연민(憐愍)하시어 "제법(諸法)이 다 공(空)이다"
라고 설하시고, 또한 "영각(靈覺)인 진심(眞心)이 청정(淸
淨)하여 온전히 모든 부처님들과 같다"고 열어 보이셨다.

故華嚴經云。佛子。無一眾生而不具有如來智慧。但
以妄想執著而不證得。若離妄想。一切智自然智無礙智即
得現前。便舉一塵含大千經卷之喻。塵況眾生。經況佛
智。次後又云。爾時如來普觀法界一切眾生。而作是言。

奇哉奇哉。此諸眾生。云何具有如來智慧。迷惑不見。我
當教以聖道。令其永離妄想。自於身中得見如來廣大智
慧。與佛無異。

그래서 <화엄경>에서 일렀다.「佛子여! 여래(如來)의
지혜(智慧)를 갖추지 않은 중생(眾生)은 단 한 명도 없는데,
단지 망상(妄想) 집착(執着) 때문에 증득(證得)하지 못하고
있다. 만약 망상(妄想)을 떠나면 一切智·自然智·無碍智가
현전(現前)한다.」하시고, 바로 "한 티끌이 대천(大千)의
경권(經卷)을 포함한다"는 비유(譬喩)를 드셨다. 티끌이 그
러하니 중생(眾生)이야 더 말할 나위가 있겠는가! 경(經)이
그러하니 불지(佛智)야 더 말할 나위가 있겠는가!

그리고 다음에 또다시 일렀다.

「이때 여래께서 법계의 모든 중생을 두루 살펴보시고는
이렇게 말씀하셨다. "기이(奇異)하고 기이(奇異)하도다! 이
모든 중생들이 여래(如來) 지혜(智慧)를 다 갖추고 있는데,
미혹(迷惑)으로 보지 못하고 있구나. 내가 마땅히 聖道로
가르쳐서 망상(妄想)을 영원히 떠나게 하여, 스스로 제 몸
에서 여래(如來)의 광대(廣大)한 지혜(智慧)를 보아 부처님
과 다르지 않음을 알게 하리라!"」

評曰。我等多劫。未遇真宗。不解反自原身。但執虛
妄之相。甘認凡下。或畜或人。今約至教原之。方覺本來
是佛。故須行依佛行。心契佛心。反本還源。斷除凡習。

주심부와 유식

損之又損。以至無為。自然應用恒沙。名之曰佛。當知迷
悟同一真心。大哉妙門。原人至此。

평(評)한다: 우리들이 다겁(多怯)에 진종(眞宗)을 만나
지 못하여, 자신의 원신(原身)을 돌이켜 보지 못하고, 단지
허망한 모습에 집착하여 스스로 범부(凡夫)인 하근기나, 혹
은 축생(畜生), 혹은 사람이라고 자인(自認)하여 왔다. 이
제 지교(至敎)에 의거하여 근원을 살펴보고서 본래(本來)
부터 부처임을 바야흐로 깨달았다. 그러므로 모름지기 불
행(佛行)에 의거하여 수행하고, 마음이 佛心에 계합하여,
본래의 근원(根源)에 되돌아가, 범부(凡夫)의 습기(習氣)
를 끊는다. 줄이고 또 줄이면 마침내 무위(無爲)에 이르러,
자연히 응용(應用)함이 항하사(恒河沙)와 같아지면서, 이
름하여 불(佛)이라고 한다. 마땅히 알아라! 미혹함과 깨달
음이 동일한 진심(眞心)이다. 위대하도다! 묘문(妙門)이여!
사람을 관찰하면 이러한 경지에 이르게 되는구나!

今會通本末者。且真心之性。雖為身本。生起蓋有因
由。但緣前宗未了。所以破之。今將本末會通。乃至儒道
亦是。何者。總不出一心故。謂初唯是一心真靈之性。不
生不滅。眾生迷睡。不自覺知。由隱覆故。名如來藏。依
如來藏。故有生滅心相。所謂不生滅真心。與生滅妄想和
合非一非異。名為阿賴耶識。此識有覺不覺二義。

이제 본말(本末)을 회통(會通)한다. 진심(眞心)인 성

(性)이 비록 신본(身本)이지만, 생기(生起)에는 대개 인유(因由)가 있으니, 단지 앞의 종지(宗旨)를 깨닫지 못한 탓이므로, 그래서 이것을 부순다. 지금 본말(本末)을 회통하려 하는데, 나아가서 유교(儒敎)와 도교(道敎)도 또한 그러하다. 왜 그러한가? 모두 일심(一心)을 벗어나지 않기 때문이다. 말하자면 최초에는 오직 일심(一心)인 진령(眞靈)의 성(性)이 불생불멸(不生不滅)인데 중생이 미혹하고 잠들어서, 스스로 깨달아 알지 못하고 은복(隱覆)되어 있기 때문에 이름이 여래장(如來藏)이다. 여래장(如來藏)에 의하여 생멸(生滅)하는 심상(心相)이 있다. 이른바 불생멸하는 진심(眞心)과 생멸하는 망상(妄想)이 화합되어 하나도 아니고 다른 것도 아니니, 이를 아뢰야식(阿賴耶識)이라 한다. 이 식(識)에 각(覺)과 불각(不覺)의 두 가지 뜻이 있다.

依不覺故。最初動念。名為業相。又不覺此念本無故。轉成能見之識。及所見境界相現。又不覺此境從自心妄現。執為定有。名為法執。執此等故。遂見自他之殊。便成我執。執我相故。違順情生。憎愛業起。隨善惡業。運於中陰。入母胎中。稟氣受質。此會儒道說以氣為本。氣則頓具四大。漸成諸根。心則頓具四蘊。漸成諸識。十月滿足。生來名人。即我等身心是也。然所稟之氣。展轉推本。即混一之元氣也。所起之心。展轉窮源。即真一之靈心也。究實言之。心外的無別法。元氣亦從心之所變。

주심부와 유식

屬前轉識所見之境。是阿賴耶相分所攝。

　불각(不覺)에 의하기 때문에 최초의 동념(動念)을 업상(業相)이라 한다. 또 이 동념(動念)이 본래 없는 줄을 불각(不覺)하므로 전변(轉變)하여 능견(能見)인 識이 되고, 소견(所見)인 경계(境界)라는 모습이 나타난다. 또한 이 경계(境界)가 자심(自心)에서 망령되이 나타난 것임을 불각(不覺)하고 '결정코 있다'고 집착하는 것을 법집(法執)이라 한다. 이것들을 집착하는 까닭에 마침내 자타(自他)가 다름을 보고서 아집(我執)이 성립한다. 아상(我相)에 집착하는 까닭에 거슬리고 좋아하는 감정(感情)이 생기며, 미워하고 사랑하는 업(業)이 일어난다. 선악(善惡)의 업(業)에 따라 중음(中陰)에 있다가 모태(母胎) 중에 들어가 기질(氣質)을 품수(稟受)한다. 여기서 유교와 도교는 氣를 근본으로 본다. 氣는 단박에 사대(四大)를 갖추고 점차 육근(六根)을 이룬다. 心은 단박에 사온(四蘊: 受想行識)을 갖추고 점차 여러 가지 식(六識)을 이루는데, 열 달이 차면 태어나서 사람이라고 부른다. 바로 우리들의 신심(身心)이 바로 이것이다. 그러나 물려받은 몸을 추궁하면 바로 혼일(混一)인 원기(元氣)이고, 일어나는 마음을 추궁하면 바로 진일(眞一)인 영심(靈心)이다. 실체(實體)를 추궁해 보면 마음 밖에 다른 것이 없다. 원기(元氣) 또한 마음이 변화한 것이니, 앞에 나온 전식(轉識)인 소견(所見)인 경계(境界)로서 아뢰야식의 상분(相分)에 해당한다.

從初一念業相。分為心境之二。心既從細至麤。展轉
妄計。乃至造業。成六麤之相。受苦無窮。境亦從微至
著。展轉變起。乃至天地。成住壞空。周而復始。又業既
成熟。即從父母稟受二氣。與業識和合。成就人身。據此
則心識所變之境。乃成二分。一分却與心識和合成人。一
分不與心合。即是天地山河國邑。

첫 일념(一念)인 업상(業相)에서 심(心)과 경(境)이라는
둘로 나누어진다. 심(心)은 세(細)로부터 추(麤)에 이르면
서 전전(展轉)하며 망령되이 분별하면서 나아가서 업을 지
어서 육추(六麤)의 相을 이루면서 고통을 받음이 무궁하다.
경(境)도 또한 미세한 것으로부터 커다란 것에 이르기 까지
전전(展轉)하면서 변화하여 일어나니, 나아가서 천지(天地)
로 성주괴공(成住壞空)하면서 두루하고는 다시 시작한다.

또 업(業)이 이미 성숙하면 바로 부모로부터 기질(氣質)
을 물려받아 업식(業識)과 화합하면서 사람의 몸을 이룬다.
이에 의거하여 심식(心識)과 소변(所變)인 경계(境界)가 이
분(二分)되는데, 일분(一分)은 바로 심식(心識)과 화합하여
사람을 이루고, 일분(一分)은 마음과 화합하지 않으니 바로
천지(天地)·산하(山河)·국읍(國邑)이 된다.

[심부(心賦) 제218번]

<ruby>爲<rt>위</rt></ruby><ruby>出<rt>출</rt></ruby><ruby>世<rt>세</rt></ruby><ruby>眞<rt>진</rt></ruby><ruby>慈<rt>자</rt></ruby><ruby>之<rt>지</rt></ruby><ruby>父<rt>부</rt></ruby>。<ruby>作<rt>작</rt></ruby><ruby>歸<rt>귀</rt></ruby><ruby>宗<rt>종</rt></ruby><ruby>所<rt>소</rt></ruby><ruby>敬<rt>경</rt></ruby><ruby>之<rt>지</rt></ruby><ruby>天<rt>천</rt></ruby>。

為出世真慈之父。作歸宗所敬之天。

출세(出世)하여 진자(眞慈)인 아버지가 되고,
근본에 돌아가서 존경받는 하늘을 지었다.

[주(註)] 如宗鏡錄中。立真心為宗。祖佛同證。即不立眾生緣慮妄心。此心無體。諸經所破。然此妄心無體即真。故不用破。以眾生執實。故須破之。宗鏡錄云。心有二種。一隨染緣所起妄心。而無自體。但是前塵。逐境有無。隨塵生滅。唯破此心。雖法可破。而無所破。以無性故。

저 <종경록>宗鏡錄에서 「진심(眞心)을 宗으로 세우고, 조사(祖師)와 부처님이 함께 증명하였다」고 하였다. 즉 중생의 연려(緣慮)하는 망심(妄心)을 세우지 않았으니 이 마음은 바탕이 없다고 여러 경(經)에서 파괴하였다. 그러나 이 망심(妄心)의 무체(無體)가 바로 眞이므로 굳이 파괴할 필요가 없는 것인데, 眾生들이 이것을 실체(實體)로 집착(執着)하기 때문에 반드시 이를 파괴할 수밖에 없었다. <종경록>에서 일렀다. 「心에 두 가지가 있다.

첫째는, 염연(染緣)에 따라 일어나는 망심(妄心)이니, 자체(自體)가 없고, 단지 주위의 육진(六塵)에 따라 생멸

(生滅)할 뿐이다. 오직 이 망심(妄心)을 파괴해야 하나, 비록 파괴해도 파괴될 것이 없으니, 체성(體性)이 없기 때문이다.」

百論破情品云。譬如愚人見熟時焰。妄生水想。逐之疲勞。智者告言。此非水也。爲斷彼想。不爲破水。如是諸法自性空。衆生取相故著。爲破是顚倒故。言破。實無所破。二常住眞心。無有變異。卽立此心以爲宗鏡。

<백론>百論「파정품」破情品에서 일렀다.「비유컨대, 우매한 사람이 뜨거운 때의 아지랑이를 보고 망령되이 물이라는 생각을 내어서 이를 따라다니느라 피로할 때에, 지혜로운 자가 "이것은 물이 아니다"라고 일러주는 것은 그 생각을 끊어주는 것이지, 물을 파괴하는 것이 아닌 것과 같다.」이와 같이 제법(諸法)의 자성(自性)이 공(空)한데 중생들이 상(相)을 취(取)하여 집착한다. 이 전도(顚倒)된 생각을 파괴하므로 '파괴한다'라고 말하지만, 실(實)은 파괴될 것이 없다.

둘째는, 상주(常住)하는 진심(眞心)이니, 변이(變異)가 없다. 그래서 바로 이 마음을 세워 종경(宗鏡)으로 삼는다.

識論云。心有二種。一相應心。謂無常妄識虛妄分別。與煩惱結便相應。二不相應心。所謂常住第一義諦。古今一相。自性淸淨心。今言破者是相應心。不相應心立爲宗本。

주심부와 유식

<유식론>(唯識論)에서 이른다. 「心에 2종이 있다. 1은, 상응심(相應心)이니, 무상(無常)한 망식(妄識)이 허망하게 분별(分別)하므로 번뇌(煩惱)와 더불어 결합(結合)되어서 상응(相應)한다. 2는, 불상응심(不相應心)이니 이른바 상주(常住)하는 제일의제(第一義諦)로서 고금(古今)에 걸쳐서 일상(一相)인 자성청정심(自性清淨心)이다.」 지금 '파괴(破壞)한다'는 말은 이 상응심(相應心)에 대한 것이고, 불상응심(不相應心)은 세워서 종본(宗本)으로 삼는다.

[심부(心賦) 제238번]

약 인 간 심 상 지 처 。 환 축 인 성 。
若人間心想之處。還逐人成。

저 인간이 마음으로 생각하는 자리가
도리어 사람을 따라서 이루어진다.

[주(註)] 一切境界。因想而生。故經云。一切國土。唯想持之。華嚴經頌云。一切諸國土。想網之所現。幻網方便故。一念悉能入。又論云。離人無有法。離法無有人。

　　일체(一切)경계(境界)는 상념(想念)으로 인하여 생긴다. 그래서 경(經)에서 이르길, 「일체(一切) 만법(萬法)의 국토는 오직 상념(想念)으로 유지(維持)된다.」고 하였다. <화엄경>의 게송에서 일렀다.「일체(一切) 모든 국토는 상념(想念)의 그물에 나타난 것이니, 환상(幻想)의 그물인 방편(方便) 때문에 일념(一念)에 모두 들어간다.」또 <논(論)>에서 일렀다.「사람을 떠나서 법(法)이 없고, 법(法)을 떠나서 사람이 없다.」

[심부(心賦) 제242번]

^{고 고 독 보} ^{형 철 터 정} ^{의 근 정 이 보 방 정}
孤高獨步。瑩徹攄情。意根淨而寶坊淨。

고고하게 독보하며, 환하게 트여서 정(情)을 헤친다.
의근(意根)이 맑으니 보배 세계[國土]도 맑다.

[주(註)] 淨名經云。心淨即佛土淨。又云。心淨故眾生淨。心垢故眾生垢。如一切垢淨世界。及台教四土。祗是一自性清淨心。此心若淨。一切佛土皆悉淨也。如鏡明則照遠。鈴響則聲高。是以華嚴經頌云。佛刹無分別。無憎無有愛。但隨眾生心。如是見有殊。

　　<정명경>에서 일렀다.「마음이 청정(清淨)하면 불토(佛土)가 청정(清淨)하다.」또 일렀다.「마음이 청정하므로 중

생(衆生)이 청정하고, 마음이 더러우므로 중생이 더럽다.」
저 일체(一切)의 더럽고 깨끗한 세계와 천태종(天台宗)에
서 말하는 사토(四土: 凡聖同居土·方便有餘土·實報無障
碍土·常寂光土)도 단지 하나의 자성청정심(自性淸淨心)이
다. 이 마음이 만약 청정하면 일체(一切) 불토(佛土)가 다
청정하다. 마치 거울이 밝으면 멀리 비추고, 방울소리가 울
리면 소리가 높아지는 것과 같다.

그래서 <화엄경>의 게송에서 일렀다.
「불찰(佛刹)은 분별(分別)이 없고
증오함도 사랑함도 없다.
단지 중생심(衆生心)을 따라서
이와 같이 시각현상이 다르게 보이네.」

又攝論云。一切淨土。是諸佛及菩薩唯識智爲體。卽
金剛般若論云。智習唯識通。如是取淨土。若佛地論。以
佛自在無漏心爲體。非離佛淨心外。別有實等淨心色也。
又云。色等卽是佛淨心所感。離佛自心之外。別無能感。
如是假實之色。皆不離佛淨心。卽此淨心。能顯假實之
色。故經云。靑色靑光。黃色黃光等是也。

또 <섭대승론>에서 일렀다. 「일체(一切) 정토(淨土)는
모든 부처님과 보살의 유식(唯識)인 지(智)가 바탕이다.」
즉 <금강반야론>에서 일렀다. 「지(智)로 유식(唯識)을 수습
(修習)하여 통달하면, 이와 같이 정토(淨土)를 얻는다.」 저

<불지론>佛地論에서 「부처님은 자재(自在)하고 무루심(無漏心)을 바탕으로 하므로 부처님의 정심(淨心)을 떠나서 그 밖에 별다른 진실하고 평등한 청정(淸淨)한 심색(心色)이 없다.」고 하였다. 또 일렀다. 「색등(色等)이 바로 부처님의 정심(淨心)의 소감(所感)이니, 佛의 自心을 떠나서 그 밖에 다른 능감(能感)이 없다.」 이와 같이 가실(假實)인 색(色)이 모두 佛의 정심(淨心)을 떠나지 않는다. 즉 이 정심(淨心)이 능히 가실(假實)인 색(色)을 나툰다. 까닭에 경(經)에서 이르길, 「靑色靑光과 黃色黃光 등이다」라고 하였다.

[심부(心賦) 제243번]

심 지 평 이 세 계 평 。
心地平而世界平。

심지(心地)가 평평하면 세계가 평평하다.

[주(註)] 首楞嚴經云。毗舍如來摩持地菩薩頂言。當平心地。則世界地一切皆平。

　　<능엄경>에서 일렀다. 「비사(毗舍)여래가 지지(持地)보살의 정수리를 만지면서 말씀하셨다. "마땅히 마음의 땅을 평평하게 하면 세계의 땅이 모두 다 평평해진다."」

[심부(心賦) 제246번]

포 장 이 약 경 림 지 보 고 。
包藏而若瓊林之寶庫。

포함하면서 저장함이 마치 경림(瓊林)의 보고(寶庫)와 같다.15)

[주(註)] 第八識包含。猶如庫藏。含藏十法界種子。無法不足。

　제8식이 모든 종자를 포함(包含)함이 마치 창고가 저장(貯藏)함과 같다. 십법계(十法界)의 종자(種子)를 함장(含藏)하여 부족한 법(法)이 없다.

[심부(心賦) 제252번]

형 초 만 행 지 선 。　심 철 법 원 지 저 。
迥超萬行之先。深徹法源之底。
월 광 대 사 。　변 청 수 어 자 심 。
月光大士。變清水於自心。

만행(萬行)의 선두(先頭)를 멀리 뛰어넘고

---

15) 경림(瓊林)은 송(宋)나라 수도(首都)인 개봉(開封)의 서문(西門) 밖인데, 당시에 진사(進士)시험 합격자들을 축하하는 연회가 열리던 곳이다.

법원(法源)의 바닥을 깊이 통철(通徹)한다.
월광(月光)대사가 자심(自心)에서 청수(淸水)를 변화
한다.

[주(註)] 首楞嚴經云。月光童子初習水定。弟子窺牖觀
室。唯見淸水。取一瓦礫投於水內。出定之後頓覺心痛故
知定果色。皆是定中意識所變。

　　<수능엄경>에서 일렀다.「月光동자가 처음 수정(水定)
을 닦았다. 제자가 창문으로 방 안을 엿보았는데 오직 청수
(淸水)만 보이기에, 자갈을 하나 주어서 물 안에 던졌다. 월
광동자가 선정(禪定)에서 나온 뒤에 문득 심통(心痛)을 느
끼고는 정과색(定果色)인 줄 알았다.」모두 선정 중에 의식
(意識)이 변화된 것이다.

[심부(心賦) 제253번]

空藏高人。現太虛於本體。
공 장 고 인　현 태 허 어 본 체

허공장(虛空藏)보살이 본체(本體)에서 태허(太虛)를

나툰다.[16)]

[주(註)] 首楞嚴經云。虛空藏菩薩云。我得無邊身。爾時
手執四大寶珠。照明十方微塵佛刹。化成虛空。又於自心
現大圓鏡。內放十種微妙寶光。流灌十方盡虛空際。

　　<수능엄경>에서 일렀다.「허공장(虛空藏)보살이 이르
셨다. "제가 그때 가없는 몸을 얻었습니다. 이때 손으로 사
대보주(四大寶珠)를 쥐고, 十方의 미진수(微塵數) 불찰(佛
刹)을 밝게 비추니, 허공으로 화성(化成)했습니다. 또 자심
에서 대원경(大圓鏡)을 나투고, 안으로 10종의 미묘한 보
광(寶光)을 발하여 十方의 모든 허공에 흘러 보냈습니다."」

[심부(心賦) 제254번]

甄明暢志。悟入怡神。
견 명 창 지　오 입 이 신

若旱天而遍霧甘澤。猶萎草而頓遇陽春。
약 한 천 이 변 방 감 택　유 위 초 이 돈 우 양 춘

**명확하게 분별하여 뜻을 펴고, 깨달아 드니 정신이 기
뻐한다.**

---

16) 허공장(虛空藏)보살을 흔히 공장고인(空藏高人)이라고 부른다.

마치 가뭄에 단비가 두루 적심과 같고, 시든 풀이 문득 양춘(陽春)을 만난 듯하다.

[주(註)] 涅槃經云。純陀白佛言。世尊。唯願世尊。霔甘露雨。灑我心田。又如大地。得遇春雨。草木[泳-永+費]發。故云。萬物得地而生。萬行得理而成。所以般若經云。一心具足萬行。

　　<열반경>에서 일렀다. 「순타(純陀)가 부처님께 여쭈었다. "세존이시여! 오직 원하옵건대 세존이시여! 단비를 내려주시어 저의 심전(心田)을 씻어주십시오. 또 저 대지가 봄비를 만나 초목이 생기를 띠게 되는 것과 같게 해주십시오." 그래서 이르길, "만물은 땅을 얻어서 생기고, 만행은 이(理)를 얻어 이루어진다."고 하였다.」 그래서 <반야경>에서 「일심(一心)에 만행(萬行)을 구족(具足)한다」고 하였다.

[심부(心賦) 제255번]

취우홍린。보현색신지삼매。
翠羽紅鱗。普現色身之三昧。
하봉무지。동전근본지법륜。
霞峯霧沚。同轉根本之法輪。

푸른 깃털과 붉은 비늘이 두루 색신(色身)의 삼매(三

昧)를 나투고,
노을진 산봉우리와 안개 낀 호수는 같이 근본(根本) 법
륜(法輪)을 굴린다.

[주(註)] 一切聲是佛聲。一切色是佛色。又山河大地。
一一皆宗。

　일체 모든 소리가 불성(佛聲)이며, 모든 빛깔이 불색(佛
色)이다. 또 산하대지 하나하나가 모두 종지(宗旨)다.

[심부(心賦) 제256번]

지 랑 혼 구 。　몽 경 장 야 。
智朗昏衢。夢驚長夜。

지혜(智慧)의 명랑(明朗)이 혼미한 거리에서 헤매고,
꿈속에서 놀라면서 긴 밤을 지낸다.

[주(註)] 識論云。一切衆生。以第七識為長夜。如夢時不
知是夢。覺時方悟。如迷時不了自心是佛。悟時方知。故
經云。佛者覺也。如睡夢覺。如蓮華開。

　<식론>識論에서 일렀다. 「일체(一切) 중생은 제7식이
긴 밤이니, 저 꿈꿀 적에 이것이 꿈인 줄 모르다가, 깨어나

야 바야흐로 꿈이었던 줄 깨닫는 것과 같다. 미혹한 때에는 自心이 佛인 줄 모르다가, 깨달을 때에야 바야흐로 아는 것과 같다.」 까닭에 경(經)에서 일렀다. 「佛이란 覺이다. 마치 꿈꾸다가 깨어나는 듯하고, 연꽃이 피어나는 듯하다.」

[심부(心賦) 제261번]

<ruby>向<rt>향</rt>九<rt>구</rt>居<rt>거</rt>六<rt>육</rt>合<rt>합</rt>之<rt>지</rt>中<rt>중</rt></ruby>。<ruby>隨<rt>수</rt>作<rt>작</rt>色<rt>색</rt>空<rt>공</rt>明<rt>명</rt>闇<rt>암</rt>之<rt>지</rt>體<rt>체</rt></ruby>。

구거(九居)인 육합(六合)의 세계 속에서
업(業)을 따라 색공(色空)과 명암(明暗)의 바탕을 짓는다.

[주(註)] 六合者。四維上下。九居者。一欲界天。二初禪天。三二禪天。四三禪天。五四禪天。六空處天。七識處天。八無所有處天。九非想非非想天。廣則二十五有四十二居處。並是有情受生居住之處。此皆因情想結成生死之身。業繫二十五有之處。悉從心出。所以楞伽經云。三界上下法。我說皆是心。又云。心遍一切處。一切處遍心。法華經云。三方及四維。上下亦復爾。

육합(六合)은 사유(四維)와 상하(上下)이고, 구거(九居)

는 1.욕계천(欲界天) 2.초선천(初禪天) 3.이선천(二禪天) 4.삼선천(三禪天) 5.사선천(四禪天) 6.공처천(空處天) 7.식처천(識處天) 8.무소유처천(無所有處天) 9.비상비비상처천(非想非非想處天)이다. 넓히면 25유(有), 42거처(居處)가 되니, 모두가 유정(有情)이 태어나 거주(居住)하는 곳이다. 이는 모두 정상(情想)으로 나고 죽는 몸을 결성하니, 업(業)으로 묶인 25有의 처소(處所)는 모두 마음에서 나왔다. 까닭에 <능가경>에서「삼계(三界) 상하(上下)의 제법(諸法)을 나는 다 마음이라고 설명한다」고 일렀고, 또 이르길, 「마음이 일체처(一切處)에 두루 하고, 일체처(一切處)가 마음에 두루 하다.」고 하였다. <법화경>에서는「삼방(三方)과 사유(四維) 상하(上下)도 또한 그러하다」고 일렀다.

如首楞嚴經云。妙覺明心。先非水火。乃至汝以空明。則有空現。地水火風各各發明。則各各現。若俱發明。則有俱現。故知萬法但心為體。循業發現。所見不同。隨自想念而生差別。故云如來藏。隨為色空。周遍法界。是以離自真心。更無一法。所有境界。皆是心光。

저 <수능엄경>에서 일렀다.「묘각명심(妙覺明心)은 이전에 물과 불이 아니었는데, 나아가서, 네가 허공으로 밝히니, 허공이 나타나며, 地水火風이 각각 發明하면 각각 드러난다. 만약 모두 함께 발명되면 곧 함께 나타난다.」까닭에 알겠구나. 만법(萬法)은 단지 마음을 바탕으로 하고, 업에

따라서 발현(發現)한다. 소견(所見)이 같지 않으면 저절로
상념(想念) 따라 차별이 생긴다. 까닭에 이르길, 「여래장
(如來藏)은 따라가면서 色과 空이 되는데, 법계(法界)에 두
루하다.」고 일렀다. 이래서 자신의 진심(眞心)을 떠나서는
일법(一法)도 없다. 있는 바인 경계(境界)는 모두 심광(心
光)이다.

[심부(心賦) 제262번]

<ruby>於<rt>어</rt>七<rt>칠</rt>大<rt>대</rt>四<rt>사</rt>微<rt>미</rt>之<rt>지</rt>內<rt>내</rt></ruby>。<ruby>分<rt>분</rt>為<rt>위</rt>色<rt>색</rt>香<rt>향</rt>味<rt>미</rt>觸<rt>촉</rt>之<rt>지</rt>名<rt>명</rt></ruby>。

칠대(七大)의 사미(四微)의 안에서
나누어서 색향미촉(色香味觸)이라고 이름한다.

[주(註)] 七大者。一地大。二水大。三火大。四風大。五
空大。六見大。七識大。如首楞嚴經云。汝元不知如來藏
中。性色眞空。性空眞色。淸淨本然。周遍法界。乃至推
七大。皆無自性他性共性無因性。

　칠대(七大)는 1.地大 2.水大 3.火大 4.風大 5.空大 6.見
大 7.識大이다. 저 <수능엄경>에서 일렀다. 「네가 본래 여
래장(如來藏) 가운데 성색(性色)인 진공(眞空)과, 성공(性

空)인 진색(眞色)이, 청정(淸淨)하고 본연(本然)하여 법계에 두루함을 모르구나.」 나아가서, 七大까지 살펴보니, 모두가 자성(自性)이 없고, 타성(他性)·공성(共性)·무인성(無因性)이 없다.

所以佛告阿難。若汝識性生於見中。如無明闇及與色空。四種必無。元無汝見。見性尚無。從何發識。若汝識性生於相中。不從見生。既不見明。亦不見闇。明闇一矚。即無色空。彼相尚無。識從何發。

그래서 부처님께서 아난(阿難)에게 고하셨다.「만약 너의 식성(識性)이 見에서 생긴다면, 명(明)과 암(暗)과 색(色)과 공(空)이 없고, 네 가지가 반드시 없다면 본래 너의 견(見)도 없을 것이다. 견성(見性)이 없는데 어디에서 識이 발생하겠느냐? 또 너의 식성(識性)이 相에서 생기고 見에서 생긴 것이 아니라면, 이미 명(明)을 보지 않으니 암(暗)도 보지 않는다. 밝음과 어두움을 보지 못하면 色과 空도 없다. 그 相이 없는데 識이 어디에서 발생하겠느냐?

若生於空。非相非見。非見無辯。自不能知明闇色空。非相滅緣。見聞覺知無處安立。處此二非。空則同無。有非同物。縱發汝識。欲何分別。若無所因突然而出。何不日中別識明月。

만약 허공에서 나온 것이라면, 相이 아니고, 見도 아니다. 見이 아니면 분별[辯]함도 없어서 자연히 밝음과 어두움, 色과 空을 알지 못한다. 相이 아니면 반연(攀緣)도 멸하니, 견문각지(見聞覺知)도 설 곳이 없다. 이 이비(二非:非相非見)에 의하면, 공(空)인즉 무(無)와 같고, 유(有)라도 물상(物相)과는 같은 것이 아니다. 너의 識에서 나온 것이지만 어떻게 분별하겠는가? 만약 소인(所因)이 없이 돌연히 나온 것이라면, 어찌하여 대낮에는 따로 明月을 인식하지 않느냐?

汝更細詳微細詳審。見託汝睛。相推前境。可狀成有。不相成無。如是識緣因何所出。識動見澄非和非合。聞聽覺知亦復如是。不應識緣無從自出。若此識心本無所從。當知了別見聞覺知。圓滿湛然。性非從所。兼彼虛空地水火風。均名七大。性真圓融。皆如來藏。本無生滅。

너는 다시 세밀하고 자세하게 살피고 관찰하라. 견(見)은 네 눈에 의지하였고, 상(相)은 전경(前境)에 속한다. 볼 것이 있으면 유(有)가 되고, 상(相)이 없으면 무(無)가 된다. 이렇다면, 식연(識緣)은 어느 곳을 인하여 생기느냐? 식(識)은 움직이고, 견(見)은 맑아서, 서로 화합(和合)할 수 없다. 문청(聞聽)과 각지(覺知)도 또한 다시 그와 같다. 또 식연(識緣)이 오는 곳도 없이 저절로 나오는 것도 아니다. 만약 이 식심(識心)이 본래 좇아온 데가 없다면, 마땅히 알아야만 한다. 요별(了別)이나 견문각지(見聞覺知)가 원만(圓滿)하고 맑아서 그 성품이 좇아

온 곳이 없으니, 저 허공(虛空)과 지수화풍(地水火風)과 함께 균등하게 칠대(七大)라고 한다. 그 성품이 참되고 원융(圓融)하여 모두가 여래장(如來藏)이라. 본래 생멸(生滅)이 없다.

　阿難。汝心麤浮。不悟見聞發明了知。本如來藏。汝應觀此六處識心。為同為異。為空為有。為非異同。為非空有。汝元不知如來藏中。性識明知。覺明真識。妙覺湛然。周遍法界。含吐十虛。寧有方所。循業發現。世間無知。惑為因緣及自然性。皆是識心分別計度。但有言說。都無實義。

　아난(阿難)아! 네 마음이 거칠고 들떠서 견문(見聞)할 적에 발명(發明) 요지(了知)함이 본래 여래장(如來藏)임을 깨닫지 못하는구나. 너는 마땅히 이 육처(六處)의 식심(識心)을 관찰하여 보아라. 같으냐? 다르냐? 공(空)이냐? 유(有)냐? 같은 것도 다른 것도 아니냐? 공(空)도 유(有)도 아니냐? 네가 잘 알지 못하는구나. 여래장 가운데 성식(性識)인 명지(明知)와 각명(覺明)인 진식(眞識)이 묘각(妙覺) 담연(湛然)하여 법계(法界)에 두루하여, 시방(十方)허공을 머금기도 하고 뱉기도 하니 어찌 장소(場所)가 따로 있겠느냐. 업(業)을 따라 나타나는데, 세상 사람들이 모르고 인연(因緣)인가 자연(自然)인가 헤아리지만, 모두가 다 식심(識心)의 분별(分別)과 계탁(計度)이다. 다만 언설(言說)만 있고 전혀 진실한 것이 없다.」

又本是一真心。分成六和合。如眼見之為色。耳聞之
為聲。鼻齅之為香。舌嘗之為味。身受之為觸。意知之為
法。又祖師云。處胎曰身。出世為人。在眼曰見。在耳曰
聞。在鼻曰齅香。在舌曰談論。在手曰執捉。在脚曰運
奔。變現俱該法界。收攝不出微塵。識者喚作佛性。不識
者喚作精魄。故云一色一香。無非中道。

또한 본시 하나의 眞心인데 나뉘어서 육화합(六和合)
을 이루니, 저 눈으로 보는 것을 빛깔[色]이라 하고, 귀로 듣
는 것을 소리[聲]라 하며, 코로 맡는 것을 냄새[香]라 하고,
혀로 맛보는 것을 미(味)라 하며, 몸으로 감촉하는 것을 촉
(觸)이라 하고, 의식으로 아는 것을 생각거리[法]라고 한다.

또 조사(祖師)가 일렀다. 「태(胎)에 있으면 신(身)이라
하고, 세상에 나오면 사람이라 하는데, 눈에 있으면 견(見),
귀에 있으면 문(聞), 코에 있으면 후향(嗅香), 혀에 있으면
담론(談論), 손에 있으면 집착(執捉), 발에 있으면 운분(運
奔)이 되고, 변현(變現)하면 법계(法界)에 두루하고, 거두
어들이면 미진(微塵)을 벗어나지 아니한다. 아는 사람은 불
성(佛性)이라 부르고, 모르는 사람은 정백(精魄)이라고 부
른다.」 그래서 일렀다. 「일색(一色) 일향(一香)이 중도(中
道) 아님이 없다.」

[심부(心賦) 제288번]

작 일 종 지 광 휘 。 위 만 도 지 진 제 。
作一種之光輝。為萬途之津濟。

한 종류의 광휘(光輝)를 지어서
오만 가지 길의 나루터로 삼는다.

[주(註)] 大莊嚴經論。說求唯識人頌云。能取及所取。此
二唯心光。貪光及信光。二光無二體。釋曰。求唯識人。
應知能取所取。此之二種。唯是心光。如是貪等煩惱光。
及信等善法光。如是二光。亦無染淨二法。何以故。二光
亦無相。唯有光相。而無光體。是故或世尊不說彼為真實
之法。

 <대승장엄경론>에서 '유식(唯識)을 구(求)하는 사람'에
게 게송(偈頌)으로 일렀다.
  「능취(能取)와 소취(所取)
  이 둘은 오직 심광(心光)이니,
  탐광(貪光)과 신광(信光)이라는
  이광(二光)은 이체(二體)가 없다.」
  해석(解釋)한다: '유식(唯識)을 구(求)하는 사람'은 응당
능취(能取)와 소취(所取)라는 이 둘이 오직 심광(心光)임을
알아야 한다. 이와 같이 탐착(貪着) 등은 번뇌(煩惱)의 빛
이고, 믿음 등은 선법(善法)의 빛인데, 이러한 이광(二光)

에 오염과 청정이라는 이법(二法)이 없다. 왜냐하면, 이광(二光)은 또한 무상(無相)이며, 오직 광상(光相)만 있고, 광체(光體)가 없다. 그래서 세존(世尊)께서는 그것을 진실(眞實)한 법(法)이라고 설명하시지 않았다.

偈曰。種種心光起。如是種種相。光體非體故。不得彼法實。釋曰。種種心光。即是種種事相。或異時起。或同時起。異時起者。謂貪光瞋光等。同時起者。謂信光進光等。光體非體等者。如是染位心數淨位心數。唯有光相。而無光體。是故或世尊不說彼為真實之法

또 게송(偈頌)에서 일렀다.

「갖가지 심광(心光)이 일어나서
이러한 갖가지 상(相)이 있지만,
광체(光體)는 비체(非體)이므로
그 법(法)의 실(實)을 얻지 못한다.」

해석한다: 갖가지 심광(心光)이 바로 갖가지 事相이다. 혹은 다른 때에 생기고, 혹은 같은 때에 생기는데, 다른 때에 생기는 것은 탐광(貪光) 진광(瞋光) 등이고, 같은 때에 생기는 것은 신광(信光) 진광(進光) 등이다. "광체(光體)는 비체(非體)이다"란 말은 이러한 염위(染位)의 심수(心數)와 정위(淨位)의 심수(心數)가 오직 빛의 광상(光相)일 뿐이고, 광체(光體)가 없다는 것이다. 그래서 세존(世尊)께서는 그것을 진실(眞實)한 법이라고 설명하시지 않았다.

주심부와 유식

[심부(心賦) 제289번]

闇鬼沒於明燈。
_{암 귀 몰 어 명 등 。}

어두움의 귀신은 밝은 등불을 만나면 사라지고,

[주(註)] 如人闇中疑鬼。以燭照之。豁然疑解。況心外見法。了心即無境。

　마치 사람이 어둠 속에서 '귀신인가?' 의심하다가도, 등불로 비춰보고는 활연히 의심이 사라지는 것과 같다. 저 마음 밖에서 법(法)을 보다가, 마음을 요달(了達)하면 바로 경계(境界)가 없다.

[심부(心賦) 제292번]

湛爾唯堅。永出輪迴之際。
_{담 이 유 견 。 영 출 윤 회 지 제 。}

고요하되 오직 굳세어서
영원히 윤회하는 세계를 벗어난다.

[주(註)] 此心前際不生。中際不住。後際不滅。故法華經

云。是法住法位。世間相常住。世間相者。即眾生五陰
心。離五陰無世間。何者。無情世間。即眾生心變。既從
心變。一一隨心。常住真如之法位。

　　이 마음은 과거에는 불생(不生)이고, 현재에는 부주(不
住)이고, 미래에는 불멸(不滅)이다. 그래서 <법화경>에서
일렀다.「이 법(法)이 법위(法位)에 머무니, 세간(世間)의
상(相)이 상주(常住)한다」여기서 '세간상(世間相)'이란 바
로 중생의 오음심(五陰心)이다. 오음(五陰)을 떠나면 세간
(世間)이 없다. 왜냐하면, 무정(無情)세간은 곧 중생심(眾
生心)이 변한 것이다. 이미 마음에서 변화하였으니, 하나
하나가 마음을 따르고, 진여(眞如)의 법위(法位)에 상주(常
住)한다.

제3권

[심부(心賦) 제318번]

체 광 용 심
體廣用深。

체(體)는 넓고, 용(用)은 깊다.

[주(註)] 如龍以一滴水。可浸陵谷。人以一燼火。可夷阿
房。皆是現前唯心所變。日用而不知者。自稱眇劣。不逮
聖人。一何悲哉。志公和尚偈云。法性量同太虛。眾生發
心自小。

　　마치 용(龍)이 한 방울의 물로 능곡(陵谷)을 침수(浸水)
시킬 수 있고, 사람이 타다 남은 불로 아방궁을 태워 없앨 수
있듯이, 모두가 현전(現前)하는 유심소변(唯心所變)인데,
매일 쓰면서도 모르고 있다. 자신을 하근기(下根器)라고 폄
하(貶下)하며 성인(聖人)이 될 수 없다고 한다. 이 어찌 슬프
지 않은가! 지공(志公)화상이 게송(偈頌)으로 일렀다.

　　「법성(法性)의 크기는 태허(太虛)와 같은데
　　　중생(衆生)의 발심(發心)은 스스로 작구나!」

[심부(心賦) 제319번]

문 풍 이 예 。
文豐理詣。
반 각 수 이 분 지 。　수 륜 왕 지 해 계 。
攀覺樹以分枝。受輪王之解髻。

文理가 풍부하고, 이치(理致)가 깊다.
각수(覺樹)를 반연(攀緣)하여 가지를 나누며,
전륜성왕의 상투[髻]에서 꺼낸 명주를 받는다.

[주(註)] 法華經云。譬如強力轉輪聖王。兵戰有功。賞賜
諸物。如有勇健能為難事。王解髻中明珠賜之。能戰心
魔。心珠自現。故融大師云。若能強戰有功勳。髻中明珠
終不惜。

　　<법화경>에서 일렀다. 「비유컨대 강력한 전륜성왕은
병사(兵士)가 공을 세우면, 여러 가지 물건(物件)으로 상
(賞)을 주는데, 만약 용건(勇健)하게 능히 어려운 일을 해내
면 왕이 상투 중의 명주(明珠)를 꺼내어서 상(賞)으로 주는
것과 같다. 능히 심마(心魔)와 싸우면, 심주(心珠)가 저절
로 나타난다.」그래서 법융(法融)대사가 일렀다. 「만약 능
히 강력하게 싸워 공훈이 있으면, 상투 속의 명주(明珠)도
끝내 아끼지 않는다.」

[심부(心賦) 제320번]

초 종 교 철 。 즉 범 심 이 견 불 심 。
初終交徹。即凡心而見佛心。
이 사 해 라 。 당 세 제 이 명 진 제 。
理事該羅。當世諦而明眞諦。

처음과 끝이 교철(交徹)하니, 범부(凡夫)의 심(心)에
즉(即)하여 불심(佛心)을 본다.
이(理)와 사(事)가 그물을 갖추니, 세제(世諦)에 당
(當)하여 진제(眞諦)가 분명하다.

[주(註)] 即凡心而見佛心者。如華嚴經頌云。若以威德色
種族。而見人中調御師。是爲病眼顚倒見。彼不能知最勝
法。又頌云。假使百千劫。常見於如來。不依眞實義。而
觀救世者。是人取諸相。增長癡惑網。繫縛生死獄。盲冥
不見佛。云何不見佛。一爲不識自心。二爲不明隱顯。何
者。衆生之因隱於本覺。諸佛之果顯於法身。因隱之本
覺。是果顯之法身。果能成因。則佛之衆生。果顯之法
身。是因隱之本覺。因能辦果。則衆生之佛。故云凡聖交
徹。理事相含矣。
　‘범부(凡夫)의 마음에 즉(即)하여서 불심(佛心)을 본다’
란 것은, 저 <화엄경>의 게송에서 일렀다.
　「만약 위덕색(威德色) 종족이
　사람 중에서 조어사(調御師)를 본다면

이는 병든 눈으로 거꾸로 보는 것이니

그는 가장 수승한 법을 알지 못한다.」

또 게송(偈頌)에서 일렀다.

「가령 백천(百千) 겁 동안

항상 여래(如來)를 본다 하더라도

진실의(眞實義)에 의하지 아니하고

구세자(救世者)를 보는 것처럼,

이 사람은 제상(諸相)을 취하고

어리석은 미혹의 그물을 증장(增長)시키며,

생사의 감옥에 묶이어서,

눈이 멀고 어두워 불(佛)을 보지 못한다.」

왜 불(佛)을 보지 못하는가? 하나는 자심(自心)을 모르기 때문이고, 둘은 은현(隱顯)에 밝지 못하기 때문이다. 무슨 뜻인가? 중생의 인(因)은 본각(本覺)에 감추어져 있고, 제불(諸佛)의 과(果)는 법신(法身)에 드러나 있다. 인(因)이 감추어진 본각(本覺)이 과(果)가 드러난 법신(法身)이니, 과(果)가 능히 인(因)을 완성하니 '불(佛)의 중생(衆生)'이다. 과(果)가 드러난 법신(法身)이 인(因)이 감추어진 본각(本覺)이니, 인(因)이 능히 과(果)를 이루어내니 '중생(衆生)의 불(佛)'이다. 그래서 이르기를, 「범성(凡聖)이 교철(交徹)하고, 이사(理事)가 상함(相含)한다.」고 하였다.

又華嚴演義云。謂真該妄末。妄徹真源。如波與溼。

주심부와 유식

無有不溼之波。無有不波之溼。其眞妄所以交徹者。不離
一心故。妄攬眞成。無別妄故。眞隨事顯。無別眞故。眞
妄名異。無二體故。眞外有妄。理不遍故。妄外有眞。事
無依故。若約涅槃生死說者。生死即涅槃。妄徹眞也。如
波徹水源。涅槃即生死。眞徹妄也。如水窮波末。

또 <화엄연의>華嚴演義에서 일렀다.

「말하자면 진(眞)이 망(妄)의 말단(末端)을 포함하고,
망(妄)이 진(眞)의 근원(根源)에 통한다. 마치 파도와 습성
(濕性)에서, 습(濕)하지 않은 파도가 없고, 파도치지 않는
습(濕)이 없는 것과 같다. 저 진(眞)과 망(妄)이 교철(交徹)
하는 까닭은 일심(一心)을 떠나지 않은 까닭이다. 망(妄)이
진(眞)을 잡아 이루어졌으니 다른 망(妄)이 따로 없는 까닭
이고, 진(眞)이 사(事)에 따라서 나타나니 다른 진(眞)이 따
로 없다. 진망(眞妄)이 이름은 다르나 이체(二體)가 없는 까
닭에, 진(眞) 밖에 망(妄)이 있다면 이치(理致)가 두루 하
지 않고, 망(妄) 밖에 따로 진(眞)이 있다면 사(事)는 의지할
바가 없다. 열반(涅槃)과 생사(生死)를 가지고 설명한다면,
생사(生死)가 곧 열반(涅槃)이니, 망(妄)이 진(眞)에 통해서
마치 파도(波濤)가 수원(水源)에 통해 있는 것과 같다. 열반
(涅槃)이 곧 생사이니, 진(眞)이 망(妄)에 통해서 마치 물이
파도(波濤)의 말단까지 도달함과 같다.」

故中論云。生死實際。即涅槃際。涅槃實際。即生死

際。如是二際者。無毫釐差別。即是交徹也。生死涅槃際
既爾。乃至心境。能所。染淨。自他。一切萬法。皆同一
際。一際者。即無際也。實際也。一切諸法。皆與實際為
定量。今古凡聖不可易也。

까닭에 <중론>에서 일렀다.

「생사(生死)의 실제(實際)가 곧 열반(涅槃)의 실제이다.
열반(涅槃)의 실제(實際)가 곧 생사(生死)의 실제이다.」

이와 같이 이제(二際)는 터럭만큼도 차별이 없으니, 즉
이것이 교철(交徹)이다. 생사와 열반의 실제(實際)가 이미
그러하니, 나아가서 심(心)과 경(經), 능(能)과 소(所), 염
(染)과 정(淨), 자(自)와 타(他), 일체(一切)만법(萬法)이 다
같은 일제(一際)이다. 일제(一際)는 곧 무제(無際)이고 실
제(實際)이다. 일체(一切) 제법(諸法)은 다 실제(實際)가
정량(定量)이다. 금(今)과 고(古), 범(凡)과 성(聖)은 바뀔
수가 없다.

所以云。道俗之不夷。二際之不泯。菩薩之憂也。又
一切法皆如。豈妄外有真。又真如遍一切處。豈真外有
妄。是知真妄常交徹。亦不壞真妄之相。則該妄之真。真
非真而湛寂。徹真之妄。妄非妄而雲興。故云當世諦而明
真諦也。

그래서 일렀다. "도(道)와 속(俗)이 평등하지 못하고,
이제(二際)가 사라지지 않으니, 이것이 보살들의 근심이

다." 또한 일체법(一切法)은 모두 여여(如如)하니, 어찌 망(妄) 밖에 따로 진(眞)이 있겠는가. 또한 진여(眞如)가 일체처(一切處)에 두루 하니, 어찌 진(眞) 밖에 망(妄)이 있겠는가. 따라서 진(眞)과 망(妄)은 항상 교철(交徹)한데, 또한 진망(眞妄)의 모습을 파괴하지 않는다. 그래서 망(妄)을 포함한 진(眞)이어서 진(眞)과 비진(非眞)이 담적(湛寂)하고, 진(眞)과 통하는 망(妄)이어서 망(妄)과 비망(非妄)이 구름 생기듯 한다. 까닭에 이르기를, "세제(世諦)에 당(當)하여 진제(眞諦)를 밝힌다."고 하였다.

[심부(心賦) 제331번]

迷時徒昧。諦處非難。
念想而如山不動。襟懷而似海常安。

미혹한 때는 한갓 우매(愚昧)하지만
진리(眞理)에 즈음하면 어렵지 않다.
생각하지만 산처럼 부동(不動)하고,
흉금에 품지만 바다처럼 항상 안온하다.

[주(註)] 迷時心外見境。寓目生情。取捨萬端。無時暫

暇。若知心是境。見無心外法。逢緣自寂。身心坦然。

　　미혹한 때에 마음 밖에서 경계(境界)를 보면, 눈에 마주치자 정(情)을 일으켜서 취하고 버림이 만단(萬端)이니, 잠시라도 쉴 겨를이 없다. 만약 마음이 바로 경계(境界)임을 알면 마음 밖에 법(法)이 없음을 보아, 인연을 만나더라도 저절로 적적(寂寂)하여 몸과 마음이 탄연(坦然)하다.

[심부(心賦) 제342번]

冥心合道。意解難明。
了達而尚非於智。參詳而豈在於情。

그윽한 마음이라야 도(道)에 계합하니
의해(意解)로는 알기가 어렵다.
了達해도 오히려 智에 있지 않거늘
자세히 앎이 어찌 情에 있겠는가!

[주(註)] 此一心法門。是諸佛祕藏。不可以智知。不可以識識。唯應親省。莫能知之。故祖師傳法偈云。認得心性時。可說不思議。了了無所得。得時不說知。如般若無知論云。直言以真諦之所徵求般若之智。即般若之智非是有

知。何者。爲眞諦之緣。唯是中道第一義空無相之理。所
知之緣。旣是無相。能知之智。安得有知耶。故不然也。

　이 일심법문(一心法門)은 모든 부처님의 비장(秘藏)이
어서 智로써 알 수 없고, 識으로써 알 수 없다. 오직 친히 살
펴야 하는 것인지라 이를 능히 알 수가 없다. 까닭에 조사
(祖師)의 전법게(傳法偈)에 일렀다.

　「심성(心性)을 알게 된 때를
　불가사의(不可思議)하다고 가히 설하게 된다.
　얻을 바 없음을 분명하게 깨달으니
　깨달은 때에 안다고 설하지 않는다.」

　저 <조론>의 「반야무지론」般若無知論에서 일렀다. 「직
언(直言)하면, 진제(眞諦)를 위해서 반야지(般若智)가 필요
한데, 반야지(般若智)는 有知가 아니다. 왜냐하면, 眞諦의
緣은 오직 中道第一義인 空·無相의 理이다. 所知의 緣이
이미 無相인데 能知의 智가 어찌 有知이겠는가! 까닭에 그
렇지 않다.」

　惑人皆緣色生識者。當對色時。率爾眼識同時意識刹
那起時見色。此色卽是第八識中相分依他似有境之色。此
色當現時。未有一切相。由此色境爲緣。引生第二念尋求
心。此尋求心。卽是第六意識。故云緣色生識。是名見色
者。由有尋求心生故。卽此尋求心。緣本色境不著。便卽
變影而緣。卽變出一切森羅萬像之相。遂於此影像相上。

起其現量之心。不了本空。執為實有。取色分劑。計從外來。故云是識見色。此即惑境有相。惑智有知也。

　　미혹한 사람은 모두 色에 반연(攀緣)하여 識이 생기는데, 色을 對하는 '솔이'(率爾)에 바로 眼識과 동시에 意識이 찰나에 일어나는 때에 色을 본다. 이 色은 곧 제8식 중의 相分인데, 依他性인 그와 유사(類似)한 유경(有境)의 色이다. 이 色이 나타난 때에는 아직 일체상(一切相)이 없는데, 이 사물의 색경(色境)을 반연(攀緣)하면서 第二念인 '심구심'(尋求心)을 끌어낸다. 이 심구심(尋求心)이 바로 제6식인 의식(意識)이다. 그래서 이르길, '色에 緣하여 識을 낸다'고 한다. 이를 일러서 '色을 본다'고 하는 것은 심구심(尋求心)이 생겨서 성립되는 것이다. 즉 이 심구심(尋求心)이 本色境에 緣하지만 집착(執着)하지 않고, 문득 변영(變影)에 즉(卽)하여 반연(攀緣)하면서 일체(一切) 삼라만상(森羅萬象)의 상(相)을 변출(變出)한다. 그리고 이 영상(影像)의 상(相)에서 현량(現量)의 마음을 일으키는데, 본래 空함을 깨닫지 못하고, 實有하는 것으로 생각하여 집착(執着)하면서, 色을 취하여 분제(分劑)하니 밖에서 온 것으로 생각한다. 그래서 '識이 色을 본다'고 말한다. 이렇게 경계(境界)에 미혹(迷惑)하므로 相이 있고, 지(智)에 미혹(迷惑)하니 知가 있다.

　　反此真智即不緣者。此明悟人。不緣色生識也。何

者。由其悟之人。達其諸法本體皆空。猶如幻夢。無有真
實。但從自識所變。畢竟無前境界可得。故起信云。一切
諸法。唯依妄念而有差別。若離心念。即無一切境界之
相。是故一切諸法。從本已來。離言說相。離名字相。
離心緣相。畢竟平等。無有變異。不可破壞。唯是一心。
故名為真如。以一切言說假名無實。但隨妄念。不可得
故。當知萬法。唯是自心現量見。妄計為有。若能心無妄
念。了法本空。即無一切境界之相。何有於色可緣。既無
有色可緣。即不緣色生識。故即無取相。無色可緣。故即
無有相。既無有相之惑境。即是無相之真境。既無取相之
惑智。即是無知之真智。此乃真境無相。真智無知。為斯
義故。以緣求智。智即非知也。

이에 반(反)하여, "진지(眞智)는 즉 불연(不緣)한다"는
말은, 밝게 깨달은 사람은 色에 緣하여 識을 내지 아니한
다. 왜냐하면, 그 깨달은 사람[悟人]은 제법(諸法)의 본체
(本體)가 다 공(空)이어서 마치 환몽(幻夢)과 같아 진실(眞
實)이 없고, 다만 자식(自識)에서 변한 것일 뿐이지, 필경에
눈앞의 경계(境界)는 얻을 수 없다고 요달(了達)한다. 까닭
에 <기신론>에서 일렀다.

「일체(一切) 제법(諸法)은 오직 망념(妄念)에 의지하
여 차별(差別)이 있다. 만약 심념(心念)을 떠나면 바로 일체
(一切) 경계(境界)상(相)이 없다. 이 까닭에 일체(一切) 제
법(諸法)은 본래로 언설(言說)상(相)을 떠났고, 문자(文字)

상(相)을 떠났으며, 心緣相을 떠나서, 필경에 평등하며, 변이(變異)가 없고, 파괴(破壞)할 수 없다. 오직 一心인 까닭에 진여(眞如)라고 이름한다. 일체(一切) 언설(言說)은 가명(假名)이니 實이 없다. 단지 망념(妄念)에 따르니 얻을 수가 없다.」

마땅히 알지니, 만법(萬法)은 오직 自心의 現量에서 보되, 망계(妄計)하여 있다고 여기고 있다. 만약 능히 마음에 망념(妄念)이 없고 법(法)이 본래 공(空)함을 요달하면, 바로 일체의 경계(境界)상(相)이 없으니, 어찌 緣할 色이 있겠는가! 이미 緣할 色이 없으니 바로 色에 緣하지 아니하고 識을 낸다. 까닭에 相을 취(取)함이 없다. 緣할 色이 없는 까닭에 바로 相이 없다. 이미 相에 미혹되는 경계가 없으니 바로 이것이 무상(無相)인 진경(眞境)이다. 이미 相을 취하는 미혹한 智가 없으니 바로 이것이 무지(無知)인 진지(眞智)이다. 이것이 바로 진경(眞境)은 無相이며, 진지(眞智)는 무지(無知)라는 것이다. 이러한 뜻이 있는 까닭에, 緣으로 智를 구하지만 智는 곧 비지(非知)이다.

[심부(心賦) 제344번]

고 지 유 식 유 심 。 무 이 무 별 。
故知唯識唯心。無二無別。

주심부와 유식

그래서 유식(唯識)이요 유심(唯心)임을 알면,
둘이 없고, 다른 것도 없다.

[주(註)] 般若經云。一切智清淨。乃至一切法清淨。無二
無二分。無別無斷故。是知諸法與心。全同非分同。體用
無別。相連不斷。似分能所。徹底無差。

　　<반야경>에서 일렀다.「일체지(一切智)가 청정하고, 나
아가서 일체법(一切法)이 청정하여, 무이(無二)이고 이분
(二分)도 없으며, 다른 것도 없고 끊어짐도 없다.」이로써
알겠구나. 제법(諸法)과 심(心)은 온전히 같아서 일부분만
같은 것이 아니다. 체(體)와 용(用)이 별다른 것이 없으니,
서로 연결되어 끊어지지 않는다. 능(能)과 소(所)로 나뉜 듯
하나, 철저하게 차별(差別)이 없다.

[심부(心賦) 제346번]

만 법 이 단 공 시 설 。
萬法而但空施設。

만법(萬法)은 단지 빈 가법(假法)으로 시설(施設)된다.

[주(註)] 諸法無體。但空生空滅。設標名立體。皆是眾生想成。故經云。若知一切國土皆想持之。如是得名初發心菩薩。何者。悟心為入道之始。又融大師云。擾擾萬物空生死。如先德云。安立水月道場。修習空華萬行。降伏鏡像魔軍。成就夢中佛事。

제법(法)은 바탕이 없고 단지 빈 가법(假法)으로 공생(空生) 공멸(空滅)할 뿐이다. 설령 이름을 붙이고 바탕을 세울지라도 모두 중생의 상념(想念)으로 이루어진 것이다. 저 경(經)에서 이르길, 「만약 일체(一切) 국토(國土)가 다 상념(想念)으로 지지(支持)되는 줄 안다면 곧 초발심(初發心)보살이라 부를 수 있다」고 하였다. 왜냐하면, 마음을 깨닫는 것이 도(道)에 들어가는 시초(始初)이다. 또 법융(法融)대사가 일렀다. 「소란스럽게 만물(萬物)이 가법(假法)으로 공생공사(空生空死)할 뿐이다」. 저 선덕(先德)이 일렀다. 「물속의 달 같은 도량(道場)에서, 공화(空華)인 만행(萬行)을 수행하며, 거울 속의 영상(映像) 같은 마군(魔軍)을 항복받아, 꿈속의 불사(佛事)를 성취(成就)한다.」

[심부(心賦) 제347번]

허 생 허 멸 。 유 정 상 이 성 지 。
虛生虛滅。唯情想而成持。

허망하게 생(生)하고 허망하게 멸(滅)하는데
오직 정상(情想)으로 이루어지고 지탱된다.

[주(註)] 首楞嚴經云。想相爲塵。識情爲垢。二俱遠離。
則汝法眼應時淸明。云何不成無上知覺。是知一切生死。
皆從情想而生。情想若無。心道自現。故經云。識停閑
靜。想滅無爲。

　　<수능엄경>에서 일렀다.「상념(想念)의 상(相)이 육진
(六塵)이 되고, 식정(識情)이 때[垢]가 되는데, 이 둘을 같
이 멀리 떠나면 너의 법안(法眼)이 즉시 청명(淸明)하리니,
어찌 무상지각(無上知覺)을 이루지 않겠는가!」이로써 알
겠구나. 일체(一切) 생사(生死)는 모두 정상(情想)에서 생
긴다. 정상(情想)이 만약 없으면 심도(心道)가 저절로 드러
난다. 그래서 경(經)에 일렀다.「식(識)이 멈추어 한가롭고
고요하면, 상념(想念)이 멸(滅)하여 무위(無爲)이다.」

[심부(心賦) 제348번]

似義似名。但意言而分別。
(사 의 사 명 。 단 의 언 이 분 별 。)

의(義)가 비슷하고 명(名)이 비슷한 것 같지만,
다만 생각과 말로써 분별(分別)한 것이다.

[주(註)] 如金剛三昧經云。佛言。善不善法。從心化生。
一切境界。意言分別。制之一處。眾緣斷滅。何以故。一
本不起。三用無施。住於如理。六道門杜。又攝論云。從
願樂位。乃至究竟位。若欲入唯識觀修如行。緣何境界。
緣意言分別為境。離此無別外境。何以故。此意言分別。
似文字言說及義顯現。唯有意言分別。無別有名言。菩薩
能通達名無所有。則離外塵邪執。

　저 <금강삼매경>에서 일렀다.

　「부처님께서 말씀하셨다. "선(善)과 불선(不善)인 법
(法)은 마음에서 화생(化生)한다. 일체(一切) 경계(境界)는
생각과 말의 분별인 의언분별(意言分別)이다. 한 곳을 제지
(制止)하면 중연(眾緣)이 단멸된다. 왜냐하면, 일본(一本)
은 일어남이 없고, 삼용(三用)은 시설(施設)함이 없어서,
여리(如理)에 머무니 육도(六道)가 문이 닫혔다.」

　또 <섭대승론>에서 일렀다.

　「원락위(願樂位)로부터 나아가서 구경위(究竟位)에 이
르기까지 유식관(唯識觀)에 들어와 如理하게 수행하려면
어떠한 경계를 반연(攀緣)하여야 하는가? 의언분별(意言分
別)을 반연(攀緣)하여 경계로 삼는다. 이를 떠나서 다른 경
계가 없다. 왜냐하면, 이 意言分別은 문자(文字)언설(言說)

과 그 의(義)에 유사(類似)하게 나타난 것이니, 오직 意言
分別만 있고, 그 밖에 다른 名言이 없기 때문이다. 보살(菩
薩)이 능히 명자(名字)가 무소유(無所有)임을 통달하면 바
깥 경계에 대한 삿된 집착을 떠난다.」

又此義依名言。唯意言分別。前以遣名。此下依名遣
義。義者即六識所緣境。離名無別此境。名言既唯意分
別。故義亦無別體。菩薩通達無所有。亦離外塵邪執。又
此名義自性差別。唯假說為量。前已遣名義。名義既無。
自性及差別云何可立。若離假說。無別名義自性及名義差
別。由證見此二法不可得故。名為通達。

또 이 의(義)는 名言에 의한 것이니 오직 意言分別일 뿐
이다. 앞에서는 名을 버렸고, 이 아래에서는 名에 의하여
義를 버렸다. 義란 곧 육식(六識)이 반연(攀緣)하는 경계
이다. 名을 떠나면 달리 이런 경계가 없다. 名言은 이미 오
직 意分別일 뿐이니, 義 또한 다른 體가 없다. 보살은 無所
有를 통달하여서, 또한 바깥 육진(六塵)에 삿되게 집착함
을 떠났다. 또한 이 名과 義의 自性과 差別은 오직 가설(假
設)로 헤아린 것이어서 앞에서 이미 名과 義를 끊었다. 名
과 義가 이미 없는데, 자성과 차별을 어떻게 세울 수 있겠는
가. 만약 가설(假說)을 떠난다면 그 밖에 다른 名義의 自性
과 名義의 차별이 없다. 이 二法을 얻을 바 없음을 證見한
것을 이름하여 통달(通達)이라 한다.

又六行集引識論云。凡夫從本來意言分別有二種。一
似名。二似義。名義攝一切法皆盡。此名義俱是意言分別
所作。離此無別餘法。以此文證。故知凡夫妄見境界。
或名或義。皆是當時意言分別。如食浪蕩。妄見針火。
據彼妄情。意謂是實。不知妄見。謂有外火。據實唯是意
作火解。火則唯是意言分別。謂有火名。名是意言。謂有
火事。事是意言。眾生妄見自身他身地水火風等。皆亦似
彼。雖復就實唯識無外。據凡妄情。謂有能所。

또 <육행집>六行集에서 <식론>을 인용하여 일렀다.

「무릇 意言分別에 2종이 있으니 (1) 似名, (2) 似義이
다. 名과 義는 일체법(一切法)을 다 포섭한다. 이 名과 義는
모두 意言分別로 지어진 것이다. 이것을 떠나서 그 밖에 다
른 법(法)이 없다.」

이 글이 증명하듯이, 범부는 경계를 망령되게 보는 것임
을 알 수 있다. 혹은 名이라 하고, 혹은 義라고 하지만 모두
당시의 意言分別이다. 마치 낭탕(浪蕩)을 먹으면 망령되게
침화(針火)를 보는데 저 망정(妄情)때문에 이것을 실(實)
답다고 생각한다. 망견(妄見)인 줄 모르고 밖에 그러한 火
가 있다고 말한다. 사실은 오직 생각으로 火라고 인식한 것
일 뿐이니, 火는 오직 意言分別일 뿐이다. 火라는 名이 있
으나, 名은 意言이다. 말하자면 火의 事가 있어도 事는 意
言이다. 중생이 自身과 他身, 地水火風 등을 妄見하는 것

도 모두가 그와 비슷하다. 비록 實다운 것으로 보지만 오직 識일 뿐 그 밖에 아무것도 없다. 범부의 妄情으로 말미암아 能과 所가 있다고 한다.

如古德云。謂色等五塵界。是現量境。五識親證。都 無塵相。如來藏中頓現身器。無塵相。

저 고덕(古德)이 일렀다. 「이른바 색(色) 등의 오진(五 塵)의 세계는 현량(現量)인 경계로서 오식(五識)이 친증(親 證)하지만 사실은 진상(塵相)은 없다. 여래장(如來藏)중에 서 신(身)과 기세간(器世間)이 단박에 나타나지만 실은 진 상(塵相)이 없다.」

六七妄想謂有我法。想所現相。是分別變。分別變 相。但可為境。而無實用。如日發燄。帶微塵而共紅。非 實紅也。如水澄清。含輕雲而俱綠。非實綠也。如觀知畫 像而非真。若了藏性。了塵境而為妄。故經云。非不證真 如。而能了諸行。皆如幻事等。似有而非真。

제6식과 제7식은 망상(妄想)으로 我와 法이 있다고 말 한다. 망상(妄想)으로 나타난 상(相)은 분별로 전변(轉變) 한 것으로, 분별로 전변(轉變)된 상(相)은 단지 경계(境界) 가 될 뿐이지 實다운 작용(作用)이 없다. 마치 햇살이 비치 면 미진(微塵) 때문에 함께 붉게 보이지만, 實다운 홍(紅)이 아닌 것과 같다. 마치 물이 맑으면 가벼운 구름을 머금어서 같이 녹색(綠色)으로 보이지만, 實로 녹색이 아닌 것과 같다. 마치 화상(畵像)을 보고서 모습은 알지만 참이 아닌 것과 같다. 만약 여래장성(如來藏性)을 요달하면 육진(六塵) 경계(境界)가 허망(虛妄)한 줄 요달한다.

그래서 경(經)에서 일렀다.

「진여(眞如)를 증득하지 않음이 아니니, 능히 제행(諸行)이 모두 환사(幻事)와 같아서, 있는 것 같지만 진짜가 아님을 능히 요달(了達)한다.」

[심부(心賦) 제349번]

어 일 원 담 。 절 출 근 진 。
於一圓湛。折出根塵。
외 단 지 수 이 성 경 。 내 취 풍 화 이 위 신 。
外摶地水而成境。內聚風火而為身。

하나인 원담(圓湛)에서 육근(六根)과 육진(六塵)이 나오고,

밖으로 지수(地水)가 뭉쳐서 경계를 이루고,

안으로 풍화(風火)가 모여 몸이 된다.

[주(註)] 首楞嚴經云。元於一精明。分成六和合。內外四大。合成其身。眾生第八藏識相分之中。半為外器。不執

受故。半爲內身。執爲自性生覺受故。如來藏識何緣如
此。法如是故。行業引故。如云想澄成國土。知覺乃眾
生。

<수능엄경>에서 일렀다.「元來가 一精明에서 六和合으
로 나누어져 성립한다.」[17] 내외(內外)의 사대(四大)가 합하
여 그 몸을 이룬다. 중생의 제8식인 장식(藏識)의 상분(相
分) 중에서, 절반(折半)은 바깥 기세간(器世間)이 되니 집수
(執受)하지 않기 때문이다. 절반(折半)은 내신(內身)이 되
니 자성(自性)이라고 집착(執着)하여 각수(覺受)를 내기 때
문이다. 여래장식(如來藏識)이 어떠한 연유(緣由)로 이렇
게 되는가? 법(法)이 여시(如是)하기 때문이니, 행업(行業)
이 끌어 인도하기 때문이다. 이를테면 상념(想念)이 맑으면
국토(國土)가 되고, 지각(知覺)하면 중생(眾生)이 된다.

楞嚴經鈔云。且妄見心動故外感風輪。由愛心發故外
感水輪。由堅執心故外感地輪。由研求慄心故外感火輪。
由四大故起六根。起六根故見六塵。故知三界離有情心更
無別體。若了無明根本一念妄心無體。則知從心所生三界
畢竟無有。

<능엄경초>楞嚴經鈔에서 일렀다.

또한 망견(妄見)하는 마음이 움직이는 까닭에 밖으로

---

17) ‘精明’은 如來藏識이고, ‘六和合’은 六性[見性, 聞性, 嗅性, 嘗性, 觸性,
지성]이다. 혹 ‘六和合’을 六根과 六識으로 해석하기도 한다.

風輪을 감득하고, 애심(愛心)이 발동하는 까닭에 밖으로 水輪을 감득하며, 굳은 집심(執心)으로 말미암아 밖으로 地輪을 감득하고, 연구(硏求)하는 조심(燥心)으로 말미암아 火輪을 감득한다. 사대(四大)로 말미암아 六根이 생기고, 육근(六根)이 생기므로 六塵을 본다. 그러므로 알아야 한다. 삼계(三界)가 有情心을 떠나 따로 별개의 바탕이 있는 것이 아니다. 만약 무명(無明)의 근본(根本)일념(一念)이 망심(妄心)이지만 바탕이 없는 줄 요달(了達)하면, 마음에서 생긴 삼계(三界)가 필경(畢竟)에 없는 줄 안다.

[심부(心賦) 제350번]

持種之門。

종자(種子)를 지니는 門이며,

[주(註)] 第八識。亦名本識。一切有爲法種子所依止。亦名宅識。一切種子之所棲處。亦名藏識。一切種子隱伏之處。

제8식은 또 본식(本識)이라고도 하니 모든 유위법(有爲法)의 종자(種子)가 의지(依止)하는 바이다. 또한 택식(宅

識)이라고도 하니 모든 종자(種子)가 깃드는 곳이다. 또한
장식(藏識)이라고도 하니 모든 종자(種子)가 은복(隱伏)하
여 있는 곳이다.

[심부(心賦) 제351번]

작 생 사 지 원 시 。
作生死之元始。

생사(生死)를 조작하는 원시(元始)이다.

[주(註)] 顯揚論云。阿賴耶識者。謂先世所作增上業煩惱
為緣。無始時來戲論熏習為因。所生一切種子異熟為體。
此識能執受了別色根。根所依處及戲論熏習。於一切時。
一類生死不可了知。

　　<현양론>顯揚論에서 일렀다. 「아뢰야식(阿賴耶識)이
란 선세(先世)에 지은 증상업(增上業)인 번뇌(煩惱)를 緣으
로 하고, 무시(無始)이래의 희론(戲論) 훈습(熏習)을 因으
로 하며, 생긴 바 일체(一切) 종자(種子)인 이숙(異熟)을 體
로 한다. 이 아뢰야식(阿賴耶識)은 능히 색(色)과 근(根)과
근소의처(根所依處)와 희론훈습(戲論熏習)을 집수(執受)
하고 요별(了別)한다. 그러나 일체시(一切時)에 한 종류의

생사(生死)도 알 수가 없다.」

[심부(心賦) 제352번]

총 보 지 주
總報之主。

총보(總報)의 주체이다.

[주(註)] 第八識為一切眾生總報之主。此識相及境不可分
報。一體無異。此識能生一切煩惱業果報事。又總報業
者。如受戒招得人身。是總報業。由於因中有瞋有忍等。
於人總報中而有妍醜。名別報業。

　　제팔식(第八識)은 일체(一切) 중생(眾生)의 총보(總報)
의 주체(主體)이다. 이 식(識)의 상(相)과 경(境)은 그 보
(報)를 나눌 수가 없어서 일체(一體)이며 무이(無異)다. 이
식(識)은 능히 일체(一切) 번뇌업(煩惱業)과 과보사(果報
事)를 생한다. 또한 총보업(總報業)이란, 이를테면 계율을
받아 지켜서 사람 몸을 얻는 것과 같다. 이것이 총보업이다.
因 가운데 진에(瞋恚)나 인욕(忍辱) 등이 있어서 사람이라
는 총보(總報) 가운데서 고움과 추함이 있으니 이를 별보업
(別報業)이라고 한다.

　　　　　　　　　　　　　　　　　　주심부와 유식

[심부(心賦) 제353번]

為涅槃之正因。
<small>위 열 반 지 정 인</small>

열반(涅槃)의 정인(正因)이다.

[주(註)] 阿毗達經頌云。無始時來界。一切法等依。由此
有諸趣。及涅槃證傳。

　　<아비달경>阿毗達經의 게송(偈頌)에서 일렀다.

　　「무시(無始)이래로 삼계(三界)의

　　일체법(一切法) 등이 의지(依持)하며,

　　이로 말미암아 모든 중생(衆生)들이 있고,

　　열반(涅槃)의 증득(證得)과 전법(傳法)이 있다.」

[심부(心賦) 제364번]

與羣徒而作體。向萬物以安名。
<small>여 군 도 이 작 체　　향 만 물 이 안 명</small>
初居圓成現量之中。浮塵未起。
<small>초 거 원 성 현 량 지 중　　부 진 미 기</small>

무리와 더불어 바탕을 짓고,

만물을 향하여 이름을 안립(安立)한다.

처음 원성실성(圓成實性)인 현량(現量) 중에는 부진
(浮塵)이 일어나지 않았다.

[주(註)] 前五轉識。及第八識。俱在現量。現量者。得法
自性。不帶名言。無籌度心。是圓成語。不作外解。不落
比非之量。媚慈又論云。五識現量。總無二種顚倒。猶如
明鏡現眾色相。第七染識。有想倒見倒。第六意識。具有
三倒。取我法相。名爲想倒。於想愛樂。復名心倒。於想
計著建立。名見倒。

전오전식(前五轉識)과 제팔식(第八識)은 모두 현량(現量)
이다.[18] 현량(現量)이란 법(法)의 자성(自性)을 얻음이니, 명
言을 대(帶)하지 아니하며, 헤아리는 마음도 없으니, 이것이
원성실성(圓成實性)이란 말이다. 외해(外解)를 짓지 아니하
고, 비량(比量)과 비량(非量)에 떨어지지 아니한다.

또 <논(論)>에서 일렀다. 「전오식(前五識)의 現量에는 모
두 두 가지 전도(顚倒)가 없으니, 마치 밝은 거울에 뭇 색상(色
相)이 나타나는 것과 같다. 제칠(第七)염식(染識)에는 상도
(想倒)와 견도(見倒)가 있고, 또 제육(第六)의식(意識)에는 세
가지 전도(顚倒)가 있다.」

아상(我相)과 법상(法相)을 취함이 상도(想倒)이고, 상
(想)에서 애락(愛樂)함이 심도(心倒)이고, 상(想)에서 분별(分

---

18) 전오전식(前五轉識)은 전오식(前五識)인 眼識, 耳識, 鼻識, 舌識, 身識
을 말한다.

別) 집착(執着)하여 건립함이 견도(見倒)이다.

[심부(心賦) 제365번]

후 락 명 료 의 근 지 지 。 외 상 잠 정 。
後落明了意根之地。外狀潛呈。

뒤에 명료(明了)한 의근(意根)의 자리에 떨어지니, 바깥모습이 은현하게 드러난다.

[주(註)] 眼識與同時明了意識緣時。起分別心。作外量解。便成比量。則心外見法。

　안식(眼識)과 동시에 명료의식(明了意識)이 반연(攀緣)할 때에, 분별심(分別心)이 일어나며, 바깥으로 양해(量解)를 지으면 문득 비량(比量)이 이루어진다. 그래서 마음이 바깥에서 만법(萬法)을 본다.

[심부(心賦) 제366번]

원 부 업 식 지 종 。 하 성 교 훈 。
原夫業識之宗。何成教訓。

^{능 소 불 분} ^{시 비 언 운}
能所不分。是非焉運。

원래(原來) 업식(業識)의 근본인데, 어떻게 교훈(敎訓)이 성립하겠는가!
능(能)과 소(所)가 나뉘지 않았는데, 시비(是非)가 어찌 있겠는가!

[주(註)] 三細識中。第一業識。未分能所。智解不生。如起信論云。第一業識。以最微細作諸識本故。如是業識。見相未分。然諸菩薩知心妄動無前境界。了一切法唯是識量。捨前外執。順業識義。說名業識。心不見心無相可得者。是明諸法非有之義。

　삼세식(三細識) 중에, 제일(第一)업식(業識)은 아직 능(能)과 소(所)로 나누어지지 않아서 지해(智解)가 생기지 않았다.[19]

　저 <기신론>에서 일렀다. 「第一業識은 가장 미세하여 제식(諸識)의 근본이 된다. 이러한 업식은 견분(見分)과 상분(相分)이 아직 나누어지지 않았다. 그러나 모든 보살(菩薩)은 '마음이 망동(妄動)한 것이요 앞의 경계가 없음'을 알

---

19) <대승기신론>은 무명(無明)에서 만법(萬法)이 벌어지는 연기(緣起)과정을 삼세육추(三細六麤)라는 구상(九相)으로 설명하는데, 삼세(三細)에 해당하는 제일무명업식(第一無明業識)·제이전식(第二轉識)·제삼현식(第三現識)을 가리켜서 삼세식(三細識)이라고 불렀다.

　　　　　　　　　　　　　　　　주심부와 유식

고, 모든 것이 오직 識의 사량(思量)임을 요달(了達)하므로, 바깥 경계가 있다는 집착을 버리고, 업식(業識)의 뜻에 따르므로, 업식(業識)이라는 이름으로 설명한다.」

"마음이 마음을 보지 못하니, 얻을 수 있는 모습이 없다"고 한 것은 제법(諸法)이 비유(非有)라는 뜻을 설명한 것이다.

又楞伽經偈云。身資生住持。若如夢中生。應有二種心。而心無二相。如刀不自割。如指不自觸。如心不自見。其事亦如是。若如夢中所見諸事是實有者。即有能見所見二相。而其夢中實無二法。三界諸心皆如此夢。離心之外無可分別。故言一切分別。即分別自心。而就自心不能自見。如刀指等。故言心不見心。既無他可見。亦不能自見。所見無故。能見不成。能所二相皆無所得。故言無相可得。

또 〈능가경〉의 게송에서 일렀다.[20]
「身과 資生과 住持가
마치 꿈속에서 생긴 것 같으니,
응당 두 가지 마음이 있으나,
마음에는 二相이 없다.
마치 칼이 스스로를 자르지 못하고,

---

20) 〈입능가경〉 제10권에 있다.

손가락이 스스로를 만지지 못하며,

마음이 스스로를 보지 못함도,

그 일이 또한 이와 같다.」

마치 꿈속에서 보는 바 제사(諸事)는 실유(實有)인 것 같아서, 바로 능견(能見)과 소견(所見)의 이상(二相)이 있으나, 그 꿈속에는 실로 이법(二法)이 없다. 삼계(三界)와 제심(諸心)이 모두 이 꿈과 같아서, 마음을 떠나면 분별(分別)할 것이 없다. 까닭에 "일체(一切) 분별(分別)은 곧 자심(自心)을 분별함이다"라고 한다. 자심(自心)을 보려고 하여도 스스로 볼 수 없는 것은 마치 칼과 손가락과 같다. 그래서 '마음이 마음을 보지 못한다.'고 하였다. 이미 볼 수 있는 다른 것도 없고, 또한 스스로를 볼 수도 없다. 소견(所見)이 없기 때문에 능견(能見)도 성립될 수 없다. 능(能)과 소(所)의 이상(二相)을 모두 얻을 바 없으므로, '얻을 수 있는 모습이 없다'고 하였다.

[심부(心賦) 제367번]

인 의 전 상 지 내 。 숙 기 견 심 。
因依轉相之內。倏起見心。

전상(轉相)의 내(內)에 의지함으로 인하여, 갑자기 견

심(見心)이 일어난다.

[주(註)] 於此第二轉識中。初起見分。

　이 제이(第二)전식(轉識) 중에서 처음에 견분(見分)이
일어난다.[21]

[심부(心賦) 제368번]

아 관 현 식 지 간 。　홀 진 상 분 。
俄關現識之間。忽陳相分。

잠깐 동안 현식(現識)의 사이에 홀연 상분(相分)이 펼
쳐진다.

[주(註)] 至第三現識。便立相分。如境現像。諸師所明一
心法中。總有四分義。一相分。二見分。三自證分。四證
自證分。相分有四。一實相名相。體即真如。是真實相
故。二境相名相。為能與根心而為境故。三相狀名相。此
唯有為法有相狀故。通影及質。唯是識之所變。四義相名
相。即能詮下所詮義相分是。於上四種相中。唯取後三相

---

21) 第一無明業識은 주객(主客)이 없는 상태인데, 第二轉識에서 주관(主
觀)이 나타난다고 설명하고 있다.

而爲相分相。又相分有二。一識所頓變。卽是本質。二識
等緣境。唯變影緣。不得本質。

　　제삼(第三)현식(現識)에 이르면 문득 상분(相分)이 선
다. 마치 거울에 영상(映像)이 나타나는 것과 같다.[22]

　　유식학(唯識學)의 여러 스승들이 밝힌 바 일심법(一心
法)의 설명에는 모두 사분(四分)의 뜻이 등장한다. 1은 相
分이고, 2는 見分이고, 3은 自證分이며, 4는 證自證分이다.

　　먼저 상분(相分)에 넷이 있다. ①은 실상(實相)인데 體
가 곧 진여(眞如)이니 이것은 眞實相인 까닭이다. ②는 경
상(境相)인데 능히 육근(六根)과 마음과 더불어서 경계가
되기 때문이다. ③은 상상(相狀)인데 이는 오직 유위법(有
爲法)으로 상상(相狀)이 있기 때문이다. 영상(影像)과 형질
(形質)이 모두 오직 識이 변한 것이다. ④는 의상(義相)인
데 즉 능전(能詮)에 따른 소전(所詮)이라는 뜻으로 相分이
다. 이상의 네 가지 상(相) 가운데 오직 '後三相'을 취하여
상분(相分)의 상(相)이라고 한다.

　　또 상분(相分)에 둘이 있다. (1)은 識이 단박에 전변(轉
變)한 것이니, 즉 본질(本質)이다. (2)는 識들이 경계에 반
연함이니, 오직 轉變한 영연(影緣)이므로 본질(本質)이 아
니다.

---

22) 第三現識에서 객관(客觀)인 대상(對象)이 나타난다고 설명한다.

二見分者。唯識論云。於自所緣有了別用。此見分有五類。一證見名見。即三根本智見分是。二照燭名見。此通根心俱有照燭義故。三能緣名見。即通內三分俱能緣故。四念解名見。以念解所詮義故。五推度名見。即比量心推度一切境故。於此五種見中。除五色根及內二分。餘皆見分所攝。

제2. 견분(見分)을 <유식론>에서 일렀다. 「자기의 소연(所緣)을 요별(了別)하는 작용(作用)이 있다」고 하였다. 이 見分이 다섯 종류가 있다. (1)은 증견(證見)이니 즉 삼근본지(三根本智)의 見分이다.23) (2)는 조촉(照燭)이니, 이는 육근(六根)과 마음에 모두 조촉(照燭)하는 뜻이 있기 때문이다. (3)은 능연(能緣)이니 즉 내삼분(內三分)에서 모두 能緣하기 때문이다. (4)는 염해(念解)이니, 소전(所詮)의 의리(義理)를 상념(想念)으로 理解하기 때문이다. (5)는 추탁(推度)이니 즉 比量心으로 모든 경계를 추탁(推度)하기 때문이다. 이 오견(五見)가운데서 오색근(五色根: 眼根, 耳, 鼻, 舌, 身根)과 내이분(內二分: 自證分·證自證分)을 제외하고, 그 나머지는 모두 見分에 포섭된다.

三自證分。為能親證自見分緣相分不謬。能作證故。四證自證分。謂能親證第三自證分緣見分不謬故。從所證

---

23) 삼근본지(三根本智)는 오전(悟前)의 가행지(加行智)·오시(悟時)의 근본지(根本智)·오후(悟後)의 후득지(後得智)를 말한다.

處得名。此四分義。總以鏡喻。鏡如自證分。鏡明如見分。鏡像如相分。鏡後弘如證自證分。故云四分成心。

제3. 자증분(自證分)이란, 자기의 견분(見分)이 상분(相分)을 반연(攀緣)함에 오류(誤謬)가 없음을 능히 친증(親證)하여, 능히 증명(證明)하기 때문이다.

제4. 증자증분(證自證分)이란, 제3자증분(自證分)이 견분(見分)을 반연(攀緣)함에 오류(誤謬)가 없음을 능히 친증(親證)하기 때문에 소증(所證)한 것을 따라서 붙인 이름이다.

이 사분(四分)의 뜻을 모두 거울로 비유(譬喻)하면, 거울은 自證分과 같고, 거울의 '밝음'은 見分과 같으며, 거울속의 영상(映像)은 相分과 같고, 거울의 틀은 證自證分과 같다. 까닭에 이르기를, "사분(四分)으로 마음이 이루어진다"고 한다.

[심부(心賦) 제369번]

<ruby>光<rt>광</rt></ruby><ruby>消<rt>소</rt></ruby><ruby>積<rt>적</rt></ruby><ruby>曀<rt>예</rt></ruby>。<ruby>影<rt>영</rt></ruby><ruby>射<rt>사</rt></ruby><ruby>重<rt>중</rt></ruby><ruby>昏<rt>혼</rt></ruby>。

光消積曀。影射重昏。

빛이 사라지고 구름 끼고 바람이 불면,
그림자가 중혼(重昏)을 비춘다.

주심부와 유식

[주(註)] 今所悟者頓豁自心。方省其所知境各從心現者。如翳目見明珠有纇。今淨眼觀瑩淨無瑕。美惡唯自見殊。珠體本末如一。當悟之時。如開藏取寶。剖蚌得珠。光發襟懷。影含法界。

지금 깨달은 자(者)가 자심(自心)을 단박에 훤히 깨달으면, 바야흐로 인지하는 경계(境界)가 각각 마음에서 나타난 것임을 알아차린다. 마치 병든 눈으로 밝은 구슬을 보면 흠(欠)이 있는 듯한데, 지금 맑은 눈으로 관찰하니 밝고 깨끗하여 아무런 흠이 없는 것과 같다. 아름답고 싫어함은 오직 자견(自見)이 다를 뿐이고, 주체(珠體)는 본말(本末)이 한결같다. 깨닫는 때는, 마치 창고를 열어 보배를 취하고, 조개를 쪼개어 진주를 얻는 듯하여, 빛이 가슴에서 발휘(發揮)하여 그림자가 법계(法界)를 포함(包含)한다.

[심부(心賦) 제370번]

_{철 고 이 진 원 불 산} _{해 금 이 묘 용 상 존}
徹古而眞源不散。該今而妙用常存。
_{팔 만 사 천 지 교 승} _{묘 추 성 지}
八萬四千之敎乘。苗抽性地。
_{삼 십 칠 품 지 도 수} _{과 수 령 근}
三十七品之道樹。果秀靈根。

예를 꿰뚫으나 진원(眞源)이 흩어지지 않고,

지금을 포괄해도 묘용(妙用)은 상존(常存)한다.
8만 4천의 교승(敎乘)의 싹이 성지(性地)에서 나오고,
37조도품(助道品)의 도수(道樹)에서 열매가 영근(靈根)에서 빛난다.

[주(註)] 三十七品法者。四念處。四正勤。四神足。五根。五力。七覺支。八正道。此是一切菩薩助道之法。一一修習並從心起。何者。夫身受心法。俱無自性。了不可得。即四念處。觀善不善法。從心化生。即四正勤。心性靈通。隱顯自在。即四神足。信心堅固。湛若虛空。即五根五力。覺心不起。即七覺支。直了心性。邪正不干。即八正道。

　37조도품(助道品)이란, 사념처(四念處), 사정근(四正勤), 사신족(四神足), 오근(五根), 오력(五力), 칠각지(七覺支)와 팔정도(八正道)이다. 이는 일체(一切) 보살(菩薩)의 조도(助道)하는 수행법이다. 하나하나의 수습(修習)이 모두 마음으로부터 일어난다. 왜냐하면, 무릇 신수심법(身受心法)은 모두 자성(自性)이 없어 얻을 수 없음을 요달(了達)함이 바로 사념처(四念處)이다. 선법(善法)과 불선법(不善法)이 마음에서 화생(化生)함을 관찰함이 곧 사정근(四正勤)이다. 심성(心性)이 영통(靈通)하여 숨고 드러남에 자재함이 곧 사신족(四神足)이다. 신심(信心)이 견고하고 허공(虛空)처럼 맑음이 곧 오근(五根)과 오력(五力)이다. 각

심(覺心)이 일어나지 않음이 곧 칠각지(七覺支)이다. 심성(心性)을 바로 깨달아서 사(邪)와 정(正)에 영향 받지 않음이 바로 팔정도(八正道)이다.

不唯三十七品助道之法。塵沙佛法悉從心起。如入楞伽經偈云。爾時佛神力。復化作山城。所有諸眾等。皆悉見自身。入化楞伽中。如來神力作。亦同彼楞伽。諸山及園林。寶莊嚴亦爾。一一山中佛。皆有大慧問。如來悉為說。內身所證法。出百千妙聲。說此經法已。佛及諸佛子。一切隱不現。羅婆那夜叉。忽然見自身。在己本宮殿。更不見餘物。而作是思惟。向見者誰作。說法者為誰。是誰而聽聞。我所見何法。而有此等事。彼諸佛國土。及諸如來身。如此諸妙事。今皆何處去。為是夢所憶。為是幻所作。為是實城邑。為乾闥婆城。為是翳妄見。為是陽燄起。為夢石女生。為我見火輪。為見火輪烟。我所見云何。復自深思惟。諸法體如是。唯自心境界。內心能證知。而諸凡夫等。無明所覆障。虛妄心分別。而不能覺知。能見及所見。一切不可得。說者及所說。如是等亦無。佛法真實體。非有亦非無。法相恒如是。唯自心分別。

37조도품(助道品)만이 아니라 수많은 불법(佛法)이 모두 마음으로부터 일어난다.

<입능가경>의 게송(偈頌)에서 일렀다.

「이때 佛의 신력(神力)으로
다시 산성(山城)을 화작(化作)하니
모든 대중(大衆) 등이
다 자신(自身)의 몸이
화작(化作)된 능가성에 들어가 있음을 보았다.

여래(如來)의 神力으로 화작(化作)함이
또한 저 능가성과 마찬가지로
모든 산(山)과 원림(園林)도
보배로 장엄됨이 또한 그러하였다.

하나하나의 산중(山中)에 부처님이 계시며,
모두 다 대혜(大慧)가 질문하고 있었고,
여래(如來)께서 모두 설법하시니
內身에서 증득하신 법이다.

백천(百千)의 묘성(妙聲)으로 설하셨다.

이 경(經)을 설법하고 나니
佛과 모든 佛子들이
일체(一切)가 숨어서 보이지 않았다.

주심부와 유식

라바나야차(羅婆那夜叉)가
홀연 자신(自身)을 보니
자기(自己) 궁전에 있었고,
그 밖의 것들이 보이지 않았다.

그리하여 이렇게 사유(思惟)하였다.

"이제까지 본 것은 누가 지었으며,
법(法)을 설(說)한 자(者)는 누구이며,
청문(聽聞)한 자(者)는 누구이며,
내가 본 것은 어떠한 법(法)인가?

그리고 있었던 이러한 여러 일들,
저 모든 불국토와 모든 여래신(如來身),
이러한 여러 묘(妙)한 일들이
지금 모두 어디로 갔는가?

꿈속에서 기억(記憶)한 것들인가?
幻으로 지어진 것들인가?
실(實)다운 성읍(城邑)이었는가?
건달바성(乾闥婆城)과 같은 것이었는가?
병든 눈으로 망령되게 본 것이었는가?
아지랑이가 일어난 것이었는가?

꿈에 석녀(石女)가 아이를 낳은 것이었는가?
내가 화륜(火輪)을 본 것이었는가?
화륜의 연기(煙氣)를 본 것이었는가?
내가 본 것은 무엇이었는가?"

다시 스스로 깊이 사유(思惟)해보니
모든 것의 바탕은 이와 같았다.

"오직 자심(自心)의 경계(境界)일 뿐이며,
내심(內心)으로 능히 증지(證知)할 수 있는 것이니,
모든 범부(凡夫) 등은 무명(無明)으로 가리어져
허망(虛妄)한 마음으로 분별하므로
능히 각지(覺知)하질 못한다.

능견(能見)과 소견(所見)은
일체(一切) 얻을 수 없으며,
설자(說者)와 설(說)한 내용(內容),
이러한 것들도 모두 없다.

佛法의 진실(眞實)한 바탕은
비유(非有)이며 또한 비무(非無)이니
법상(法相)은 항상 이와 같아서

주심부와 유식

오직 자심(自心)의 분별(分別)이다."」

[심부(心賦) 378번]

包空而遍。匝界而周。

是以大忘天下。方能萬事無求。

火災欲壞之時。一吹頓滅。

공(空)을 포함하여 두루 하고, 법계(法界)를 둘러싸고 두루 하다.

이로써 크게 천하(天下)를 잊어야, 능히 만사(萬事)에 무구(無求)이다.

불이 세계를 괴멸(壞滅)할 때에, 한 번 불어서 단박에 겁화(劫火)를 멸한다.

[주(註)] 般若經云。三千大千世界劫火洞然時。菩薩能與一氣。欲令頓滅。應學般若。

　　<반야경>에서 일렀다.

　　「삼천대천세계가 겁화(劫火)로 텅 비게 될 때에, 보살이 능히 한 번 불어서 겁화(劫火)를 단박에 소멸시키고자 하면, 마땅히 반야(般若)를 배워야 한다.」

[심부(心賦) 379번]

세계장성지제。거념전수。
世界將成之際。舉念全收。

세계가 장차 이루어지는 때에
온 마음을 들어서 모두 거두어들인다.

[주(註)] 問。三界初因。四生元始。莫窮本末。罔辯根由。莊老指之爲自然。周孔諡之爲渾沌。最初起處。如何指南。答。欲知有情身土眞實。端由無先我心。更無餘法。謂心法刹那自類相續。無始時界。展轉流來。不斷不常。憑綠憑對。非氣非稟。唯識唯心。

　　묻는다: 삼계(三界)의 최초 원인과 사생(四生)의 원시(元始)에 대해서는 그 본말(本末)을 궁구할 수 없고, 그 근본(根本)연유(緣由)를 설명하지 못합니다. 장자(莊子)와 노자(老子)는 이를 가리켜 자연(自然)이라 하였고, 주공(周公)과 공자(孔子)는 이를 이름하여 혼돈(混沌)이라 하였습니다. 최초에 일어난 자리를 어떻게 찾을 수 있습니까?

　　답(答)한다: 유정(有情)의 몸과 국토(國土)의 진실을 알고자 한다면, 그 단서가 '내 마음' 보다 더 앞서는 것이 없고, 이 밖에 다른 법이 없다. 말하자면 심법(心法)이 찰나에 자류(自類)를 상속하니, 무시(無始)의 시간(時間)과 세계(世界)가 전전(展轉)하며 흘러오되, 단절(斷絕)되지도 않

　　　　　　　　　　　　주심부와 유식

고, 항상(恒常)하지도 않다. 반연(攀緣)함에 의지하고, 상
대(相對)에 의지하니, 氣도 아니고, 품(稟)도 아니며, 오직
식(識)이고 오직 심(心)일 뿐이다.

肇論鈔云。老子云。無名天地始。有名萬物母。若佛
敎意。則以如來藏性。轉變為識藏。從識藏變出根身器世
間一切種子。推其化本。即以如來藏性。為物始也。無生
無始。物之性也。生始不能動於性。即法性也。南齊沈約
均聖論云。然則有此天地以來。猶一念也。

　<조론초>肇論鈔에서 일렀다.「노자(老子)가 일렀다. 무
명(無名)이 천지의 시원(始原)이고, 유명(有名)이 만물의
어머니이다.」불교(佛敎)의 뜻에 의하면, 여래장성(如來藏
性)이 전변하여 식장(識藏: 藏識)이 되고, 식장(識藏)이 감
각기관과 몸과 기세간(器世間)의 모든 종자(種子)를 변출
(變出)한다. 그 변화의 근본을 추론하건대 바로 여래장성
이 만물의 시원이 되니, 무생(無生) 무시(無始)가 만물의 성
품이다. 생(生)과 시(始)가 성(性)에서 움직일 수 없는 것
이 곧 법성(法性)이다. 남제(南齊: 479-502) 때 심약(沈約:
441-513)이 <균성론>均聖論에서 일렀다.「그러하니 이 천
지(天地) 이래(以來)로 오직 일념(一念)이다.」

融大師問云。三界四生。以何為道本。以何為法用。
答。虛空為道本。森羅為法用。問。於中誰為造作者。

答。此中實無造作者。法界性自然生。可謂總持之門。萬
法之都矣。光未發處。尚無其名。念欲生時。似分其影。
初因強覺。漸起了知。見相纔分。心境頓現。

법융(法融)대사가 묻는다: 삼계(三界)의 사생(四生)이
무엇으로 도(道)의 본(本)을 삼고, 무엇으로 법(法)의 용
(用)을 삼는가?

답한다: 허공(虛空)이 도(道)의 본(本)이고, 삼라만상
(森羅萬象)이 법(法)의 용(用)이다.

묻는다: 이 가운데 누가 조작(造作)하는 자(者)인가?

답한다: 이 가운데 실(實)로 조작하는 자가 없다. 법계
(法界)의 성품(性品)은 자연(自然)히 생(生)한다.

가히 총지(總持)문(門)이라 할 것이며, 만법(萬法)의 도
읍(都邑)이라 할 것이다. 빛이 아직 미발(未發)한 곳에는 아
직 그 이름이 없다가, 생각이 생기려고 하는 때에 그 영상
(影像)을 나누는 듯하더니, 초인(初因)이 강하게 각지(覺知)
하면서 점차 요지(了知)가 일어나, 견분(見分)과 상분(相分)
으로 나누어지자마자, 마음과 경계가 단박에 나타난다.

首楞嚴經云。皆是覺明明了知性。因了發相。從妄見
生。山河大地。諸有為相。次第遷流。因此虛妄。終而復
始。釋曰。此皆最初因迷一法界故。不覺念起。念起即是
動相。動相即是第一業識。未分能所。乃覺明之咎也。從
此變作能緣。流成了相。即明了知性。為第二見分轉識。

後因見分而生相分。即因了發相。為第三相分現識。能所
纏分。盡成虛妄。

　<수능엄경>에서 일렀다.「부루나여! 모두 이 각명(覺
明)인 명료지성(明了知性)이 요(了)로 인하여 상(相)을 발
하니, 망견(妄見)에서 산하대지의 모든 유위상(有爲相)이
생기고, 차례로 천류(遷流)한다. 이러한 허망으로 인하여
끝이 나면 다시 시작한다.」

　해석(解釋)한다. 이는 모두 최초에 일법계(一法界)에 미
혹(迷惑)한 것이 원인이 되어서, 불각(不覺)인 염(念)이 일
어난 것이다. 念이 일어남은 곧 動相이고, 動相은 곧 제일
(第一) 업식(業識)인데, 아직 能(주관)과 所(객관)로 나누어
지지 않았으나 覺明이 허물이다. 이로부터 能緣을 變作하
여 흘러서 요상(了相)을 이루니 바로 (이것이) 명료지성(明
了知性)이며, 제이(第二) 견분(見分)인 전식(轉識)이다. 그
뒤에 見分을 인하여 相分이 생하니 곧 "요(了)로 인하여 상
(相)을 발함[因了發相]"이고, 곧 제삼(第三) 상분(相分)이
며 현식(現識)이다. 能과 所가 이제 나누어지자마자, 허망
한 것이 모두 이루어졌다.

　何者。見分生於翳眼。相分現於幻形。於是密對根
塵。堅生情執。從此隔開真性。分出湛圓。於內執受知
覺。作有識之身。於外離執想澄。成無情之土。遂使鏡中
之形影。滅而又生。夢裏之山河。終而復始。但以本源性

海。不從能所而生。湛爾圓明。照而常寂。祇為眾生違性
不了。背本圓明。執有所明。成於妄見。因明立所觀之
境。因所起能觀之心。能所相生。心境對待。隨緣失性。
莫反初原。不覺不知。以歷塵劫。

　왜 그러한가? 見分이 병든 눈에서 생기니, 相分이 환형
(幻形)에서 나타난다. 이에 근(根)과 진(塵)을 밀접하게 대
대(待對)하니, 견고하게 정집(情執)이 생기고, 이로부터 眞
性과 격리가 커진다. 담원(湛圓)에서 분출(分出)하여 안으
로 지각(知覺)을 집수(執受)하여 識身을 만들고, 밖으로 집
착을 떠나서 상징(想澄)하면 無情의 국토를 이룬다. 마침내
거울 속의 형영(形影)을 멸했다가 다시 생하고, 꿈속의 산
하(山河)가 사라졌다가 다시 나온다. 단지 본원(本源)의 성
해(性海)는 能과 所에 따라 생하는 것이 아니며, 맑고 圓明
하며, 비추되 항상 고요하다. 단지 중생이 眞性에 위배하여
알지 못할 뿐이다. 본래의 圓明에 위배하여 소명(所明)된
유(有)에 집착하여 망견(妄見)을 이룬다. 明으로 인하여 관
찰되는 경계를 세우고, 일어난 能觀의 心으로 인하여 능상
(能相)과 소상(所相)이 생긴다. 마음과 경계가 상대(相對)
하여 緣에 따라가면서 眞性을 잃는다. 처음의 근원을 돌아
가지 못하고, 不覺不知에 진겁(塵劫)을 거친다.

所以首楞嚴經云。佛言。富樓那。如汝所言。清淨本
然。云何忽生山河大地。汝常不聞如來宣說。性覺妙明。

本覺明妙。富樓那言。唯然。世尊。我常聞佛宣說斯義。
佛言。汝稱覺明。為復性明。稱名為覺。為覺不明。稱為
明覺。富樓那言。若此不明。名為覺者。則無所明。佛
言。若無所明。則無明覺。有所非覺。無所非明。無明又
非覺湛明性。

그래서 <수능엄경>에서 일렀다.

「부처님께서 말씀하셨다. "부루나여! 네가 말한 바와 같
이 '청정(淸淨)본연(本然)한데, 어떻게 산하(山河)대지(大
地)가 홀연(忽然)히 생겼는가?' 너는 여래(如來)가 항상 선
설(宣說)하시길, '성각(性覺)이 묘명(妙明)하고, 본각(本
覺)이 명묘(明妙)하다'고 한 것을 듣지 못하였느냐?"

부루나가 말하였다. "그렇습니다. 세존이시어! 저는 부
처님께서 이 뜻을 선설(宣說)하심을 항상 들었습니다."

부처님께서 말씀하셨다. "네가 말하는 각명(覺明)이란
것이, 성(性)이 명(明)한 것을 각(覺)이라 하느냐, 아니면
각(覺)이 불명(不明)하므로 각(覺)을 밝힌다고 명각(明覺)
이라 하느냐?"

부루나가 말하였다. "이 밝히지 않는 것을 각(覺)이라고
한다면 곧 밝힐 바가 없겠습니다."

부처님께서 말씀하셨다. "만약 밝힐 바가 없다면 명각
(明覺)이 없을 것이나, 밝히는 바가 있으면 覺이 아니고, 밝
히는 바가 없으면 明이 아니며, 명(明)이 없으면 또 각(覺)
의 맑고 밝은 성(性)이 아니다."

性覺必明。妄為明覺。覺非所明。因明立所。所既妄
立。生汝妄能。無同異中。熾然成異。異彼所異。因異立
同。同異發明。因此復立無同無異。如是擾亂相待生勞。
勞久發塵。自相渾濁。由是引起塵勞煩惱。起為世界。靜
成虛空。虛空為同。世界為異。彼無同異。真有為法。

　　성각(性覺)은 반드시 밝은데, 망령되이 밝힐 각(覺)이
되었다. 각(覺)은 밝힐 바가 아닌데 명(明)으로 인하여 소
(所)를 세웠다. 소(所)가 이미 망령되이 세워지면, 너의 망
령된 능(能)이 생긴다. 같고 다름이 없는 가운데서 치연하
게 다름을 이루니, 저 다른 바를 달리하면서 다름을 인하여
같음을 세운다. 같음과 다름이 발명(發明)하면서 이로 인해
다시 '같음도 없고 다름도 없음'을 세운다. 이와 같이 요란
스럽게 상대(相待)하니 피로(疲勞)가 생기고, 피로가 오래
쌓여 발진(發塵)하고, 자상(自相)이 혼탁(渾濁)하게 되었
다. 이로 말미암아 진로(塵勞)번뇌(煩惱)를 이끌어 일으킨
다. 일어나서 세계가 되고, 고요해서 허공이 되었으니, 허공
(虛空)은 같음이 되고, 세계(世界)는 다름이 되었다. 저 동
이(同異)가 없는 것이 참 유위법(有爲法)이다.

　　覺明空昧。相待成搖。故有風輪執持世界。因空生
搖。堅明立礙。彼金寶者明覺立堅。故有金輪保持國土。
堅覺寶成。搖明風出。風金相摩。故有火光為變化性。寶

明生潤。火光上蒸。故有水輪含十方界。

각명(覺明)과 공매(空昧)가 상대(相待)하여 요동(搖動)이 생겨서 까닭에 풍륜(風輪)이 세계(世界)를 집지(執持)한다. 공(空)으로 인하여 요동(搖動)이 생기고, 견명(堅明)이 장애를 세우니, 저 금보(金寶)는 명각(明覺)이 견고함을 세운 것이다. 까닭에 금륜(金輪)이 국토를 保持하게 되었다. 견고한 각(覺)에서 보(寶)를 이루고, 요동하는 明에서 바람이 나와서, 바람과 金이 서로 마찰하는 까닭에 火光이 있게 되고 변화하는 성품이 되었다. 寶의 明이 윤기(潤氣)를 생하고, 火光이 위로 증발하는 까닭에, 水輪이 있어서 十方界를 함윤(含潤)한다.

火騰水降。交發立堅。溼為巨海。乾為洲潬。以是義故。彼大海中。火光常起。彼洲潬中。江河常注。水勢劣火。結為高山。是故山石。擊則成燄。融則成水。土勢劣水。抽為草木。是故林藪。遇燒成土。因絞成水。交妄發生。遞相為種。以是因緣。世界相續。

불은 올라가고 물은 내려가서 서로 발생하여 굳음(堅)을 세우니, 습기는 바다가 되고 건조는 육지가 되었다. 이러한 뜻으로 저 큰 바다에는 火光이 항상 일어나고, 저 육지에는 江河가 항상 흐른다. 물의 세력이 불보다 약(弱)하면 맺혀서 높은 산이 되므로, 山石이 부딪치면 불이 나고, 녹으면 물이 된다. 土의 세력이 水보다 저열하면 솟아나서 초목이 된다. 이 까닭에 숲이 불타면 흙이 되고, 쥐어짜면 물이 된다. 망(妄)이 얽혀서 발생하면서 번갈아 서로 종자(種子)가 되는데, 이러한 인연으로 세계(世界)가 상속(相續)한다.」

釋曰。此二覺義。幽旨難明。若欲指陳。須分皂白。大約經論。有二種覺。一性覺。二本覺。有二種般若。一本覺般若。二始覺般若。有二種心。一自性清淨心。二離垢清淨心。有二種真如。一在纏真如。二出纏真如。此八種名。隨義分異。體即常同。今一切眾生。祇具性覺。本覺般若。自性清淨心。在纏真如等。於清淨本然中。妄忽生於山河大地。以在纏未離障故。未得出纏真如等。

해석(解釋)한다: 이 이각(二覺)의 뜻은 그 깊은 요지를 설명하기가 어렵다.[24] 만약 가리켜 설명하고자 하건대 반드시 흑백(黑白)을 가려야 한다. 경론(經論)을 크게 요약하면 2종의 각(覺)이 있다. 하나는 성각(性覺)이고, 둘은 본각(本覺)이다. 다시 2종의 반야(般若)가 있으니 (1)은 본각(本覺)반야이고 (2)는 시각(始覺)반야이다. 다시 2종의 心이 있으니 (1)은 자성청정심(自性清淨心)이고, (2)는 이구청정심(離垢清淨心)이다. 다시 2종의 진여(眞如)가 있으니

---

24) 연수대사가 인용한 소(疏)는 숭복사(崇福寺) 유의(惟懿)법사의 소(疏)인 <현찬>(玄贊)과 위북(魏北) 관도(館陶)사문 혜진(慧振)의 소(疏), 그리고 촉(蜀) 자중(資中) 홍연(弘沇)법사의 소(疏)를 말한다. 현재 남아 있지 않다.

주심부와 유식

(1)은 재전진여(在纏眞如)이고, (2)는 출전진여(出纏眞如)이다. 이 8종의 이름은 뜻에 따라 차이(差異)를 둔 것이고, 바탕은 항상 같다. 지금 일체(一切)중생(衆生)은 단지 性覺과 本覺般若와 自性清淨心과 在纏眞如만 갖추고 있다. 청정(清淨)본연(本然)한 가운데 망령되이 홀연히 산하대지가 생겼다. 얽매여 있어서[在纏] 아직 장애(障碍)를 떠나지 못한 까닭에 아직은 출전진여(出纏眞如) 등을 얻지 못하였다.

若十方諸佛。二覺俱圓。已具出纏眞如等。無有妄想塵勞。永合清淨本然。則不更生山河大地諸有爲相。如金出礦。終不更染塵泥。似木成灰。豈有再生枝葉。將此二覺。已豁疑情。如疏釋云。世界相續文中有三。一先辯二眞。二明其三相。三明其四輪。

시방(十方)제불(諸佛)은 이각(二覺)을 모두 원만히 갖추어서, 이미 출전진여(出纏眞如) 등을 구족하여 망상(妄想)과 진로(塵勞)가 없으며, 영원히 청정(清淨)본연(本然)에 합치한다. 그래서 다시는 山河大地와 모든 有爲相을 생하지 않는다. 마치 광석(礦石)에서 나온 金이 다시는 먼지나 진흙에 오염되지 않는 것과 같다. 나무가 잿더미가 되면 다시는 가지와 잎을 내지 않는 것과 같다. 이 二覺으로 이미 의심이 활연히 풀어졌다. 저 <소석(疏釋)>에서 일렀다. 「세계가 상속한다」는 글 가운데 세 개가 있다. (1)은 먼저 이진(二眞)을 설명하고, (2)는 삼상(三相)을 설명하고, (3)

은 사륜(四輪)을 설명한다.

　　且第一先辯二眞者。經曰。佛言。富樓那。如汝所
言。淸淨本然。云何忽生山河大地。汝常不聞如來宣說。
性覺妙明。本覺明妙。富樓那言。唯然。世尊。我常聞佛
宣說斯義。釋曰。言二眞者。一性覺妙明。二本覺明妙
也。性覺妙明者。是自性淸淨心。卽如來藏性。在纏眞如
等。本性淸淨。不爲煩惱所染。名爲性覺。本覺明妙者。
出纏眞如也。從無分別智。覺盡無始妄念。名究竟覺。始
覺卽本覺。悟本之覺。名爲本覺。

　　이제 먼저 이진(二眞)을 설명한다. 경(經)에서 일렀다.

　「부처님께서 말씀하셨다. "부루나여! 네가 말한 바와 같
이 청정(淸淨)본연(本然)한데 어떻게 산하(山河)대지(大
地)가 홀연히 나왔는가? 너는 여래(如來)가 항상 선설(宣
說)하시길, '性覺이 妙明하고, 本覺이 明妙하다'고 한 것을
듣지 못하였느냐?" 부루나가 말하였다. "그렇습니다. 세존
(世尊)이시어! 저는 부처님께서 이 뜻을 선설(宣說)하심을
항상 들었습니다."」

　　해석(解釋)한다: 이진(二眞)이라고 함은, (1)은 性覺이
妙明함이고, (2)는 本覺이 妙明함이다. 性覺이 妙明함이란
自性淸淨心이니 바로 여래장성(如來藏性), 재전진여 (在
纏眞如) 등이다. 본성(本性)이 청정(淸淨)하여 번뇌에 물들
지 않으니 性覺이라 부른다. 本覺이 明妙함이란, 출전진여

(出纏眞如)이다. 무분별지(無分別智)로 좇아서 무시(無始)
망념(妄念)을 覺하여 다 소멸함을 구경각(究竟覺)이라 부
른다. 始覺이 곧 本覺이니, 근본인 覺을 깨달으니 本覺이라
부른다.

故起信論。於眞如門。名為性覺。於生滅門。名為本
覺。由迷此性覺。而有妄念。妄念若盡。而立本覺。以性
覺。不從能所而生。非假修證而得。本自妙而常明。以眞
如之性。性自了故。故云性覺妙明。以始覺般若。明性覺
之妙。故云本覺明妙。又以始覺之智。了本性故。則本覺
明妙。故經中常說眞如。為迷悟依。故言我常聞佛宣說斯
義。以本性清淨。是性覺義。但以性中說覺。如木中火
性。非是悟己。而更起迷。故悟時始立本覺之號。悟本覺
己。更不復迷。故將二覺之名。以答富樓那難訖。

까닭에 <기신론>에서 眞如門에서는 性覺이라 부르고,
생멸문(生滅門)에서는 本覺이라 부른다. 이 性覺을 미혹함
으로 말미암아 망념(妄念)이 있고, 망념(妄念)이 소멸하면
本覺을 세운다. 性覺은 能과 所로부터 생하는 것이 아니고,
修證을 통하여 얻어지는 것이 아니라 본래 스스로 묘(妙)
하고 상명(常明)하다. 眞如의 性은 性이 스스로 요지(了知)
하므로 까닭에 性覺이 妙明하다고 한다. 始覺 반야(般若)
는 性覺의 妙를 밝히므로 까닭에 本覺이 明妙함이라 하였
다. 또 始覺의 智로써 본성을 요달(了達)하는 까닭에 本覺

이 明妙하다. 때문에 경(經)에서 항상 진여(眞如)를 설명하되, 「미혹과 깨달음에 의지한다」고 하였다. 까닭에 말하길, "저는 부처님께서 이 뜻을 선설(宣說)하심을 항상 들었습니다"라고 하였다. 본성(本性)이 청정함은, 이것이 性覺의 뜻이다. 단지 '性 중의 覺'을 설함은 마치 '나무 중의 화성'을 설함과 같아서, '깨달음'이 아니고 '미혹(迷惑)을 일으킴'이다. 까닭에 깨달은 때에 本覺의 칭호를 세운 것이다. 本覺을 깨달았으면 다시는 미혹에 돌아가지 않는다. 까닭에 二覺의 이름을 가지고 부루나(富樓那)의 질문에 답하여 마쳤다.

上來雖於迷悟二門。說二覺相。而未廣辯起妄因由。先真後妄。故次下明。即當第二明三相門。文分為二。初立因相。次立果相。即起信論三細義。初立因相。文又分三。第一總問覺明之號。第二別答能所斯分。第三同異發明。結成三相。且初總問覺明之號者。經曰。佛言。汝稱覺明。為復性明。稱名為覺。為覺不明。稱為明覺。釋曰。何故作此問耶。謂前標二覺之號。性體即是覺明。妄起必託於真。故使依真起問。且佛問意。汝稱覺明。為復覺性自明。名為覺明。為復覺體不明。能覺於明。故稱覺明是明之覺。

위에서 비록 미오(迷悟)의 二門으로 이각(二覺)의 相을 설하였지만 아직 망념이 일어나는 인유(因由)에 대해서는

　　　　　　　　　　　　주심부와 유식

널리 설명하지 못하였다. 먼저 眞을 설하고 나중에 妄을 설하니, 다음으로 설명하니 바로 第二 三相門을 설명한다. 글을 나누어 둘로 하고, 먼저 因相을 세우고, 다음에 果相을 세웠다. 즉 <기신론>의 三細義이다. 처음에 因相을 세운 글을 나누어 셋으로 한다. 第一은 총문(總問)으로 覺明의 칭호에 대해 물었고, 第二는 별답(別答)으로 能과 所로 나누고, 第三은 同과 異로 發明하여 三相이 결성된다.

第一, 覺明의 칭호에 대해 총문(總問)한 것은, 경(經)에서 일렀다.「부처님이 말씀하셨다. "네가 말하는 각명(覺明)이란 것이, 성(性)이 명(明)한 것을 각(覺)이라 하느냐, 아니면 각(覺)이 불명(不明)하므로 각(覺)을 밝힌다는 명각(明覺)이라 하느냐?"」

해석(解釋)한다: 무슨 까닭에 이런 질문을 하였는가? 앞에서 二覺의 명칭을 제시하니, 性體가 곧 覺明이니, 망(妄)이 반드시 진(眞)에 의탁하여 일어나기 때문에, 眞에 의거하여 질문을 일으킨 것이다. 또 佛이 물은 뜻은, 네가 '覺明'이라고 칭하는데, 이것은 覺性이 自明함을 이름하여 覺明이라 한 것이냐? 아니면 覺體가 不明하므로 능히 明하도록 깨우치게 하는 것을 覺明이라 칭하느냐?

第二別答能所斯分者。經曰。富樓那言。若此不明。名爲覺者。則無所明。釋曰。準富樓那答意。必有所明當情。爲其所覺。若無覺之明。則無覺明之號。但可稱覺。

而無所明。故云則無所明。據佛本意。性覺體性自明。不因能覺所明。方稱覺明。以真如自體。有大智慧光明義故。祇緣迷一法界。強分能所。故成於妄。

第二, '別答으로 能과 所로 나눈 것'을 경(經)에서 일렀다.「부루나가 말하였다. "이 불명(不明)을 이름 하여 각(覺)이라 한다면 명(明)할 바가 없겠습니다."」

해석(解釋)한다: 부루나가 답한 뜻에 준(準)하면 반드시 당정(當情)으로 明할 바가 있어야 그 所覺이 된다는 뜻이니, 만약 覺의 明이 없으면 覺明의 명호도 없게 된다. 단지 覺이라 칭할 수 있을 뿐이고 明할 바가 없다. 까닭에 이르길, '明할 바가 없다'고 하였다. 부처님의 본의(本意)에 의하면, 性覺의 체성이 自明하니, 能覺과 所明에 인하지 아니하여도 覺明이라 칭할 수 있다는 것이다. 진여(眞如) 자체(自體)는 '대지혜광명이 있다'는 뜻이므로, 단지 一法界에 미혹(迷惑)함에 연유하여 강제로 能과 所로 나뉘기 때문에 망(妄)을 이루게 된 것이다.

第三同異發明。結成三相者。經曰。佛言。若無所明。則無明覺。有所非覺。無所非明。無明又非覺湛明性。性覺必明。妄為明覺。覺非所明。因明立所。所既妄立。生汝妄能。無同異中。熾然成異。異彼所異。因異立同。同異發明。因此復立無同無異。釋曰。此文正釋迷真起妄之相也。若無所明。則無明覺者。牒富樓那語也。有所非覺。無所非明者。正破也。

第三, '同과 異가 發明하여 三相을 결성한다'를, 경(經)
에서 일렀다. 「부처님께서 말씀하셨다. "만약 명(明)할 것
이 없다면 명각(明覺)이 없을 것이나, 밝히는 바가 있으면
覺이 아니고, 밝히는 바가 없으면 明이 아니다. 명(明)이 없
으면 또 각(覺)의 맑고 밝은 성(性)이 아니다. 성각(性覺)은
반드시 밝은데, 망령되이 밝힐 각(覺)이 되었다. 각(覺)은
밝힐 바가 아닌데 명(明)으로 인하여 소(所)를 세웠다. 소
(所)가 이미 망령되이 세워지면, 너의 망령된 능(能)이 생긴
다. 같고 다름이 없는 가운데서 치연(熾然)하게 다름을 이
루니, 저 다른 바를 달리하면서 다름을 인하여 같음을 세운
다. 같음과 다름이 발명(發明)하면서 이로 인해 다시 '같음
도 없고 다름도 없음'을 세운다.」

해석(解釋)한다: 이 문단은 진(眞)에 미혹(迷惑)하여 망
(妄)을 일으키는 양상(樣相)을 바로 해석하였다. '만약 명
(明)할 것이 없다면 명각(明覺)이 없다'는 말은, 부루나의
말이다. '밝히는 바가 있으면 覺이 아니고, 밝히는 바가 없
으면 明이 아니다'라는 말은 바로 논파(論破)한 것이다.

若要因所明。方稱覺明者。此乃因他而立。非自性
覺。故言有所非覺。如緣塵分別。而有妄心。離塵則無有
體。豈成真覺。又釋。若以不明。名為覺者。則無所明
者。故知覺體。本無明相。佛證真際。實不見明。若見於

明。即是所明。既立所明。便有能覺。但除能所之明。方
稱妙明。此妙之明。是不明之明。不同所明故。

만약 명(明)할 바를 요인(要因)으로 해야만 바야흐로 覺
明이라 칭할 수 있다면, 이는 곧 타(他)를 인(因)하여 세워
진 것이니 자성각(自性覺)이 아니다. 까닭에 유소비각(有
所非覺)이라고 했다. 마치 진(塵)을 반연하여 분별(分別)하
면 망심(妄心)이 있지만, 진(塵)을 떠나면 바탕이 없으므로
어찌 진각(眞覺)을 이루겠는가!

또 해석(解釋)한다. "이 밝히지 않는 것을 각(覺)이라
고 한다면 곧 밝힐 바가 없겠습니다."라고 하니, 覺體에 본
래 明相이 없음을 알겠다. 佛이 眞際를 증득하니, 실(實)로
견명(見明)이 아니다. 만약 明을 본다면 곧 이것은 소명(所
明)이고, 이미 소명(所明)이 생겼다면 바로 능각(能覺)이
있다는 것이 된다. 단지 能과 所의 明을 제거하여야 바야흐
로 묘명(妙明)이라 할 수 있다. 이 妙한 明은 不明의 明이
니, 所明과는 같지 않기 때문이다.

華嚴經云。無見即是見。能見一切法。肇論云。般若
無知。無所不知矣。若因明起照。則隨照失宗。此則元因
覺明起照生所。所立照性遂亡。則是識精元明。能生諸
緣。緣所遺者。乃是但隨能緣之相。覆眞唯識性。一向
能所相生。如風鼓水。波浪相續。澄湛之性。隱而不現。
後此迷妄生虛空之相。復因虛空成立世界之形。於眞空一

주심부와 유식

心。畢竟無同異中。熾然建立。成諸法究竟之異。皆因情想擾亂。勞發世界之塵。迷妄昏沈。引起虛空之界。分世界差別為異。立虛空清淨為同。於分別識中。又立無同無異。皆是有為之法。盡成生滅之緣。未洞本心。終成戲論。

<화엄경>에서 일렀다. 「무견(無見)이 바로 見이며, 능히 일체법(一切法)을 見한다.」 <조론>에서 일렀다. 「반야는 무지(無知)이므로 知하지 못함이 없다.」 만약 明을 인(因)하여 照를 일으키면, 곧 照를 따라가기 때문에 종지(宗旨)를 잃는다. 이것은 원래 覺明으로 인(因)하여 조(照)가 일어나면서 所가 생기고, 所를 세우면 조성(照性)이 마침내 사라진다. 즉 이것이 '識情이 元明하여 능히 제연(諸緣)을 생하는데, 제연(諸緣) 때문에 유실(遺失)되고 말았다.' 단지 能緣의 相을 따랐을 뿐인데, 眞唯識性을 덮어서 항상 能과 所의 相을 생하게 된다. 마치 바람이 물을 고동치게 하여 파랑이 일면, 징담(澄湛)의 性이 숨어서 드러나지 않는 것과 같다. 그 후(後)로 이 미망(迷妄)이 허공(虛空)의 相을 생하고, 다시 허공으로 인하여 세계(世界)의 형상이 성립된다. 진공(眞空) 일심(一心)이 필경에 同과 異가 없는 가운데서 치연(熾然)히 건립(建立)하여, 제법(諸法)이 구경에 다르다는 것을 이룬다. 모든 것이 정상(情想)이 요란(擾亂)하여 세계(世界)라는 육진(六塵)을 노발(勞發)한다. 미망(迷妄)으로 혼침(惛沈)하여 허공(虛空)에 세계(世界)를 끌

어 일으키는데, 세계를 차별(差別)지게 나누어서 다름[異]을 삼고, 허공(虛空)에서 청정(淸淨)을 세워 같음[同]으로 삼는다. 分別識 가운데서 또 無同과 無異를 세우니 모두 有爲法이며, 모두 다 生滅의 緣을 이룬다. 本心에 통하지 못하고 끝내 戲論을 이룬다.

無所非明者。若能覺之體。要因所明。方稱覺明者。若無所覺之明。則能覺之體。便非是明。故云無所非明。故知覺之與明。互相假立。本無自體。豈成自性覺。故云有所非覺。無所非明。此文雖簡約。道理昭然。無明又非覺湛明性者。縱破也。顯妄覺之體。無湛明之用。若言但覺於明。何須覺體自明者。則自性非明。便無覺湛之用。故云無明又非覺湛明性。

"밝히는 바가 없으면 明이 아니며"에서, "만약 能覺의 體가 所明을 인(因)함이 필요하다면, 비로소 覺明이라 칭할 수 있다" 란 것은, 만약에 소각(所覺)인 明이 없다면 能覺의 체가 바로 明이 아니다. 까닭에 '소(所)가 없으면 명(明)이 아니다'라고 하였다. 까닭에 知覺과 明이 서로 가립(假立)한 것이어서 본래 자체(自體)가 없는 것인데, 어찌 自性覺을 이룰 수가 있겠는가! 까닭에 이르길, "밝히는 바가 있으면 覺이 아니고, 밝히는 바가 없으면 明이 아니다" 라고 하였다. 이 문단은 비록 간약(簡約)하지만 도리(道理)가 분명하다.

주심부와 유식

"명(明)이 없으면 또 각(覺)의 맑고 밝은 성(性)이 아니다."고 한 것은, 종(縱)으로 논파한 것이다. 망각(妄覺)의 體에는 맑고 밝은 작용이 없음을 드러내었다. 만약 단지 明을 覺하는 것을 말한다면, 覺體가 自明할 필요가 있겠는가! 그러니 自性이 非明이어서 바로 각담(覺湛)인 작용(作用)이 없다는 것이다. 그래서 "명(明)이 없으면 또 각(覺)의 맑고 밝은 성(性)이 아니다."라고 하였다.

性覺必明。妄為明覺者。釋妄覺託真之相也。何以得知妄覺初起。有覺明之相耶。祇緣性覺必有真明。所以妄覺託此性明。而起影明之覺。執影像之明。起攀緣之覺。迷真認影。見相二分。自此而生。覺明之號。因茲而立。問曰。此之妄覺。為見性明而起。為不見明而起。若見真明。不合成妄。若不見真。則不名為覺明。答曰。本性真明。非妄所見。妄心想像。變影而緣。不了從自影生。妄謂見明之覺。以初無別相。唯有真明。妄心想像此明。故有覺明之號。

"性覺은 반드시 明한데, 허망하게 밝힐 覺이 되었다"는 것은, 망각(妄覺)이 眞相에 의탁(依託)한 모습을 해석하고 있다. 어찌하여 망각이 처음 일어난 때에 覺明의 相이 있음을 알 수 있는가? 단지 性覺에 반연하면 반드시 眞明이 있으니, 까닭에 妄覺이 이 性明에 의탁하여 影明의 覺을 일으키고, 영상(影像)의 明을 집착하여, 반연(攀緣)하는 覺을

일으키고, 眞에 미혹하여 영상(影像)을 인지(認知)하니 見
分과 相分이 이로부터 생겼다. 覺明이란 명칭이 이로 인하
여 세워졌다.

묻는다: 이 妄覺은 性明을 見하여 일어나는가? 明을 見
하지 못하여서 일어나는가? 만약 眞明을 見하면 妄이 되지
않을 것이고, 만약 眞을 見하지 못하면 覺明이라 이름하지
못할 것이다.

답(答)한다: 本性인 眞明은 妄으로 見함이 아니다. 망심
이 想像하여, 변화된 影像에 緣하니, 자기의 영상으로부터
생긴 것임을 알지 못하고서, 망령되게 말하길, '明의 覺을
見하였다'고 한다. 처음에 別相이 없었고 오직 眞明만 있었
는데, 망심이 이 明을 想像하는 까닭에 覺明의 호칭이 있게
되었다.

覺非所明。因明立所者。次下正明三相。相因而起
也。夫一眞之覺。體性雖明。不分能所。故云覺非所明。
由影明起覺。能所即分。故云因明立所。

"覺은 밝힐 바가 아닌데 能明으로 인하여 所明이 세워
졌다"고 한 것을 아래에서 三相으로 바로 설명하여 相에
因하여 생긴 것이라고 한다. 무릇 一眞의 覺은 體性이 비
록 明하지만 能과 所로 나누어지지 않았다. 그래서 이르길,
'覺은 밝힐 바가 아니다.'고 하였다. 影明으로 말미암아 覺
이 일어나면서 能과 所로 바로 나누어진다. 까닭에 이르길,

주심부와 유식

'能明으로 인하여 所明이 세워졌다'고 하였다.

　　所既妄立。生汝妄能。無同異中。熾然成異者。最初立異相也。即如起信云。由不如實知真如法一故。不覺心起。而有其念。名為動相。即是業相。既云不了一法界相。不覺而起。即是無同異中。熾然成異。

　　"所明이 이미 허망하게 세워지니 너의 허망한 能明이 생기게 되었다. 同異가 없는 가운데 熾然하게 異를 이룬다"고 한 것은, 최초에 異相을 세운 것을 말한다. 저 <기신론>에서 일렀다. 「眞如法이 하나임을 如實하게 알지 못하는 까닭에 不覺心이 일어나 그 念이 있게 되니 動相이라 부른다.」 즉 業相이다. 이미 '하나인 法界相을 요달하지 못하여 不覺이 일어나니, 바로 이것이 同異가 없는 가운데 熾然하게 異를 이룬다.

　　異彼所異。因異立同者。即轉相也。異彼動相。故云異彼所異。初之動相。異一真故。此之同相。異動相故。因異立同者。前之初起。名之為動。動必有靜。相形而立。故云因異立同。靜相似真。故名同相。

　　"저 所異와 異하여서 異로 인하여 同을 세운다"는 것은 곧 轉相이다. 저 動相과 다른 까닭에 '저 所異와 異하여서'라고 하였다. 최초의 動相은 一眞과 다른 까닭에 이 同相은 動相과 다르다. '異로 인하여 同을 세운다'란, 앞의 최초 일어남을 이름하여 動이라 하였는데, 動에는 반드시 靜이 있게 되는데 相形이 세워졌기 때문에 이르길, '異로 인하여 同을 세운다'라고 하였다. 靜相은 眞과 비슷한 까닭에 이름하여 同相이라 하였다.

同異發明。因此復立無同無異者。即現相也。形前二相而立。故云同異發明。非前二相。故云因此復立無同無異。起信即云。業相。轉相。現相。此經即云。異相。同相。無同異相。此為無明強覺。能所初分。展轉相形。立此三相。以剎那生住異滅。體雖總是賴耶。約生滅相熏。有其因種。因必有果。約當現行。所感位別。至果相中。當廣料簡。

"同과 異로 發明되니 이로 인하여 다시 無同無異가 세워진다."라고 한 것은 즉 現相이다. 모습 이전의 二相[業相과 轉相]이 세워진 까닭에 이르길, '同과 異가 發明되니'라고 하였다. 앞의 二相이 아니므로 이르길, '이로 인하여 다시 無同無異가 세워진다'고 하였다. 바로 <기신론>에서는 業相·轉相·現相이며, 이 經에서는 異相·同相·無同無異相이다. 이것은 無明이 覺을 강요하여 能과 所로 처음 나누고 형상으로 전전(展轉)하면서 이 三相을 세우면서 剎那에 생주이멸(生住異滅)한다. 바탕은 모두가 阿賴耶識이지만, 生滅하여 서로 熏習하므로, 그 因이 되는 種子가 있고, 因에 반드시 果가 있게 된다. 現行하는 당시에는 所感한 자리에

구별이 있게 되어 果相에 이르기까지 널리 料簡해야 한다.

第二果相者。經曰。如是擾亂。相待成勞。勞久發
塵。自相渾濁。由是引起塵勞煩惱。起為世界。靜成虛
空。虛空為同。世界為異。彼無同異。真有為法。釋曰。
彼前三相。互相形待。刹那刹那。生住異滅。動息不住。
相待成勞。勞久發塵。自相渾濁者。勞是勞累。塵是塵
垢。既迷清淨之體。亂成塵想。塵想相渾。能覆真性。故
名為濁。由是引起塵勞煩惱者。覺明熏習。積妄成塵。擾
惱相熏。故名煩惱。

第二, 과상(果相)이란 것은, 경(經)에서 일렀다. 「이와
같이 요란(擾亂)하게 相待하니 疲勞가 이루어지고, 피로가
오래되면 진(塵)이 발생되고, 自相이 혼탁하니, 이로 말미
암아 진로(塵勞)와 번뇌(煩惱)를 이끌어 일으킨다. 일어나
서 세계가 되고, 고요하면 허공이 되니, 허공은 같음[同]이
되고 세계는 다름[異]이 된다. 저 無同異가 참으로 有為法
이다.」

解釋한다. 저 앞의 三相은 서로 모습을 相待하며 찰나
찰나에 生住異滅하고, 움직이고 쉬는 것을 머무르지 않는
다. 相待함에 피곤해지고, 피곤함이 오래되면 육진(六塵)이
발생된다. '자상(自相)이 어지럽게 혼탁된다'라고 한 것은
노(勞)는 노루(勞累)이고, 진(塵)은 진구(塵垢)인데 이미 청
정(淸淨)한 체를 미혹(迷惑)하여 어지러움이 진상(塵想)을

이루고, 진상(塵想)이 서로 혼탁(渾濁)하면서 능히 眞性을 덮어버리므로 까닭에 이름하여 탁(濁)이라 하였다. '이로 말미암아 진로(塵勞)와 번뇌를 이끌어 일으킨다'는 말은, 覺明이 훈습(熏習)되어 積妄하고 成塵하여, 요란과 번뇌가 서로 훈습되는 까닭에 이름하여 煩惱라고 한다.

起為世界。靜成虛空者。果相現前也。起是動相。動即是風。四風動搖。積成世界。故云起為世界。動息之處。即名為靜。是前同相。結成虛空。故云虛空為同。世界為異。彼無同異。真有為法者。彼前無同異相。結成有情含藏識也。此之識體。無分別性。故云無同無異。而能變起一切之相。故云真有為法。自後一切諸塵境界。能熏所熏。隨所發現。皆從此識而生。故起信論名為現識。能現六塵境界故。

'일어나서 세계가 되고, 고요하면 허공을 이룬다'란 果相이 현전한 것이다. 일어남은 動相이고, 動함은 곧 風이다. 四風이 동요하며 쌓여서 世界를 이룬다. 까닭에 이르길, '일어나서 세계가 된다'고 하였다. 動함이 멈추는 자리가 곧 정(靜)이다. 앞의 同相은 虛空을 결성한다. 까닭에 이르길, '허공이 同이 되고, 세계는 異가 된다'고 하였다.

'저 同異가 없는 것이 참 유위법이다'라고 한 것은, 저 앞의 同異가 없는 相이 有情의 함장식(含藏識)을 결성한다. 이는 識體이고, 無分別性이다. 까닭에 이르길, '無同無

異이다'고 하였다. 능히 一切의 相을 變起하는 까닭에 이르길, '참 有爲法이다'고 하였다. 그로부터 一切의 諸塵 境界가 능훈(能熏)이 되고 소훈(所熏)이 되어 곳에 따라 發現한다. 모두 이 識으로부터 생긴다. 까닭에 <기신론>에서 이름하여 '現識'이라 하였으니, 능히 육진(六塵) 경계를 드러내는 까닭이다.

問曰。起信三相。總是賴耶。何故此中。別配現識。答曰。此之三相。總是無明。前後相熏。分能立所。起信攬前因種。總是賴耶。此經以果相現行。分能變所變。即世界爲所變。現識爲能變。能變既是賴耶。故配現識。又起信論云。不生滅與生滅和合。非一非異。名阿黎耶識。即此經無同無異相。名阿賴耶識。起信舉初攝後。此經舉後攝初。因門果門。體亦不別。

묻는다: <기신론>의 삼상(三相)은 모두 아뢰야식인데, 무슨 까닭에 여기에서는 따로 현식(現識)을 두는가?

답(答)한다: 이 三相은 모두 無明이어서 전후에 서로 훈습하며 能과 所로 分立된다. <기신론>은 앞의 因種을 취하여 모두 아뢰야식이라 한다. 이 경(經)에서는 果相의 現行이라는 면에서 能變과 所變으로 나누었다. 즉 世界는 所變이고, 現識은 能變이다. 能變이 이미 아뢰야식인 까닭에 現識에 배치하였다. 또 <기신론>에서 일렀다. 「不生滅과 生滅이 和合하여서 非一非異임을 아뢰야식이라 부른다.」

즉 이 경(經)에서 '同異가 없는 相을 아뢰야식이라 부른다.
<기신론>에서는 初(種因)를 들어 後(果相)을 아울렀고, 이
경(經)에서는 後(果相)를 들어 初(種因)를 아울렀다. 因門
과 果門은 그 바탕이 또한 별개가 아니다.

第三明四輪成世界。即承前三相。起為世界。靜為虛
空。彼無同異真有為法。既言世界虛空。及有情相。世界
即地水火風四輪。次第從何妄想變此。不同有情。即內根
外塵。四生業果。受報輪迴。此之分位。即有眾生相續。
業果相續。自此已下。一一廣明。

第三, 四輪이 세계를 이룸을 설명함은 곧 앞의 三相에
이어진다. 일어나서 세계가 되고, 고요해서 허공이 된다는
것이다. 저 同異가 없는 것이 참 유위법이다. 이미 세계(世
界)와 허공(虛空) 및 유정상(有情相)을 언급하였다. 세계
(世界)는 즉 지수화풍(地水火風)인 四輪이 次第로 어떤 망
상(妄想)으로부터 이렇게 변(變)한 것인가? 부동(不同)인
유정(有情)은 內根과 외진(外塵)에 즉(即)하며, 四生의 業
果로 과보를 받아 윤회(輪迴)한다. 이 分位에는 바로 중생
상속과 業果상속이 있다. 이하(以下)의 글에서 하나하나 널
리 설명한다.

今此且辯四輪成世界。文又分二。初明四輪成界。後
辯草木山川。且四輪成界者。經曰。覺明空昧。相待成

주심부와 유식

搖。故有風輪執持世界。因空生搖。堅明立礙。彼金寶者
明覺立堅。故有金輪保持國土。堅覺寶成。搖明風出。風
金相摩。故有火光為變化性。寶明生潤。火光上蒸。故有
水輪含十方界。

이제 여기에서 또 四輪이 세계를 이룸에 대해 설명하였
다. 글은 또 둘로 나누어진다. 처음은 四輪이 세계를 이룸에
대해 설명하였고, 뒤에서는 초목 산천에 대해 설명하였다.

먼저 '四輪이 세계를 이룬다'고 하니, 경(經)에서 일렀다.

「覺明과 空昧가 相待하여 搖動이 이루어진다. 까닭에
風輪이 세계를 집지(執持)한다. 虛空을 인하여 搖動이 생
기고, 堅과 明이 장애(障礙)를 세운다. 저 金寶란 것은 明覺
이 堅固를 세운 까닭에 金輪이 국토를 保持하고 堅을 세운
다. 까닭에 金輪이 국토를 保持한다. 堅覺에서 보배가 이루
어지니 搖明에서 風이 나온다. 風과 金이 서로 마찰하는 까
닭에 火光이 변화하는 성품을 갖게 된다. 寶明이 윤기(潤
氣)를 생하니 火光이 위로 증발하므로, 까닭에 水輪이 있어
서 十方界를 含潤한다.」

釋曰。覺明空昧。相待成搖者。釋風輪及空界相也。
由初妄覺。影明不了。遂成空昧。如障明生暗。二相相
形。覺明即是動相。空昧即是靜相。一明一昧。一動一
靜。刹那相生。如風激浪。相待不息。於內初起。即名為
搖。於外即成風輪世界。是故世界之初。風輪為始。空昧

即是虛空。旣無形相。不名世界。

解釋한다. "覺明과 空昧가 相待하여 搖動이 이루어진다"고 함은, 風輪과 空界가 相待함을 해설한 것이다. 처음 妄覺(知覺)으로 말미암아 影明을 모르고, 마침내 空昧를 이룬다. 마치 밝음을 막으면 어둠이 생기는 것과 같다. 二相의 모습이 覺明은 곧 動相이고, 空昧는 곧 靜相이다. 하나는 明하고 하나는 暗하며, 하나는 動하고 하나는 靜하여, 찰나에 서로 생함이 마치 바람이 파도를 쳐서 相待함이 그치지 않는 것과 같다. 안에서 初起함을 搖動이라 하는데, 밖에서는 곧 風輪세계를 이룬다. 이 까닭에 세계의 처음은 풍륜을 始發로 한다. 空昧는 곧 허공이니, 이미 형상이 없어서 세계라 부르지 않는다.

因空生搖。堅明立礙者。釋地相也。因空異明。相待成搖。搖能堅明。以成於礙。如胎遇風。即成堅礙。亦是執明生礙我。於內即是覺明堅執。於外即成金寶。故云彼金寶者明覺立堅。故知寶性因覺明有。是故眾寶皆有光明。小乘但知業感。而不知是何因種。堅覺寶成。搖明風出。風金相摩。故有火光為變化性者。釋火性也。堅執覺性。即成於寶。搖動所明。即出於風。動靜不息。即是風金相摩。於外即成火光。能成熟萬物。故言為變化性。

"虛空을 인하여 搖動이 생기고, 堅明이 장애(障碍)를 세운다"고 함은, 地相을 설명한 것이다. 空을 인하여 다른

明이 相待하면서 搖動하게 된다. 搖動이 능히 明을 굳게 하니 이로써 장애를 이룬다. 마치 胎가 바람을 만나면 바로 견고한 장애가 이루어지는 것과 같다. 또한 明에 집착하여 我를 장애함이 생한다. 안으로는 바로 覺明이 굳게 집착하고, 밖으로는 곧 金寶를 이룬다. 까닭에 이르길, '저 金寶란 明覺이 견(堅)을 세웠다'고 하니, 까닭에 寶性이 覺明으로 인하여 있게 된 것임을 안다. 그래서 뭇 寶石에 모두 光明이 있다. 小乘은 단지 업감(業感)만 알고, 이것이 어떠한 種子가 因인지를 모른다.

"견각(堅覺)에서 金寶가 이루어지고, 搖動하는 明에서 바람이 나온다. 바람과 金이 서로 마찰하는 까닭에 火光이 있어서 變化하는 性이 된다"고 함은, 火性을 설명한 것이다. 覺性에 굳게 집착하니 바로 寶를 이루고, 搖動하는 所明에서 바로 風을 낸다. 動과 靜이 그치지 않아서 곧 風과 金이 서로 마찰하면, 밖으로는 곧 火光이 이루어져서 능히 만물을 成熟시킨다. 까닭에 '변화하는 性이 된다'고 하였다.

寶明生潤。火光上蒸。故有水輪含十方界者。釋水輪也。寶明之體。性有光潤。為火熱蒸。水便流出。又覺明生愛。愛即是潤。於內即是愛明。於外即成寶潤。火性上蒸。融愛成水。一切業種。非愛不生。一切世間。非水不攝。故四大性。互相因籍。體不相離。同一妄心所變起故。如虛空華不離心故。愚人不了。心外執法。

顚倒見故。

"寶明이 潤氣를 생하고 火光이 위로 증발(蒸發)하니, 그래서 水輪이 十方界를 含潤한다"고 한 것은, 水輪을 해석한 것이다. 寶明의 體는 성품에 光과 潤이 있어 불의 熱에 증발하면 水가 곧 流出된다. 또한 覺明이 愛를 생하는데 愛가 곧 윤기(潤氣)이다. 안으로는 바로 愛明이 되고, 밖으로는 곧 보윤(寶潤)이 된다. 火性이 위로 증발하면 愛를 융(融)하여 水를 이룬다. 一切의 業의 種子는 愛가 아니면 생기지 않고, 一切 世間은 水가 아니면 攝持하지 못한다. 까닭에 四大의 성품이 서로 因籍하여 體가 서로 떨어져 있지 아니하니, 동일한 망심(妄心)에서 변화하여 일어나기 때문이다. 마치 허공화(虛空華)가 마음을 떠나 있는 것이 아닌 것과 같다. 愚人은 깨닫지 못하여 마음 밖으로 法을 집착하니 顚倒하게 보기 때문이다.

次下辯草木山川之異者。經曰。火騰水降。交發立堅。淫為巨海。乾為洲潬。以是義故。大海之中。火光常起。彼洲潬中。江河常注。水勢劣火。結為高山。是故山石。擊則成炎。融則成水。土勢劣水。抽為草木。是故林藪。遇燒成土。因絞成水。交妄發生。遞相為種。以是因緣。世界相續。

다음 아래에서는 草木 山川이 다른 것을 설명한다. 경(經)에서 일렀다. 「火는 올라가고 水는 내려가서 서로 교차

하며 堅을 세우니, 濕氣는 巨海가 되고 乾燥는 육지가 되었다. 이런 이치로 大海 가운데서 火光이 항상 일어나고, 저육지 가운데는 강이 항상 흐른다. 수세(水勢)가 火보다 劣弱하면 응결되어 높은 山이 되는데, 이 까닭에 山石이 부딪치면 불이 나오고, 녹으면 水가 된다. 土勢가 水보다 劣弱하면 솟아 나와서 草木이 된다. 이 까닭에 숲이 불타면 土가 되고, 쥐어짜면 물이 된다. 妄이 서로 얽히어 發生하면서 서로 種子가 된다. 이러한 인연으로 世界가 상속한다.」

釋曰。妄性不恒。前後變異。所感外相。優劣不同。愛心多者。即成巨海。執心多者。即成洲潬。風性生慢。火性生瞋。於色起愛。潬中流水。違愛生瞋。海中火起。慢增愛劣。結為高山。愛增慢輕。抽為草木。或瞋愛慢三。互相滋蔓。異類成形。草木山川。千差萬品。

해석(解釋)한다: 妄性은 恒常하지 않아서 前後로 變異하고, 바깥 모습에 느끼는 바의 우열(優劣)이 같지 않다. 愛心이 많은 것은 곧 큰 바다를 이루고, 執心이 많은 것은 곧 육지를 이룬다. 風性은 교만심을 생기게 하고, 火性은 성내는 마음을 생기게 한다. 色에서 愛心을 일으키고, 육지에는 물이 흐른다. 愛心에 거슬리면 성을 내니, 바다 가운데서 火가 일어난다. 교만심이 증대하고 愛心은 적어지면 응결하여 높은 산이 된다. 愛心이 증대되고 교만심이 가벼워지면 솟아 나와서 초목이 된다. 혹은 진(瞋), 애(愛), 만(慢)의 셋이 서로 자만(滋蔓)하여 異類가 모습을 이루니, 초목(草木) 산천(山川)이 천차(千差)만별(萬別)이다.

先從妄想。結成四大。從四大性。愛慢滋生。離有情心。更無別體。故云交妄發生。遞相爲種。以是因緣。世界相續。是以賦云。世界欲成之際。擧念全收。非唯世界但有成壞。萬法悉從心生。故經云。成劫之風。壞劫之風。皆是衆生共業所感。業由心造。豈非心耶。

처음에는 망상(妄想)을 따라 四大를 결성하고, 그 四大의 성(性)을 따라 애(愛)와 만(慢)이 자생(滋生)한다. 有情心을 떠나면 그 밖에 別體가 없다. 까닭에 '妄이 서로 얽히어 發生하면서 서로 種子가 된다. 이러한 인연으로 世界가 상속한다.'고 하였다. 이에 부(賦)를 지어 일렀다.

「세계(世界)가 장차 이루어지는 때에

온 마음을 들어서 모두 거두어들인다.」

오직 世界만 단지 이루어지고 무너질 뿐 아니라, 모든 것이 다 마음에서 生긴다. 까닭에 경(經)에서 일렀다.

「성겁(成劫)의 風과 괴겁(壞劫)의 風이 모두 중생(衆生)의 공업(共業)으로 감득(感得)한다. 업(業)이 마음으로 말미암아 지어진 것인데, 성주괴공이 어찌 마음이 아니겠는가!」

주심부와 유식

[심부(心賦) 제386번]

취 산 정 맥　녹 원 홍 기
鷲山正脈。鹿苑鴻基。
진 풍 장 선　혜 범 항 시
眞風長扇。慧範恒施。

영취산(靈鷲山) 정맥이 녹원(鹿苑)의 큰 기반이 된다.
진리의 바람을 큰 부채로 지혜의 규범으로 항상 베푼다.

[주(註)] 此一心法。是十方三世諸佛得道之場。說法之
本。原始要終。不離此法。該今括古。豈越斯門。如百門
義海云。遠近世界。佛及眾生。一切事物。莫不於一念中
現。何以故。一切事法。依心而現。念既無礙。法亦隨
融。是故一念即見三世一切事物顯現。故知萬法不出一心
矣。

　이 일심법(一心法)은 十方三世의 諸佛이 득도한 도량
(道場)이며, 설법의 근본이고, 원시(原始)와 종국(終局)이
다. 이 법을 떠나지 아니하고 지금과 옛날을 다 포괄하니,
어찌 이 문(門)을 벗어나겠는가?

　저 <백문의해>百門義海에서 일렀다.

　「원근(遠近)의 세계, 佛과 중생, 일체(一切) 사물(事物)
이 일념(一念) 중에 나타나지 않음이 없다. 왜 그러한가? 일
체(一切) 사법(事法)이 마음에 의지하여 나타나며, 念이 이
미 걸림이 없으니 법(法) 또한 그에 따라 융화(融化)된다.

이 까닭에 일념(一念)에서 삼세(三世)의 일체 사물(事物)이 드러남을 바로 본다. 까닭에 만법(萬法)이 일심(一心)에서 벗어나지 않음을 안다.」

夫心法者大約有三。一者四分成心。二者心法四緣生。三者三量明心。四分成心者。一自證分。是心體。二見分。是心用。三相分。是心相。四證自證分。是心後邊爲量果。八識心王各各具四分義。心法四緣生者。一是因緣。從種子而生。二是所緣緣。境牽生心用。三是等無間緣。念念相續。四是增上緣。不相障礙。若闕一緣。心法即不生。

무릇 심법(心法)에는 대략 셋이 있다. 1은 四分으로 心을 이루고, 2는 心法이 四緣에서 생(生)하고, 3은 三量으로 心을 밝힌다.

첫째로 "四分으로 心을 이룬다."는 것은, (1)은 自證分이니 이는 心體이다. (2)는 見分이니 이는 心用이다. (3)은 相分이니 이는 心相이다. (4)는 證自證分이니 이는 心의 후변(後變)으로 양과(量果)이다. 八種識의 心王은 각각(各各) 四分의 뜻을 갖추고 있다.

둘째로 "心法이 四緣으로 生함"은 (1)은 인연(因緣)이니 種子로부터 생함이고, (2)는 소연연(所緣緣)이니 경계가 끌어서 마음을 생하는 用이며, (3)은 등무간연(等無間緣)이니 念念에 상속하고, (4)는 증상연(增上緣)이니 서로 장애됨이 없음이다. 만약 하나의 緣이라도 缺落되면 心法은 생하지 않는다.

三量明心者。一是現量。得法自性。不帶名言。二是比量。比度而知。三是非量。境不現前。且山河大地。是第八阿賴耶識相分。眼識於第八識相分上。又變起一重相分。同與明了意識初念中率爾心緣時。是現量。後落第二念意識作解之時。便成比量。若境不現前。緣過去獨影境中。是非量。

셋째로 "三量으로 心을 밝힘"이란 (1)은 現量이니 法의 自性을 얻어 名言을 띠지 않는다. (2)는 比量이니 類推하여 아는 것이다. (3)은 非量이니 경계가 현전되지 않음이다. 그런데 山河大地는 제8아뢰야식의 相分이다. 안식(眼識)은 제8識의 相分에서 또 一重의 相分을 전변(轉變)하여 일으킨다. 동시에 明了意識의 初念인 솔이심(率爾心)이 반연(攀緣)하는 것이 現量이다. 그 뒤에 제2念에 떨어져 의식(意識)이 知解하는 때에는 문득 比量이 된다. 만약 경계가 현전(現前)하지 않으면 과거의 독영경(獨影境) 중에서 반연하니 이것은 非量이다.

凡一代時教。說心地法門。不出四分三量料簡。廣說在宗鏡錄中。又約妄心。有五種心。一率爾心。謂聞法創初。遇境便起。二尋求心。於境未達。方有尋求。三決定

心。審知法體。而起決定。四染淨心。法詮欣厭。而起染
淨。五等流心。念念緣境。前後等故。又約境有三。一性
境。是現量心得。二帶質境。是比量心現。三獨影境。是
非量心緣。

무릇 一代의 時敎는 心地法門을 설한 것인데, 이 사
분(四分)삼량(三量)의 요간(料簡)을 벗어나지 않는다. 넓
게 설한다면 <종경록>에서 망심(妄心)을 요약(要約)하여
五種心을 설명한다. (1)은 솔이심(率爾心)이니 법을 듣는
그 즉시(卽時)나 경계를 만나자마자 곧바로 일어나고, (2)
는 심구심(尋求心)이니 경계에 아직 도달하지 않아서 바야
흐로 찾아 구하고, (3)은 결정심(決定心)이니 법체(法體)
를 살펴서 알고 決定을 하고, (4)는 염정심(染淨心)이니 법
(法)을 좋아하거나 싫어한다고 말하면서 오염과 청정을 일
으키고, (5)는 등류심(等流心)이니 생각 생각에 경계를 반
연하여 전후(前後)가 같다.

또 경계(境界)를 요약하면 셋이 있다. (1)은 성경(性境)
이니 이는 現量의 마음이 얻어진다. (2)는 대질경(帶質境)
이니 比量의 마음에서 나타난다. (3) 독영경(獨影境)이니
이는 非量의 마음이 반연한다.

[심부(心賦) 제387번]

隱^은顯^현無^무際^제而^이晦^회明^명相^상並^병。

숨고 드러남이 변두리가 없고,
어둡고 밝음이 서로 나란하다.

[주(註)] 百門義海云。若心攝一切法。即彼隱而此顯。若
一切法攝心。即彼顯而此隱。由顯時全隱而成顯。亦全顯
而成隱。相由成立。是故隱時正顯。顯時正隱。如合日
月。晦明相並。又十玄門中。祕密隱顯俱成門者。謂諸法
相攝之時。能攝則現。名之爲顯。所攝不顯。名之爲隱。
即隱常顯。即顯常隱。名曰俱成。常情不知。名爲祕密。
次辯相者。且約一多相攝。以明隱顯。有其六句。一一顯
多隱。一攝多故。二多顯一隱。多攝一故。三俱上二句。
同時無障礙故。四泯約相形。奪俱不立故。五具上四。是
解境故。六絕上五。是行境故。然一顯與多顯不俱。一隱
與多隱不並。隱顯顯隱。同時無礙。

<백문의해>百門義海에서 일렀다.

「만약 마음이 一切法을 포섭한다면, 저것이 숨고[隱] 即
하여 이것이 드러난다[顯]. 만약 一切法이 마음을 포섭한다
면, 저것이 드러나고[顯] 即하여 이것이 숨는다[隱]. 드러나
는 때를 緣由하여 온전히 숨으니 드러남이 이루어진다. 또

한 온전히 드러나니 숨는 것이 이루어진다. 서로에 緣由하여 이루어진다. 이 까닭에 숨는 때가 바로 드러나는 때이고, 드러나는 때가 바로 숨는 때이다.」 마치 해와 달, 어둠과 밝음이 서로 어울리는 것과 같다.

또 十玄門 가운데 비밀은현구성문(秘密隱顯俱成門)은 諸法이 서로 包攝하는 때에 능섭(能攝)이 나타나니 이를 '드러남'[顯]이라 하고, 소섭(所攝)은 드러나지 않으니 이를 '숨음'[隱]이라 한다. 숨음에 즉(卽)하여 항상 드러나고, 드러남에 즉(卽)하여 항상 숨으니, '함께 이루어짐[俱]'이라 하는데, 상정(常情)으로는 알지 못하므로 비밀(秘密)이라 한다.

다음에 '상병(相並)'의 상(相)을 설명한다. 一과 多가 서로 포섭(包攝)함을 요약하여, 숨음과 드러남인 은현(隱顯)을 설명한다. 여기에 六句가 있다. (1)은 一이 드러나고 多가 숨음이니, 一이 多를 포섭하는 까닭이다. (2)는 多가 드러나고 一이 숨음이니, 多가 一을 포섭하는 까닭이다. (3)은 위의 두 句를 함께 말함이니, 모두 동시에 장애함이 없는 까닭이다. (4)는 서로의 형상에 요약함을 없앰이니, 빼앗고 갖춤이 성립되지 않는 까닭이다. (5)는 위의 四句를 具足함이니 解의 경계인 까닭이다. (6)은 위의 五句를 끊음이니 行의 경계인 까닭이다. 그러나 一顯과 多顯이 함께하지 않고, 一隱과 多隱이 함께하지 않는다. 隱顯과 顯隱이 同時이며 걸림이 없다.

三昧章云。又事相隨理存亡自在。亦融成十義。一以事全事。故事泯也。二以理全事。故事存也。三以前二不相離故。亦存亦泯也。四以二相奪故。非存非泯也。五以舉體全理。事相方成故。即泯而存也。六以事舉體全成。無不蕩盡故。即存而泯也。七以二義相順故。即存即泯俱存。八以相奪故。即存即泯俱泯也。九以前八義同一事法。存亡自在。無礙俱現。十以同時相奪義。故無不盡。圓融超絕。迥出情表。亦深思可見。

<삼매장>三昧章에서 일렀다. 「또한 事相이 理에 따라 存亡이 자재하며, 역시 十義를 원용하게 이룬다. (1)은 事로써 事를 온전히 하니 까닭에 事가 없어진다. (2)는 理로써 事를 온전히 하니 까닭에 事가 존립한다. (3)은 앞의 두 句가 서로 떨어지지 않는 까닭에 또한 존립하고 또한 없어진다. (4)는 둘이 서로 빼앗는 까닭에 존립하지도 아니하고 없어지지도 않는다. (5)는 온 體를 들어서 理를 온전히 하니 事相이 바야흐로 이루어지는 까닭에, 민(泯)에 즉(即)하여 존(存)한다. (6)은 事로써 온 體를 들어서 온전히 이룸이니, 탕진(蕩盡)하지 않음이 없는 까닭에, 존(存)에 즉(即)하여 민(泯)이다. (7)은 앞의 二義가 서로 순응하는 까닭에 즉존(即存)과 즉민(即泯)이 함께 있다. (8)은 서로 빼앗는 까닭에 즉존(即存)과 즉민(即泯)이 함께 민(泯)한다. (9)는 앞의 여덟 가지 義가 同一한 事法으로서 存亡이 自在하고 무애(無礙)하여 함께 나타난다. (10)은 동시에 서로 빼앗는 義이다. 까닭에 다하지 않음이 없고,

원용(圓融)하고 초절(超絶)하여 情表에서 멀리 벗어난다.」 또한 깊이 사유(思惟)해보면 볼 수 있다.

[심부(心賦) 제392번]

도 재 심 이 불 재 사 。 법 유 아 이 불 유 군 。
道在心而不在事。法由我而不由君。

도(道)가 심(心)에 있지 사(事)에 있지 않고,
법(法)은 나에게 달렸지 남에게 있지 않다.

[주(註)] 萬法唯識者。總有四種意識。一者明了意識。境現在前。二者獨散意識.境不在前。獨頭而起。如緣過去境等。又不在定。但是散心所緣。故云獨散意識。三夢中意識。此三種意識。皆是眾生自心業之影像色。四定中意識。所現境界。即是坐禪人定中所現。名定果色。

　'만법(萬法)이 오직 식(識)일 뿐이다'라는 것에 모두 네 가지 의식(意識)이 있다. 일(一)은 명료의식(明了意識)이니 경계가 바로 앞에 나타난다. 이(二)는 독산(獨散)의식이니 경계가 앞에 있지 않다. 이를테면 과거의 경계에 반연(攀緣)하여 독두(獨頭)로 일어난다. 또한 선정(禪定)에 있지 아니하고 단지 산심(散心)이 반연(攀緣)하는 까닭에 독산

(獨散)의식이라 한다. 삼(三)은 몽중(夢中)의식이다. 이 세 가지 의식은 모두 중생 자심(自心)의 업(業)에서 나온 영상(影像)이다. 사(四)는 정중(定中)의식이니, 나타난 경계가 곧 좌선(坐禪)하는 사람의 선정(禪定) 가운데서 나타난 것이니 정과색(定果色)이라 부른다.

　　如攝論云。如觀行人。定中所見色相境界。識所顯現。定無境界。此於九想中。所變青黃等色相。是定境。非所憶持識。憶持識有染汙。此境現前所見分明清淨。則唯識之旨。於此彌彰。如依鏡面。但有自面。無有別影。何以故。諸法和合道理難可思議。不可見法。而令得見。定心亦爾。

　　저 <섭대승론>에서 일렀다. 「저 관행(觀行)하는 사람이 선정(禪定) 가운데서 나타내는 색상(色相)경계는, 식(識)이 현현(顯現)한 것이니, 결정코 경계(境界)가 없다.」 이것은 구상(九想) 중에 변화한 청황(靑黃) 등의 색상이니, 선정(禪定)의 경계이고, 억지(憶持)한 식(識)이 아니다. 억지(憶持)한 식(識)은 더러움에 물들지만, 현전(現前)하여 보이는 이 경계는 분명(分明)하고 청정(淸淨)하다. 즉 유식(唯識)의 지취(旨趣)가 여기에서 더욱 드러난다. 마치 거울의 면(面)에 의거하면 단지 자체의 면(面)만 있지 다른 영상(影像)이 없는 것과 같다. 왜냐하면, 제법(諸法)이 화합하는 도리는 사의(思議)하기 어렵고, 법(法)을 볼 수가 없는데도 보게 되기 때문이다. 선정심(禪定心)도 또한 그러하다.

定心有二分。一分似識。一分似塵。此二種實唯是
識。若憶持識是過去色。此定中色。若在散心五識。可言
緣現在外塵起。若散意識。緣過去塵起。若在觀中。必不
得緣外色為境。色在現前。又非緣過去境。當知定心所緣
色。即見自心。不見別境。以定中色。此定外色。應知亦
無別境。

정심(定心)에 二分이 있다. 一分은 사식(似識)이고, 一分은 사진(似塵)이다. 이 두 가지는 실은 오직 識일 뿐이다. 억지식(憶持識)이라면 이는 과거색(過去色)이다. 이 선정(禪定) 중의 色이 만약 산심(散心)인 오식(五識)에 있다면 현재(現在)의 바깥 경계에 반연하여 일어나는 것이라 말할 수 있겠고, 만약 산의식(散意識)에 있다면 과거(過去)의 육진(六塵)에 연하여 일어난 것이다. 만약 관행(觀行)하는 중에는 바깥 외색(外色)을 경계로 얻을 수 없는데, 색(色)은 현전(現前)하여 있다면, 또한 과거(過去) 경계를 반연하지도 않으니, 마땅히 정심(定心)에서 반연한 색(色)인 줄 안다. 곧 자심(自心)을 보는 것이지 그 다른 경계(境界)를 보는 것이 아니니, 정중(定中)의 색(色)이다. 이 선정(禪定) 밖의 색(色)도 또한 다른 경계(境界)가 없는 줄을 응당(應當) 알아야 한다.

是知一心即萬法。萬法即一心。何者。以一心不動。
舉體為萬法故。如起信鈔云。舉體者。謂真如舉體成生
滅。生滅無性即是真如。不曾有真如處不生滅。未曾有生
滅處不真如。唯我不動。於彼云云者。如長者論云。以一
切眾生根器為明鏡。佛於一切眾生心海。任物自見。各得
自法。皆令向善及得菩提。

이로써 알겠구나. 일심(一心)이 곧 만법(萬法)이고, 만
법(萬法)이 곧 일심(一心)이다. 왜냐하면 일심(一心)이 부
동(不動)하니 바탕을 통틀어서 이 만법(萬法)이기 때문이
다. 저 <대승기신론초>大乘起信論鈔에서 일렀다.「'바탕
을 통틀어서'란, 진여(眞如)가 온 바탕으로 생멸을 이루고,
생멸(生滅)이 무성(無性)임이 바로 진여(眞如)이다. 일찍이
진여(眞如)의 자리에 불생멸(不生滅)인 적이 없었고, 일찍
이 생멸(生滅)의 자리가 진여(眞如) 아님이 없었다. 오직 나
[我]만이 부동(不動)이다.」

"저기에서 일렀다"라고 한 것은, 저 <장자론>에서 이른
바와 같다. 모든 중생(眾生)의 근기(根器)를 밝은 거울로 하
고, 불(佛)은 모든 중생심(眾生心)의 바다에서 사물(事物)
에 응(應)하여 스스로 드러나되, 각기 자법(自法)을 얻어서,
모두가 선(善)을 향하게 하고 보리(菩提)를 얻게 한다.」

[심부(心賦) 제393번]

<ruby>真性與緣起同壽<rt>진 성 여 연 기 동 수</rt></ruby>。 <ruby>不思議而可思議<rt>부 사 의 이 가 사 의</rt></ruby>。
<ruby>有量共無量平運<rt>유 량 공 무 량 평 운</rt></ruby>。 <ruby>居見聞而非見聞<rt>거 견 문 이 비 견 문</rt></ruby>。

진성(眞性)과 연기(緣起)가 수명이 같으므로,
불가사의(不可思議)하나 사의(思議)할 수 있다.
유량(有量)과 무량(無量)이 평등하므로,
견문(見聞)함에 거(居)하나 견문(見聞)이 아니다.

[주(註)] 一切染淨諸法。是真性中緣起。一心。是緣起中
真性。真性則不思議無量。緣起則可思議有量。以皆是一
心同時故。不思議即可思議。無量即有量。究竟論之。二
俱寂滅。如華嚴經頌云。菩薩入是不思議。於中思議不可
盡。入是不可思議處。思與非思俱寂滅。又云。所思不可
思。是名為難思。

　　일체(一切) 염정(染淨)의 제법(諸法)은 진성(眞性) 중
에서 연기(緣起)한 것이다. 一心은 연기(緣起)중의 진성이
다. 진성(眞性)은 부사의(不思議)하고 사량(思量)이 없다.
緣起는 思議할 수 있고 思量할 수 있다. 모두가 一心과 同
時이므로, 不思議가 可思議에 即해 있고, 사량할 수 없음이
곧 사량할 수 있음에 即해 있다. 구경(究竟)으로 논(論)하
면, 둘이 모두 적멸(寂滅)하다. 저 <화엄경>의 게송에서 일

　　　　　　　　　　　　　　　　주심부와 유식

렀다.

　「보살(菩薩)이 이 부사의(不思議)에 들어가면,

　　그 가운데서 사의(思議)함이 다함이 없다.

　　이 불가사의(不可思議)한 곳에 들어가면,

　　사의(思議)와 비사의(非思議)가 모두 적멸이다.」

또 일렀다.

　「사의(思議)한 것을 사의(思議)할 수 없으니

　　이것을 사량하기 어렵다고 말한다.」

제4권

[심부(心賦) 제422번]

<ruby>外<rt>외</rt></ruby><ruby>道<rt>도</rt></ruby><ruby>打<rt>타</rt></ruby><ruby>髑<rt>촉</rt></ruby><ruby>髏<rt>루</rt></ruby><ruby>之<rt>지</rt></ruby><ruby>時<rt>시</rt></ruby>。 <ruby>察<rt>찰</rt></ruby><ruby>吉<rt>길</rt></ruby><ruby>凶<rt>흉</rt></ruby><ruby>之<rt>지</rt></ruby><ruby>往<rt>왕</rt></ruby><ruby>事<rt>사</rt></ruby>。

외도가 해골을 두드려 보고서
지난 일의 길흉(吉凶)을 살폈다.

[주(註)] 增一阿含經云。佛與鹿頭梵志俱行。至大畏林。取人髑髏。授與鹿頭。此外道善解諸聲。問云。此是何人髑髏。鹿頭打作一聲。答云。此是男子。因百節酸疼故命終。今生三惡道。又打一髑髏云。被人害死。此人持十善。今得生天。佛一一問之。皆答不謬。是以聲中本具諸法。眾生日用不知。故知聲處全耳。法法皆心故。

　<증일아함경>에서 일렀다. 「부처님과 외도인 녹두범지(鹿頭梵志)가 함께 걷다가 대외림(大畏林)에 이르렀는데, 부처님께서 사람의 해골을 가져다가 녹두(鹿頭)에게 주었다. 이 외도(外道)는 여러 소리를 잘 해득(解得)했다. 부처님께서 물었다. "이것은 누구의 해골인가?" 녹두가 한 번 두드려 소리를 내어 보고 답(答)하였다. "이 사람은 남자인데, 백절(百節)의 산통(酸疼)으로 인해 죽었습니다. 금생에

는 삼악도에 태어났습니다." 또 한 해골을 두드려보고 말하
였다. "저 사람은 살해(殺害)당했습니다. 이 사람은 十善을
지켜서 금생에 천상(天上)에 태어났습니다." 부처님이 하
나하나 물어보니 모든 답(答)이 틀리지 않았다. 이로써 소
리에도 본래 모든 법이 갖추어져 있는데, 중생이 매일 쓰면
서도 이를 알지 못하는 것이다. 까닭에 성처(聲處)가 모두
귀임을 알겠다. 법(法)마다 모두 마음이기 때문이다.」

[심부(心賦) 제423번]

相者占人面之際辯。貴賤之殊形。
상 자 점 인 면 지 제 변。 귀 천 지 수 형。

관상(觀相)을 보는 자는 인면(人面)의 부위를 보고
귀천(貴賤)의 특별한 모습을 판단한다.

[주(註)] 定慧論云。如人面色。具諸休否。若言有相。問
者不知。若言無相。占者淵解。當隨善相者。信人面上具
一切相也。心亦如是。具一切相。眾生相隱。彌勒相顯。
如來善知。故遠近皆記。不善觀者。不信心具一切相。當
隨如實觀者。信心具一切相也。又如彌勒相骨經云。一念
見色。有三百億五陰生滅。一一五陰。即是眾生。

<정혜론>定慧論에서 일렀다. 「저 사람의 얼굴색에 길흉(吉凶)이 모두 갖추어져 있다.」만약에 相이 있다고 말하여도 묻는 자는 알지 못하고, 만약에 相이 없다고 말하여도 점술가는 잘 안다. 상을 잘 보는 관상가(觀相家)를 따르는 자는 인면(人面)에 일체(一切)의 상(相)을 갖춘 것을 믿는다. 마음도 또한 이와 같아 일체상(一切相)을 갖추고 있다. 중생(衆生)의 상(相)이 숨으면, 미륵(彌勒)의 상(相)이 나타난다. 여래(如來)는 잘 아는 까닭에 원근(遠近)의 모든 불자들을 수기(授記)하셨다. 잘 관찰하지 못하는 자는 心에 일체상(一切相)을 갖추고 있음을 믿지 못한다. 여실(如實)히 관찰하는 자는 心에 일체상(一切相)을 갖춘 것을 믿는다. 저 <미륵상골경>彌勒相骨經에서 일렀다. 「한 생각에 색(色)을 보는 동안에 3백억의 오음(五陰)이 생멸한다.」하나하나의 오음(五陰)이 바로 중생이다.

[심부(心賦) 제424번]

대 체 평 분 。 현 기 고 치 。
大體平分。玄基高峙。
십 심 구 식 지 종 。
十心九識之宗

대체(大體)는 평등하게 나뉘지만, 현묘한 기본(基本)

은 높이 솟았다.
십심(十心) 구식(九識)의 종(宗)이다.

[주(註)] 十心者。華嚴疏云。此一心。約性相體用本末即
入等義。有十心門。一.假說一心。則二乘人。謂實有外
法。但由心變動。故說一心。二.相見俱存故說一心。此
通八識及諸心所。并所變相分。本影具足。由有支等熏習
力故。變現三界依正等報。三.攝相歸見故說一心。亦通
王數。但所變相分。無別種生。能見識生。帶彼影起。
四.攝數歸王故說一心。唯通八識。以彼心所依王無體。
亦心變故。五.以末歸本說一心。謂七轉識。皆是本識差
別功能。無別體故。經偈云。譬如巨海浪。無有若干相。
諸識心如是。異亦不可得。

　십심(十心)을 설명한다. 저 <화엄경소>에서 일렀다.
　「이 일심(一心)을 성상(性相)과 체용(體用)과 본말(本
末)과 즉입(卽入) 등의 뜻으로 정리하면 十心門이 있다.」
　1은 일심(一心)을 가설(假設)함이니 이승(二乘)들이 바
깥 사물이 실유(實有)한다고 말한다. 단지 마음이 변동하기
때문에 일심(一心)이라고 설명한다.
　2는 相分과 見分이 함께 있으므로 一心을 설명한다. 이
는 팔식(八識)과 모든 心所와 아울러 소변(所變)의 相分에
통한다. 본(本)과 영(影)이 구족되어 있어서, 유지(有支) 등
의 훈습력(熏習力)으로 인해 삼계(三界)의 依報와 正報 등

을 변현(變現)한다.

3은 相을 포섭하여 見에 돌아가므로 一心을 설명한다.
또한 心王과 心數에도 통한다. 단지 소변(所變)인 相分이
다른 종자에서 생긴 것이 아니고, 能見識에서 생기는데 그
영(影)을 대(帶)하고 생긴다.

4는 心數를 포섭하여 심왕(心王)에 돌아가므로 一心을
설명한다. 오직 팔식(八識)에만 통한다. 저 心所는 심왕(心
王)에 의지하니 체(體)가 없으며, 또한 마음이 변한 것이기
때문이다.

5는 末로써 本에 돌아가므로 一心을 설명한다. 말하자
면 7전식(七轉識)이 모두 本識인 제8식의 차별 공능(功能)
이어서 다른 체(體)가 없기 때문이다. 경(經)의 게송(偈頌)
에서 일렀다.

「비유컨대 큰 바다 파도에는
약간(若干)의 相도 없으니,
모든 식심(識心)도 이와 같아서
'다름'[異]을 얻을 수 없다.」

六.攝相歸性說一心。謂此八識皆無自體。唯如來藏平
等顯現。餘相皆盡。一切眾生即涅槃相。經云。不壞相
有八。無相亦無相。七.性相俱融說一心。謂如來藏舉體
隨緣。成辦諸事。而其自性本不生滅。即此理事混融無
礙。是故一心二諦。皆無障礙。八.融事相入說一心。謂

주심부와 유식

由心性圓融無礙。以性成事。事亦鎔融不相障礙。一入
一切。一一塵內。各見法界。天人脩羅等。不離一塵。
九。令事相即說一心。謂依性之事。事無別事。心性既無
彼此之異。事亦一切即一。如經偈云。一即是多。多即一
等。十。帝網無礙說一心。謂一中有一切。彼一切中復有
一切。重重無盡。皆以心識如來藏性圓融無盡。以真如性
畢竟無盡故。觀一切法即真如故。一切時處皆帝網故。

6은 相을 포섭하여 性에 돌아가므로 一心을 설명한다.
말하자면 이 팔식(八識)은 모두 자체(自體)가 없다. 오직 여
래장(如來藏)이 평등하게 현현(顯現)하되 여상(餘相)은 모
두 없어지니, 모든 중생이 곧 열반상이다. 경(經)에서 일렀
다. 「相을 부수지 아니하니 팔식(八識)이 있고, 無相은 역
시 無相이다.」

7은 性과 相이 함께 혼융(混融)하므로 一心을 설명한
다. 말하건대 여래장(如來藏)은 온 바탕으로 緣에 따르며,
제사(諸事)를 주관한다. 그러나 그 자성(自性)은 본래 생멸
이 없다. 즉 理와 事가 혼융하며 걸림이 없다. 이 까닭에 일
심(一心) 이제(二諦)가 모두 장애가 없다.

8은 용융(鎔融)한 事가 상입(相入)하므로 一心을 설명
한다. 말하자면 심성(心性)이 원용(圓融)하여 걸림 없기 때
문에 性으로 事를 이룬다. 事도 용융(鎔融)하여 서로 장애
됨이 없다. 一이 一切에 들어가고, 하나하나의 육진(六塵)
에서 각각 법계(法界)를 본다. 천상·인간·아수라 등(等)이

하나의 티끌을 떠나지 않는다.

9는 事를 상즉(相卽)하게 하므로 一心을 설명한다. 말하자면 性에 의지한 事이니 事에 별개의 事가 없다. 심성에 이미 피차(彼此)의 다름이 없으니, 事 또한 一切가 곧 一이다. 저 경(經)의 게송에서 이르길, 「一이 곧 多이고, 多가 곧 一이다」라고 일렀다.

10은 제망(帝網)이 무애(無礙)하므로 一心을 설명한다. 일중(一中)에 一切가 있고, 그 일체(一切) 중에 다시 일체(一切)가 있어서 重重으로 無盡이다. 모두가 心識이 여래장성(如來藏性)이라 원융(圓融)무진(無盡)이며, 진여성(眞如性)이 필경에 무진(無盡)이고, 일체법(一切法)이 곧 진여(眞如)임을 관찰하는 까닭이며, 一切의 시간과 장소가 모두 제망(帝網)인 까닭이다.

九識者。一眼識。二耳識。三鼻識。四舌識。五身識。六意識。七末那識。八阿賴耶識。九眞識。九識者。以第八染淨別開爲二。以有漏爲染。無漏爲淨。前七識不分染淨。以俱是轉識攝故。第八旣非轉識。獨開爲二。謂染與淨。合前七種。故成九識。又第九識。亦名阿陀那識。密嚴經說.九識.爲純淨無染識。如瀑流水。生多波浪。諸波浪等以水爲依。五六七八等。皆以阿陀那識爲依故。

구식(九識)이란, (1)안식(眼識)·(2)이식(耳識)·(3)비식(鼻識)·(4)설식(舌識)·(5)신식(身識)·(6)의식(意識)·(7)마나

식(末那識)·(8)아뢰야식(阿賴耶識)·(9)진식(眞識)이다. 제9
식은 제8식을 염정(染淨)에 따라서 별개(別開)하여 둘로 나
눈 것이니, 유루(有漏)가 오염(汚染)이고, 무루(無漏)가 청
정(淸淨)이다. 전칠식(前七識)은 염정(染淨)으로 나누지 않
으니, 모두 전식(轉識)에 포섭되기 때문이다. 제8식은 이
미 전식(轉識)이 아니므로 홀로 둘로 나누어서 염(染)과 정
(淨)이라 말한다. 앞의 7종(種)을 합한 까닭에 9식이 된다.
또한 제9식은 아타나식(阿陀那識)이라고도 한다.

<밀엄경>密嚴經에서 일렀다.

「제9식은 순정무염식(純淨無染識)이니, 마치 폭류(瀑
流)수(水)가 많은 파도를 일으키지만, 모든 파도(波濤)들은
물을 의지하는 것과 같다. 전오(前五)식·제6식·제7식·제8식
등은 모두 아타나식(阿陀那識)을 의지하기 때문이다.」

[심부(心賦) 제425번]

三細六麤之旨。
<small>삼 세 육 추 지 지</small>

삼세육추(三細六麤)의 뜻을 살핀다.

[주(註)] 三細者。一者業相。即無明業相。以依不覺故心

動。說名為業。覺則不動。動則有苦。果不離因故。二者
轉相。即能見相。以依動故能見。不動則無見。三者現
相。即境界相。以依能見故境界妄現。離見則無境界。第
一業相。未分能所。第二轉相。漸立見分。第三現相。頓
現相分。論云。不覺故心動者。動為業識。理極微細。謂
本覺心因無明風。舉體微動。微動之相。未能外緣。即不
覺故。為精動隱流之義。精者細也。隱者密也。即是細動
密流難覺故。所以云不覺。

삼세(三細)란, 일(一)은 업상(業相)이니 바로 무명업상
(無明業相)이다. 불각(不覺)에 의지하므로 마음이 동(動)함
을 이름하여 업(業)이라 한다. 각(覺)하면 부동(不動)이다.
동(動)하면 고(苦)가 있으니, 果가 因을 떠나지 않는 까닭이
다. 이(二)는 전상(轉相)이니 바로 능견상(能見相)이다. 動
함에 의하므로 能見이다. 不動하면 見함이 없다. 삼(三)은
現相이니 바로 경계상이다. 能見에 의지하므로 경계가 망
령(妄靈)되게 나타난다. 見함을 떠나면 경계가 없다. 첫 번
째의 業相은 能(주관)과 所(객관)가 나누어지지 않았으나,
두 번째 전상(轉相)은 점차 見分이 세워지고, 세 번째 現相
은 相分이 단박에 나타난다.

<기신론>에서 이르길,「불각(不覺)으로 인해 마음이 동
(動)한다」라고 한 것에서, 동(動)은 업식(業識)인데, 그 이
치(理致)가 극히 미세하다. 말하자면 本覺心이 무명풍(無
明風)으로 인해서 온 바탕이 미동(微動)하는데, 미동하는

相이 아직 밖으로 반연(攀緣)되지 않는 것이 바로 不覺이다. 정미(精微)한 움직임이 숨어서 흐른다는 뜻이다. '정(精)'이란 미세함을 말한다. '은(隱)'이란 비밀(秘密)함을 말한다. 즉 이렇게 세동밀류(細動密流)는 지각하기 어려우므로 불각(不覺)이라고 한다.

謂從本覺有不覺生。即爲業相。喩如海微波。從靜微動。而未從此轉移本處。轉相者。假無明力。資助業相。轉成能緣。有能見用。向外回起。即名轉相。雖有轉相。而未能現五塵。所緣境相。喩如海波浪。假於風力。兼資微動。從此擊波轉移而起。現相者。從轉相而成現相。方有色塵山河大地器世間等。

말하자면 本覺으로부터 不覺이 생기니 즉 업상(業相)이다. 비유하자면 바다의 미세한 파도가 고요하다가 미동(微動)하되 아직 전변(轉變)하여 본처를 옮기지 않은 상태이다. 전상(轉相)이란 것은 無明力을 빌려 업상을 돕고, 전변(轉變)하여 능연(能緣)을 이룬다. 能見하는 작용이 있어 밖을 향하여 돌이켜 일으키니 전상(轉相)이라 부른다. 비록 전상(轉相)이 있어도 아직 오진(五塵: 色塵·聲·香·味·觸塵)인 所緣인 경계상은 능히 나투지 못한다. 비유컨대 바다의 파도가 바람의 힘을 빌려 微動을 도와서, 이로부터 파도치면서 전이(轉移)하며 일어나는 것과 같다. 現相이란, 轉相으로부터 現相이 이루어지면서 바야흐로 색진(色塵), 산하대지, 기세간(器世間) 등이 나타난다.

如仁王經云。初剎那識異於木石者。有說初識。隨
於何趣續生位中。最初剎那第八識也。識有緣慮。異
於木石。有說初識。如楞伽經云。諸識有三種相。謂轉
相。業相。真相。言真相者。本覺真心。不籍妄緣。名
自真相。業相者。根本無明。起靜令動。動為業識。極
微細故。轉相者。是能見相。依前業相轉成能緣。雖有
能緣。而未能顯所緣境故。現相者。即境界相。依前轉
相。能現境故。又云。頓分別知自心及身。安立受用境
界如次。即是根身外器色等五境。以一切時任運現故。
此是三細。即本識故。

저 <인왕경>에서 이르길, 「처음인 찰나식(剎那識)이 목
석(木石)과 다르다」고 하였다. 초식(初識)이라고 하는 것은
어디에 따른 것인가? 다음 생으로 이어지는 단계에서 최초
의 찰나가 제8식이다. 識에는 연려(緣慮)함이 있어 목석(木
石)과 다르다. 初識이라고 설명하는 것은, 저 <능가경>에
서 이르기를, 「諸識에 3종상이 있으니 전상(轉相), 업상(業
相), 진상(眞相)을 말한다.」고 하였다. 眞相이란 本覺의 眞
心인데, 망령된 緣에 의지하지 않으므로 自眞相이라 부른
다. 業相이란 근본(根本)무명(無明)이다. 고요한 데서 움직
임을 일으키고, 동(動)하여 業識이 되는데, 극히 미세하다.
전상(轉相)이란 바로 능견상(能見相)이다. 앞의 업상(業相)

에 의지하여 능연(能緣)을 전성(轉成)한다. 비록 能緣이 있으나 아직 所緣의 경계가 나타나지 않았다. 현상(現相)이란 곧 경계상이다. 앞의 轉相에 의지하여 능히 경계를 나투는 까닭이다. 또 일렀다. 「단박에 자심(自心)과 자신(自身)을 분별하여 알고, 경계를 차서(次序)에 따라서 안립(安立)하여 수용(受用)하니 곧 根, 身, 바깥의 기세간, 색(色) 등 5境을, 일체시(一切時)에 任運하여 나툰다.」 이것이 삼세(三細)이니 바로 본식(本識)이기 때문이다.

最初業識。即為初依生起門為次第故。又遠劫來。時無初始。過未無體。熏習唯心。妄念為初。違真起故。又從靜起動。名之為業。從內趣外。名之為轉。真如之性不可增減。名為真相。亦名真識。此真識。即業轉現等三性。即神解性。不同虛空。通名識。亦名自相。不籍他成故。亦名智相。覺照性故。所以云。本覺真心。不籍妄緣。以真心之體。即是本覺。非動轉相。是覺性故。

최초(最初)의 업식(業識)이라 함은 처음에 生起門에 의거하여 차제(次第)를 세운 것이다. 또한 원겁(遠劫) 이래(以來)로 시(時)에는 초시(初始)가 없고, 과거와 미래는 무체(無體)다. 훈습(熏習)도 유심(唯心)이니 망념(妄念)이 초(初)가 됨은 참에 위배되어 일어나기 때문이다. 또한 고요한데서 기동(起動)함을 이름하여 업(業)이라 한다. 안에서 밖으로 향하여 나아감을 이름하여 전(轉)이라 한다. 진여의 성품은 증감(增減)이 없음을 이름하여 眞相이라 하고, 또 眞識이라 한다. 이 眞識이 곧 業相과 轉相과 現相인 三性이니, 바로 神解하는 性이어서 허공과 같지 않으므로 通名하여 식(識)이라고 한다. 또 자상(自相)이라고도 하는 것은 다른 것에 의지하지 않고 이루어지는 까닭이다. 또한 지상(智相)이라고도 하는데 覺照性이기 때문이다. 그래서 이르길, 「본각(本覺) 진심(眞心)은 망연(妄緣)에 의지하지 아니한다」고 하였다. 진심의 체(滯)가 곧 본각(本覺)이며, 동전(動轉)하는 상(相)이 아니니 각성(覺性)이기 때문이다.

又釋云。初刹那識異於木石者。謂一念識有覺受故。異於木石。即顯前念中有末心所見赤白二穢。即同外器木石種類。此識生時。攬彼為身。故異木石。問。遠劫無始。名初識耶。答。過去未來無體。刹那熏習。唯屬現在。現在正起妄念之時。妄念違真。名為初識。非是過去有識創起。名為初識也。應知橫該一切處。豎通無量時。皆是即今現在一心。決無別法。所以法華經云。我觀久遠猶若今日。則三世情消。契無時之正軌。一真道現。證唯識之圓宗。已上釋三細相訖。

또 해석(解釋)하였다. '처음인 찰나식(刹那識)은 목석(木石)과 다르다'고 함은 一念인 識에 각수(覺受)가 있는 까닭에 목석과 다르다는 것이다. 즉 前念이 드러난 중(中)에 末心이 나투는 적백이예(赤白二穢)는 즉 바깥 기세간

(器世間)의 목석(木石) 종류와 같다. 이 식(識)이 생하는 때에 저것을 취하여 자신(自身)으로 삼기 때문에 목석(木石)과 다르다.

문(聞): 원겁(遠劫)에 시초가 없음을 초식(初識)이라고 합니까?

답(答): 과거와 미래는 무체(無體)이다. 찰나(刹那)의 훈습(熏習)은 오직 현재(現在)에 속한다. 현재에 망념(妄念)이 바로 일어나는 때에, 망념(妄念)이 진실에 어긋남을 이름하여 초식(初識)이라고 한다. 과거(過去)에 식이 창기(創起)한 것을 이름하여 초식(初識)이라 함이 아니다. 마땅히 알아라. 횡(橫)으로는 일체처(一切處)에 해당하고, 수(豎)로는 무량시(無量時)에 통하는 것이 모두 지금 현재(現在)의 일심(一心)에 즉(卽)해 있으니 결정코 별법(別法)이 없다. 그래서 <법화경>에서 일렀다. 「내가 저 구원(久遠)을 보니, 마치 금일(今日) 같다.」 즉 三世의 정식(情識)이 소멸되어 無時의 정궤(正軌)에 계합(契合)하면 하나인 진도(眞道)가 드러나고, 유식(唯識)의 원종(圓宗)을 증명한다.

이상(異相)으로 삼세(三細)의 상(相)을 해설해 마친다.

次解六麤相者。論云。後以有境界緣故。復生六種相。故名麤。六麤者。一起計。一者智相。依於境界。心起分別。愛與不愛故。二生愛。二者相續相。依於智故。生其苦樂。覺心起念。相應不斷故。三取著。三者執取

相。依於相續。緣念境界。住持苦樂。心起著故。四立
名。四者計名字相。依於妄執。分別假名言相故。五造
業。五者起業相。依於名字。尋名取著。造種種業故。六
受報。六者業繫苦相。以住業受報。果不自在故。上三細
六麤。總攝一切染法。皆因根本無明。不了真如一心而
起。

다음은 육추(六麤)의 상(相)에 대해 해설한다. <기신
론>에서 일렀다.「뒤에 경계(境界)를 반연(攀緣)함이 있
으므로 다시 6종의 상(相)이 생긴다.」까닭에 이름하여 추
(麤)라고 한다. 육추(六麤)란, 1은 분별이 일어남이니, 일자
(一者)는 智相이다. 경계에 의지하여 마음이 분별을 일으켜
서, 애착함과 애착하지 않음이 있는 까닭이다. 2는 애착을
냄이니, 이자(二者)는 相續相이다. 智에 의지하는 까닭에
그 고락(苦樂)이 생긴다. 지각하는 마음이 念을 일으켜 상
응(相應)이 끊이지 않는 까닭이다. 3은 취착(取著)이니, 삼
자(三者)는 집취상(執取相)이다. 상속에 의지해서 경계를
緣하고 염(念)하여 고락(苦樂)에 주지(住持)한다. 마음이
일어나 집착하기 때문이다. 4는 입명(立名)이니, 사자(四
者)는 計名字相이다. 망집(妄執)에 의지해서 가명(假名)인
언설(言說)상(相)을 분별하는 까닭이다. 5는 조업(造業)이
니, 오자(五者)는 기업상(起業相)이다. 名字에 의지해서 이
름을 찾고 취착(取著)하며 갖가지 업을 짓는 까닭이다. 6은
수보(受報)니, 육자(六者)는 업계고상(業繫苦相)이니 업에

　　　　　　　　　　　　　　　주심부와 유식

머물러서 과보를 받는데, 과보(果報)에 자재(自在)하지 못하기 때문이다.

　이상(以上)의 삼세(三細)와 육추(六麤)는 모든 오염된 법을 다 포섭한다. 모두가 근본(根本)무명(無明)에 인연하므로 진여(眞如)일심(一心)이 일어나는 줄을 알지 못한다.

[심부(心賦) 제426번]

<ruby>根<rt>근</rt></ruby> <ruby>身<rt>신</rt></ruby> <ruby>國<rt>국</rt></ruby> <ruby>土<rt>토</rt></ruby>。 <ruby>因<rt>인</rt></ruby> <ruby>本<rt>본</rt></ruby> <ruby>識<rt>식</rt></ruby> <ruby>而<rt>이</rt></ruby> <ruby>先<rt>선</rt></ruby> <ruby>生<rt>생</rt></ruby>。

根身國土。因本識而先生。

육근(六根)과 육체(肉體)와 국토(國土)는
본식(本識)으로 인하여 먼저 생긴다.

[주(註)] 根身器世間。從第八識而建立。如唯識論云。一切三界。但唯有識。識有二種。一顯識。即是本識。此本識。轉作五塵四大等。二分別識。即是意識。於顯識中。分別作人天長短大小男女諸佛等。分別一切法。譬如依鏡影色得起。如是緣顯識。分別識得起。又轉識。能迴轉造作無量識法。或轉作根。或轉作塵。轉作我。轉作識。如此種種不同。唯識所作。或於自於他。互相隨逐。於自則轉為五陰。於他則轉為怨親中人。

육근(六根)과 육신(肉身)과 기세간(器世間)은 제8식으로부터 건립된다. 저 <유식론>에서 일렀다.

「일체(一切) 세계는 단지 오직 식(識)만 있을 뿐이다. 識에 2종이 있다. 1은 현식(顯識)이니 곧 본식(本識)이다. 이 본식(本識)이 오진(五塵)과 사대(四大) 등을 전작(轉作)한다.[25] 2는 분별식(分別識)이니 곧 의식(意識)이다. 현식(顯識) 중에서 人天·長短·大小·男女·諸佛 등을 분별(分別)하여 짓고는, 일체법(一切法)을 분별(分別)한다. 비유컨대, 거울의 영상(影像)을 의지해서 색(色)이 일어나는 것과 같다.」 이와 같이 현식(顯識)을 반연(攀緣)하여 분별식(分別識)이 일어난다.

「또 전식(轉識)은 능히 회전(廻轉)하며 무량한 식법(識法)을 조작(造作)한다. 혹은 근(根)을 전작(轉作)하고, 혹은 진(塵)을 전작하며, 아(我)를 전작하고, 식(識)을 전작한다. 이와 같이 갖가지로 같지 않은 것들을 오직 식(識)이 지은 것이다. 혹은 자(自)와 타(他)에서 서로 따라서 좇아가는데, 자기(自己)에서는 전변(轉變)하여 오음(五陰)이 되고, 타인(他人)에서는 전변(轉變)하여 원망(怨望)하는 사람이나 친숙(親熟)한 사람이 된다.」

一一識中。皆具能所。能分別是識。所分別是境。能

---

25) 오진(五塵)은 육진(六塵)에서 법진(法塵)을 제외한 것이다.

주심부와 유식

即依他性。所即分別性。由如此義。離識之外。更無別
境。但唯有識。又轉識論。明所緣識。轉有二種。一轉
為眾生。二轉為法。一切所緣。不出此二。此二實無.但
是識轉作二相貌也。又論云。雖非無色。而是識變。謂識
生時。內因緣力。變似眼等色等相現。即以此相。為所依
緣。然眼等根。非現量得。以能發識。比知是有。此但功
能。非外所造。外有對色。理既不成。故應但是內識變
現。

하나하나의 식(識) 가운데 모두 能과 所를 갖추는데, 능
분별(能分別)이 識이고, 소분별(所分別)이 경계이다. 能은
곧 의타성(依他性)이고, 所는 곧 분별성(分別性)이다. 이러
한 뜻으로 말미암아 식(識)을 떠나서는 외부에 다른 경계가
없고, 단지 오직 식(識)뿐이다.

또한 <전식론>轉識論에서 소연(所緣)인 식(識)을 설명
하였다.「전변(轉變)에 2종이 있다. 1은 중생(衆生)으로 전
변(轉變)함이고, 2는 법(法)으로 전변(轉變)함이다. 일체
(一切)의 소연(所緣)이 이러한 둘을 벗어나지 않는다. 이 둘
은 실(實)은 무(無)이고, 단지 이 식(識)이 두 가지 모습을
전작(轉作)한다.」

<성유식론>에서 일렀다.「비록 無色이 아니지만, 이것
은 식(識)이 전변(轉變)한 것이다. 말하자면 식(識)이 생
(生)할 때에 내인연력(內因緣力)으로 유사(類似)한 안(眼)
등과 색(色) 등의 상(相)이 나타나서, 바로 이 相이 소의연

(所依緣)이 된다. 그러나 안(眼) 등의 근(根)은 현량(現量)으로 얻는 것이 아니다. 능(能)히 발식(發識)하므로 비지(比知)로 이것이 있는 줄 안다. 이는 단지 공능(功能)이지 밖에서 만든 것이 아니다. '외부(外部)에 상대(相對)하는 색(色)이 있다'는 말은 이치가 성립(成立)되지 않는다. 그러므로 단지 이 내식(內識)이 변현(變現)한 것이다.」

釋云。眼等雖有所依所緣之色。而是識所變現。非是心外別有極微以成根境。但八識生時。內因緣種子力等。第八識變似五根五塵。眼等五識。依彼所變根。緣彼本質塵境。雖親不得。要託彼生。實於本識色塵之上。變作五塵相現。即以彼五根為所依。以彼及此二種五塵為所緣緣。五識若不託第八所變。便無所緣緣。所緣緣中。有親疏故。

해석(解釋)하여 말했다. 안(眼) 등에 비록 소의(所依) 소연(所緣)하는 색(色)이 있으나, 이것은 식(識)이 변하여 나타난 것이지, 마음 밖에 따로 극미(極微)가 있어서 근(根)과 경계(境界)를 이룬 것이 아니다. 단지 8식이 생기는 때에 내인연(內因緣)인 종자력(種子力) 등으로, 제8식(識)이 유사(類似)한 오근(五根)과 오진(五塵)을 전변(轉變)한다. 안(眼) 등의 오식(五識)은 저 소변(所變)한 근(根)에 의지하고, 저 본질(本質)인 진경(塵境)을 반연(攀緣)한다. 비록 친(親)히 얻지는 못하고, 저것의 생(生)에 의탁(依託)해야만 한다. 실(實)은 본식(本識)의 색진(色塵) 위에서 변작(變作)한 오진(五塵)의 상(相)이 나타나는데, 이때에 저 오근(五根)이 소의(所依)가 된다. 저것과 이것, 두 종류의 오진(五塵)이 소연연(所緣緣)이 된다.[26] 오식(五識)이 만약 제8식의 소변(所變)에 의탁하지 않으면, 문득 소연연(所緣緣)이 없다. 소연연(所緣緣) 중에 친소(親疎)가 있기 때문이다.

然眼等根非現量者。色等五塵。世間共見。現量所得。眼等五根。非現量得。除第八識緣及如來等緣。是現量得。世不共信餘散心中無現量得。此但能有發識之用。比知是有。此但有功能。非是心外別有大種所造之色。此功能言。即是發生五識作用。觀用知體。如觀生芽。比知種體是有。

"그러나 안(眼) 등의 근(根)은 현량(現量)이 아니다"라고 한 것은, 색(色) 등의 오진(五塵)은 세간에서 함께 보는 공견(共見)이니 현량(現量)으로 얻지만, 안(眼) 등의 오근(五根)은 현량(現量)으로 득(得)하지 않는다. 제8식이 반연(攀緣)하거나 여래(如來) 등이 반연(攀緣)하는 것은 제외하니, 이것은 현량(現量)으로 득(得)한다. 그 밖에 산심(散心) 중에서는 현량(現量)으로 득(得)함이 없다는 것을 세간(世間)에서는 함께 믿지 못한다. 이것은 단지 능히 발식(發識)하는 용

---

26) '저것과 이것인 2종(種)'은 비슷하게 변한 본질(本質)인 진경(塵境)과 경계상(境界相)을 가리킨다.

(用)이 있으므로, 비지(比知)로 이것이 '있음'을 안다. 이는 그러한 공능(功能)이 있는 것이지, 마음 밖에 따로 대종(大種)으로 만들어진 색(色)이 있는 것이 아니다. 이 공능(功能)이란 것은 바로 오식(五識)작용을 발생(發生)시키는 것이니, 용(用)을 보고 체(體)를 앎이다. 마치 싹이 나온 것을 보고서 종자(種子)의 바탕이 있음을 비지(比知)하는 것과 같다.

所以密嚴經偈云。眼色等為緣。而得生於識。猶火因薪熾。識起亦復然。境轉隨妄心。猶鐵逐磁石。如乾城陽燄。愚渴之所取。中無能造物。但隨心變異。復如乾城人。往來皆不實。眾生身亦爾。進止悉非真。亦如夢中見。寤後即非有。妄見蘊等法。覺已本寂然。四大微塵聚。離心無所得。

그래서 <밀엄경>의 게송(偈頌)에서 일렀다.

「안색(眼色) 등이 연(緣)이 되어서,
식(識)이 생(生)하는 것은,
마치 불이 장작으로 인하여 타는 것과 같고,
識이 생기는 것도 또한 그러하다.

경계(境界)가 망심(妄心)따라 전변(轉變)함도
마치 쇠가 자석(磁石)을 좇아감과 같고,
건달바성(乾闥婆城)과 아지랑이와 같으니,

　　　　　주심부와 유식

우매(愚昧)나 갈증(渴症) 때문에 이를 취(取)한다.

그 가운데 능히 조물(造物)하는 자는 없으니,
다만 마음 따라 변이(變異)한 것이다.
또한 마치 건달바성(乾闥婆城)에서, 사람들이
왕래(往來)하는 것이 모두 부실(不實)함과 같다.

중생(衆生)의 몸도 또한 이와 같아서
나아가고 멈춤이 다 참이 아니다.
또한 꿈속에서 보는 것과 같아서
깨어난 후에는 있는 것이 아니다.

망령되이 오온(五蘊) 등의 법(法)을 보지만
깨어나면 본래 적연(寂然)하다.
사대(四大)나 미진(微塵)의 뭉치도
마음을 떠나서는 얻을 수가 없다.」

[심부(心賦) 제427번]

연 추 고 저 。 종 분 별 이 잠 기 。
妍醜高低。從分別而潛起。

예쁘고 추함과 높고 낮음은
분별(分別)로부터 서서히 일어난다.

[주(註)] 凡分別。屬第六意識。分別有三。一自性分別。
二隨念分別。三計度分別。如祖師偈曰。境緣無好醜。好
醜起於心。心若不強名。妄心從何起。妄心旣不起。眞心
任遍知。

　　무릇 분별(分別)은 제6의식(意識)에 속한다. 분별에 셋
이 있다. 一은 자성분별(自性分別)이고, 二는 수념분별(隨
念分別)이며, 三은 계탁분별(計度分別)이다. 저 조사(祖
師)의 게송에 일렀다.

　　「경계(境界)에 반연(攀緣)하나 호추(好醜)가 없는데,
　　호추(好醜)는 마음에서 일어난다.
　　마음이 억지로 이름 짓지 않으면,
　　망심(妄心)이 어디로부터 일어나겠는가!
　　망심(妄心)이 이미 일어나지 않으면,
　　진심(眞心)이 저절로 변지(遍知)할 뿐이다.」

[심부(心賦) 제430번]

인 파 귀 화 。　 영 리 업 식 지 심 。
人波鬼火。寧離業識之心。

　　　　　　　　　　　　　　　주심부와 유식

사람이 보면 파도인데 귀신은 불로 보인다.
어찌 업식(業識)인 마음을 떠나겠느냐!

[주(註)] 唯識論云。且如一水。四見成差。天見是寶嚴
地。人見是水。餓鬼見是火。魚見是窟宅。故知前塵無定
相。轉變由人。如云。境隨業識轉。是故說唯心。識論
云。身不定如鬼者。或見猛火。或見膿河等。實是清河。
無外異境。然諸餓鬼。悉皆同見膿滿河而流。乃至慳悋業
熟同見此。若由昔同業各熏自體。此時異熟皆並現前。彼
多有情同見斯事。實無外境。為思憶故。

    <유식론>에서 일렀다.「또 저 하나의 물인데, 네 가지
견해(見解)로 차이(差異)가 있다. 하늘에서 보면 보배로 장
엄된 땅이고, 사람이 보면 이 물이고, 아귀가 보면 이 불이
고, 물고기가 보면 굴택(窟宅)이다.」따라서 전진(前塵)에
고정된 상(相)이 없고, 전변(轉變)은 사람에 연유함을 알
겠다. 그래서 이르기를,「경계는 업식(業識)에 따라 전변
(轉變)한다. 이 까닭에 유심(唯心)이라고 설한다.」고 했다.
<유식론>에 일렀다.「몸은 일정하지 않아서, 마치 귀신이
물을 혹은 맹화(猛火)로 보고, 혹은 농혈(膿血)이 흐르는 강
으로 보는 것과 같다.」실(實)은 맑은 강물이고 다른 이경
(異境)이 없는데, 여러 아귀(餓鬼)들은 모두 다 똑같이 농혈
(膿血)이 가득 찬 강물이 흐르는 것으로 본다. 내지 인색한

업(業)이 무르익은 자도 마찬가지로 이렇게 본다. 만약 과거에 동업(同業)을 지어 각기 자체(自體)를 훈습(熏習)하였다면, 이때 이숙(異熟)이 모두 함께 현전(現前)한다. 저 많은 유정(有情)들이 이것을 똑같이 보지만, 실은 바깥 경계가 없다. 사억(思憶) 때문에 그렇게 보인다.

準其道理。世間亦然。共同造作所有熏習成熟之時更無別相。色等相分從識而生。是故定知不由外境。識方得起。現見有良家賤室貧富等異。如是便成見其色等應有差別。同彼餓鬼見成非等。然諸餓鬼雖同一趣。見亦差別。由業異故。

그 도리에 준(準)하면, 세간(世間)도 또한 그러하다. 공동(共同)으로 지은 모든 훈습(熏習)이 성숙(成熟)한 때에 다른 별개의 상이 없으면 색(色)등의 相分이 식으로부터 생긴다. 따라서 바깥 경계에 연유하지 아니한 줄을 확정적으로 알겠다. 식(識)이 바야흐로 일어나면, 양가(良家)와 천실(賤室), 빈부(貧富)의 차이(差異)가 나타나 보이며, 이와 같이 바로 그 색(色) 등에 응당 차별(差別)이 있음을 문득 보는 것이, 저 아귀(餓鬼)들이 그렇게 보는 것과 같다. 그러나 모든 아귀가 비록 동일(同一)한 종류(種類)이지만, 보는 견해(見解)에 차별이 있는 것은 업(業)이 다르기 때문이다.

所見亦然。彼或有見大熱鐵圍。融煮迸瀁。或時見有屎尿橫流。非相似故。或有雖同人趣。薄福之人。金帶現時。見為鐵鏁。或見是蛇。吐其毒火。是故定知。雖在人趣。亦非同見。但唯識變。法無差別。如先德云。人水鬼火。豈在異方。毛海芥山。誰論巨細。一塵一識。萬境萬心矣。故知境隨業識而轉。物逐情感而生。若離於心。萬法何有。

　보이는 것도 또한 그러하다. 그들이 혹은 대열철위(大熱鐵圍)에서 열에 삶기며 진땀을 흘리는 모습을 보기도 하고, 어느 때는 분뇨가 흐르는 모습을 보기도 하는데, 비슷하지 않은 까닭이다. 혹은 비록 같은 인간(人間)종류(種類)라 하더라도, 박복(薄福)한 사람은 황금의 띠가 쇠사슬로 보이거나 혹은 뱀이 독화(毒火)를 내뿜는 것으로 보인다. 이 까닭에 분명하게 알겠다. 비록 인류(人類)이더라도 또한 똑같이 보이는 것이 아닌 것은, 단지 오직 식변(識變)이고 법(法)은 차별이 없다. 저 선덕(先德)이 일렀다.

　「사람은 물로 보는데, 귀신은 불로 본다. 어찌 다른 장소에 모해(毛海)와 개산(芥山)이 있을 것이며, 누가 크고 작음을 논(論)할 것인가! 하나의 진경(塵境)이 하나의 식(識)이고, 만경(萬境)은 만심(萬心)이다.」까닭에 알겠구나. 경계(境界)는 업식(業識)을 따라서 전변(轉變)하고, 사물(事物)은 정감(情感)을 좇아서 생긴다. 만약 마음을 떠나면 만법(萬法)이 어떻게 있겠는가!

[심부(心賦) 제431번]

^{적 현 다 문} ^{광 도 실 지}
跡現多門。光韜實地。
^{불 용 천 안 이 시 방 통 명}
不用天眼而十方洞明。

자취는 여러 문(門)에 드러나고,
빛은 실지(實地)에 숨었다.
천안(天眼)을 쓰지 않고도 十方이 통명(洞明)하다.

[주(註)] 華嚴疏云。菩薩悟普法故。名為普眼。眼外無
法。故名普眼。既心眼之外。無纖毫之法。即知心遍一切
處。故楞嚴經云。十方虛空生汝心中。猶如片雲點太清
裏。豈空中十方國土。而不明見乎。所以志公和尚偈云。
大士肉眼圓通。二乘天眼有瞖。又淨名經云。不以二相
見。名真天眼。以了一心。無相可得。由無相即無有二。
是名真天眼。

　　<화엄소>에서 일렀다. 「보살이 보법(普法)을 깨달은 까
닭에 이름하여 보안(普眼)이라 한다. 안(眼) 외에 다른 법
(法)이 없으므로 보안(眼普)이라 부른다.」 이미 심안(心眼)
외에 터럭만 한 법(法)도 없으므로, 바로 마음이 일체처(一
切處)에 두루함을 안다. 까닭에 <능엄경>에서 일렀다. 「十
方 허공이 너의 마음에서 생기는 것이 마치 조각 구름이 푸
른 하늘에 점(點)친 것과 같으니, 어찌 허공 중에 있는 十方

국토를 분명하게 보지 못하겠는가!」그래서 지공(志公)화상이 게송에서 일렀다.

「대사(大士)의 육안(肉眼)은 원통(圓通)한데,

이승(二乘)의 천안(天眼)은 눈병이 있다.」

또 <정명경>淨名經에서 일렀다.「이상(二相)으로 보지 아니함을 이름하여 진(眞) 천안(天眼)이라 한다.」일심(一心)을 요달하여 얻을 수 있는 상(相)이 없으니, 無相으로 말미암아 바로 둘이 없으므로, 이를 이름하여 진(眞) 천안(天眼)이라 한다.

[심부(心賦) 432번]

기 운 신 통 이 천 계 비 지 。
豈運神通而千界飛至。

어찌 신통을 운용하여 천계(千界)를 날아서 도달하겠는가!

[주(註)] 不動一心。恒遍十方刹海。無來去之相。是神足通。故經云。諸佛菩薩。於無二法中。現大神變矣。

부동(不動)의 一心이 항상 시방(十方) 찰해(刹海)에 두루 하므로, 오고 가는 상(相)이 없으니 신족통(神足通)이다. 까닭에 경(經)에서 일렀다. 「제불(諸佛)보살(菩薩)이 무이법(無二法) 가운데서 대신변(大神變)을 나툰다.」

[심부(心賦) 433번]

未離兜率。雙林而已般涅槃。

도솔천을 떠나지 아니한 채,
쌍림(雙林)에서 이미 반열반(般涅槃)하시다.

[주(註)] 華嚴論明如來八相成道。釋天猶未下。母胎猶未出。雙林而已般涅槃。不出一刹那際三昧。當知降生時。即是說法時。即是涅槃時。以不出一心故爾。

　　<화엄론>에서 여래팔상성도(如來八相成道)를 설명하였다. 「제석천(帝釋天)에서 아직 내려오지 않았고, 모태(母胎)에서 아직 나오지도 않았는데, 쌍림(雙林)에서 이미 반열반(般涅槃)에 드셨으며, 일찰나(一刹那) 동안도 삼매(三昧)에서 나오지를 않았다.」 마땅히 알지니, 강생(降生)한 때가 곧 설법한 때이고, 곧 열반한 때이니, 일심(一心)을 벗어나지 않았기 때문이다.

肇論涅槃論云。至人空洞無像。而物無非我。會萬物
以為己者。其唯聖人乎。何則。非理不聖。非聖不理。理
而為聖者。聖不異理也。故天帝曰。般若當於何求。善吉
曰。般若不可於色中求。亦不可離色中求。又曰。見因緣
起為見法。見法為見佛。斯則物我不異之教。所以至人戢
玄機於未兆。藏冥運於即化。總六合以鏡心。一去來以成
體。古今通。始終同。窮本極末。莫之與二。浩然大均。
乃曰涅槃。

　　<조론>肇論의 「열반론」涅槃論에서 일렀다. 「至人은
텅 비어 形像이 없고, 事物은 非我가 없다. 만물을 모두 會
合하여 自己로 하는 者는 오직 聖人뿐이다! 왜 그러한가.
非理면 不聖이고, 非聖이면 非理다. 理에 합당하면 성인이
라는 말은, 聖이 理와 다르지 않다. 까닭에 천제(天帝)가 일
렀다. "반야(般若)를 마땅히 어디에서 구해야 합니까?" 선
길(善吉)이 말한다. "반야(般若)는 색(色) 가운데서 구할
수 없으며, 또한 색(色)을 떠나서도 구할 수 없다." 또 말한
다. "인연(因緣)으로 기(起)함을 봄이 견법(見法)이고, 견법
(見法)이 견불(見佛)이다. 이것은 물아(物我)가 불이(不異)
라는 가르침이다. 까닭에 至人은 아직 징조로 드러나지 않
았을 때에 현기(玄機)를 감추어 두었다가 은연중에 운용하
여 바로 교화하는 데 쓴다. 육합(六合)으로 경심(鏡心)으로
삼고, 하나의 去來로 바탕을 이룬다. 古今에 통하니 시작과
끝이 같다. 本에 궁구(窮究)하고, 末까지 탐구(探究)한다.

둘로 봄이 없어 호연(浩然)하여 대균(大均)하다. 그래서 열반(涅槃)이라 한다.」

[심부(心賦) 444번]

날 목 지 처 。 비 삼 유 지 허 화 。
揑目之處。 飛三有之虛華。

눈을 비빈 자리에
삼유(三有)의 허공꽃이 날아다닌다.

[주(註)] 首楞嚴經云。三界有法。揑所成故。於欲界色界無色界中所有之法。皆是揑出。本無來處。徹底唯空。又如揑目生華。有何眞實。唯有眞心遍一切處。有佛無佛。性相常住。故經云。眼病見空華。除瞖不除華。妄心執有法。遣執不遣法。又一切國土。皆想持之。取像曰想。若無想則無境。如盛熱時。地蒸炎氣。日光爍之。遠望似水。但是心想。世間所見。皆如燄水。無有眞實。

    <수능엄경>에서 일렀다.「三界에 법(法)이 있는 것은, 눈을 비벼서 이루어진 것이니, 욕계 색계 무색계 중의 모든 법(法)은 다 비벼서 나온 것이다. 본래 온 곳이 없고 철저히 오직 공(空)일 뿐이다.」 또 눈을 비벼서 생긴 허공꽃이 어찌

진실(眞實)이겠는가! 오직 진심(眞心)만이 일체처(一切處)에 두루 하다. 有佛이든 無佛이든, 性相은 常住한다. 까닭에 경(經)에서 이른다.「눈에 병이 들면 허공꽃이 보이는데, 눈병은 제거(除去)하지만 허공꽃은 제거(除去)하지 않는다.」망심(妄心)으로 집착(執着)하니 법(法)이 있는데, 집착(執着)은 버리지만 법(法)은 버리지 않는다. 또 일체(一切) 국토가 다 상념(想念)으로 지지(支持)된다. 모습을 취함을 想이라 한다. 만약 想이 없으면 경계(境界)가 없다. 마치 뜨거운 열(熱)이 왕성(旺盛)하면 땅의 열기(熱氣) 때문에 염기(炎氣)가 햇빛에 반짝이는데 멀리서 바라보면 물인 듯한데, 이는 단지 마음의 想일 뿐이다. 세간에서 보이는 것들은 모두가 아지랑이와 같아 진실(眞實)함이 없다.

如華嚴經頌云。勇猛諸佛子。隨順入妙法。善觀一切想。心想方世間。眾想如陽燄。令眾生倒解。菩薩善知想。捨離一切倒。眾生各別異。形類非一種。了達皆是想。一切無真實。十方諸眾生。皆為想所覆。

저 <화엄경>의 게송에서 일렀다.

「용맹스런 저 불자(佛子)여!

묘법(妙法)에 수순(隨順)하여 들어가서

모든 상념(想念)을 잘 관찰하라!

심상(心想)은 세간(世間)과 같고

중상(眾想)은 아지랑이와 같아서

중생으로 하여금 잘못 알게 한다.
보살(菩薩)은 상념(想念)을 잘 알아서
모든 잘못 아는 것을 버린다.
중생(衆生)은 각각 별이(別異)하여
형류(形類)가 한 가지가 아니지만
요달(了達)하면 모두가 이 상념(想念)이다.
일체(一切)가 참이 없다.
十方의 모든 중생(衆生)은
다 상념(想念)으로 뒤덮여 있다.

若捨顚倒見。則滅世間想。世間如陽燄。以想有差
別。知世住於想。遠離三顚倒。譬如熱時燄。世見謂為
水。水實無所有。智者不應求。眾生亦復然。世趣皆無
有。如燄住於想。無礙心境界。

전도(顚倒)된 지견을 버리면
世間의 想念이 사라진다.
세간은 아지랑이와 같아서
想念으로 差別이 있다.
世間이 想念에 住함을 안다면
삼전도(三顚倒)를 멀리 떠난다.
譬喩컨대, 뜨거운 때에 아지랑이를
세간(世間)이 보고 물이라고 하지만

물은 實로 없으므로

智慧로운 者는 응당 求하지 않는다.

衆生도 또한 이와 같아서

世間의 일체(一切)가 모두 없으니,

마치 아지랑이가 想念에 住하지만

無礙한 마음의 경계인 것과 같다.」

[심부(心賦) 제445번]

미두지시 。 인육진지환영 。
迷頭之時。認六塵之幻影。

머리가 미혹(迷惑)한 때에는
육진(六塵)의 환영(幻影)을 인식(認識)한다.

[주(註)] 首楞嚴經云。佛言。富樓那。汝豈不聞室羅城中
演若達多。忽於晨朝以鏡照面。愛鏡中頭眉目可見。瞋責
己頭不見面目。以爲魑魅。無狀狂走。此人何因無故狂
走。富樓那言。是人心狂。更無他故。是以三界之中。見
有見無。盡是心狂。終無外境

　　<수능엄경>에서 일렀다.「부처님께서 말씀하셨다. "부
루나여! 너도 들었느냐. '실라벌'성(城)에 사는 '연약달다'라

는 사람이 새벽에 문득 거울로 자기 얼굴을 비추어 보다가, 거울 속에 있는 머리에는 얼굴과 눈썹과 눈을 볼 수가 있는데, 자기 머리에는 얼굴도 눈도 눈썹도 보이지 않으므로, '도깨비가 되었다.'고 화를 내더니, 무단히 미쳐서 달아났다고 한다. 너는 어떻게 생각하느냐? 이 사람이 무슨 까닭으로 무단히 미쳐서 뛰어다니느냐." '부루나'가 대답하였다.

"이 사람은 마음이 미친 것이며, 다른 까닭이 없습니다."」

[심부(心賦) 제452번]

근 진 민 합 。 능 소 쌍 소 。
根塵泯合。能所雙銷。
요 료 이 여 동 안 견 。 일 일 이 진 시 심 표 。
了了而如同眼見。一一而盡是心標。

근(根)과 진(塵)을 뒤섞어서 화합하니,
능(能)과 소(所)를 함께 녹인다.
두렷 두렷하여 마치 눈으로 보는 것 같고,
하나 하나가 모두 이 마음의 표상(標相)이다.

[주(註)] 若決定信入此唯識正理。速至菩提。如登車而立至遐方。猶乘舟而坐昇彼岸。如經所說。言大乘者。謂是

菩提薩埵所行之路。及佛勝果。為得此故。修唯識觀。是
無邊失方便正路。為此類故。顯彼方便。於諸經中種種行
相而廣宣說。如地水火風并所持物。品類難悉。方處無
邊。由此審知自心相現。遂於諸處捨其外相。遠離欣慼。
復觀有海喧靜無差。棄彼小途。絕大乘望。及於諸有耽著
之類。觀若險崖。深生怖畏。

　만약 결정코, 이 유식(唯識)의 정리(正理)에 믿고 들어
가면, 신속하게 보리(菩提)에 이른다. 마치 마차를 타면 바
로 먼 곳에 이르는 것과 같고, 배를 타면 앉아서 피안(彼岸)
에 이르는 것과 같다. 저 경(經)에서 이른 바와 같다.

　「대승(大乘)이란, 보리살타(菩提薩埵)가 수행하는 길
이며, 佛의 승과(勝果)이니, 이를 얻고자 유식관(唯識觀)을
수행한다.」이는 변실(邊失)이 없는 방편(方便)인 정로(正
路)이다. 이러한 종류(種類)를 위해서 저 방편을 드러내었
다. 여러 경(經)에서 갖가지 행상(行相)을 넓게 선설(宣說)
하였다. 마치 지수화풍(地水火風)이 갖추어져 있는 사물에
서 그 품류(品類)를 다 헤아리기가 어렵고, 그 처소가 무변
(無邊)한 것과 같다. 이렇게 자심(自心)의 상(相)이 나타난
것임을 살펴서 알면, 마침내 모든 자리에서 그 바깥의 相을
버리고, 기쁨과 슬픔을 멀리 떠난다. 또한 바다가 있으나 시
끄러움과 고요함에 차별이 없음을 관찰하고, 저 소승(小乘)
을 버리고 또 대승(大乘)에 대한 희망을 끊는다. 탐착(貪着)
하던 모든 것들을 보기를 험한 절벽 같이 하여 깊이 공포

(恐怖)와 두려움이 생긴다.

五趣中道。若知但是自心所作。無邊資糧。易爲積
集。不待多時。如少用功。能成大事。善遊行處。猶若掌
中。由斯理故。所有願求。當能圓滿。隨意而轉。以了此
界一法是心。則此知無邊法界皆是我心。故云善遊行處猶
若掌中。

오취(五趣)와 중도(中道)가 단지 '내 마음이 지은 것'[自
心所作]임을 알면 무변(無邊)의 자량(資糧)을 쉽게 쌓고,
많은 시간을 기다리지 않고, 힘을 적게 들이고도 능히 대사
(大事)를 이룰 수 있다. 수행처(修行處)에서 선유(善遊)함
이 마치 손바닥 안에서 노는 듯하다. 이러한 이치에 따라서
모든 원구(願求)를 응당 원만(圓滿)하게 뜻에 따라 굴릴 수
가 있다. 이 세계가 一法인 이 심(心)인 줄을 요달(了達)하
면, 무변(無邊)한 법계(法界)가 모두 아심(我心)인 줄 안다.
그래서 이르길, '수행처(修行處)에서 선유(善遊)함이 마치
손바닥 안에서 노는 듯하다'고 하였다.

又入楞伽經偈云。不生現於生。不退常現退。同時如
水月。萬億國土見。一身及無量。身火及霆雨。心心體不
異。故說但是心。心中但是心。心無心而生。種種色形
相。所見唯是心。佛及聲聞身。辟支佛身等。復種種色
身。但說是內心。

또 <입능가경>의 게송(偈頌)에서 일렀다.

「생(生)하지 않는데도 생(生)함을 나타내고
사라지지 않았는데도 항상 사라짐을 나타낸다.
동시(同時)에 마치 물속의 달을
만억(萬億)의 국토(國土)에서 보는 것과 같다.

한 몸과 무량(無量)한 몸,
신화(身火)와 장맛비,
심(心)과 심체(心體)가 다르지 않다.
그래서 다만 심(心)일 뿐이라고 설한다.

마음 중에는 단지 이 마음뿐이니,
심(心)은 무심(無心)이면서,
갖가지 색(色)과 형상(形相)을 생(生)하니
보이는 것은 오직 이 마음뿐이다.

불신(佛身)과 성문신(聲聞身)과
벽지불신(辟支佛身) 등등(等等)과
또 갖가지 색신(色身)들이
다만 내심(內心)이라고 설명한다.」

又肇論云。淨名曰。不離煩惱而得涅槃。天女曰。不

出魔界而入佛界。然則玄道在於妙悟。妙悟在於即眞。即
眞則有無齊觀。有無齊觀則彼己莫二。所以天地與我同
根。萬物與我一體。澄觀和尚云。實相心界者。依此心
所生諸刹。譬如大海所生諸物。皆無不海。一切諸法皆從
實相心所生。皆無不心。是故當知眼中所見色。耳中所聞
聲。皆眞法也。以一切法唯一法故。如經云。一切法唯一
相故。於諸法中。若了觀心。如同眼見。

또 <조론>肇論에서 일렀다. 「정명(淨名)이 '번뇌(煩惱)
를 떠나지 아니하고 열반(涅槃)을 얻는다.'고 일렀다. 천녀
(天女)는 '마계(魔界)를 벗어나지 아니하고 불계(佛界)에
들어간다.'고 하였다. 그러하니 현묘한 도는 묘오(妙悟)에
있고, 妙悟는 眞에 즉(卽)함에 있다. 眞에 즉(卽)하면 有와
無가 가지런한 觀에 이른다. 有와 無가 가지런한 觀이 되
면 저것과 자기가 둘이 아니다. 까닭에 천지(天地)가 나와
더불어 동근(同根)이며, 만물(萬物)과 내가 더불어 일체(一
體)이다.」

징관(澄觀)화상이 일렀다. 「실상심(實相心)의 세계(世
界)란 이 마음에 의지해서 생긴 모든 세계이다. 비유컨대
큰 바다에서 생긴 모든 것이 다 바다 아닌 것이 없는 것과
같다. 일체(一切) 제법(諸法)은 모두 실상심(實相心)으로부
터 생긴 것이어서 모두가 마음 아닌 것이 없다. 따라서 마땅
히 알지니, 눈에 보이는 색, 귀에 들리는 소리가 다 진법(眞
法)이다. 일체법(一切法)이 오직 일법(一法)이기 때문이다.

저 경(經)에서 이르길, "일체법(一切法)이 오직 일상(一相)이기 때문이다"라고 하였다. 제법(諸法)에서 관심(觀心)을 요달(了達)하면 마치 눈으로 보는 것과 같다.」

[심부(心賦) 제453번]

照燭森羅。隨念而未曾暫歇。
飛穿石壁。舉意而頃剋非遙。

삼라만상을 비추되, 생각에 따르면서 일찍이 잠시도 쉰 적이 없고,
날아서 석벽(石壁)을 꿰뚫되, 뜻을 들면 경각(頃刻)이라 먼 것이 아니다.

[주(註)] 此真心體。寂而常照。猶如鏡光。無有斷絕。如高成和尚歌云。應眼時。若千日。萬象不能逃影質。凡夫祇是未曾觀。何得退輕而自屈。應耳時。若幽谷。大小音聲無不足。十方鐘鼓一時鳴。靈光運運常相續。應意時。絕分別。照燭森羅終不歇。透過山河石壁間。要且照時常寂滅。

　　이 眞心의 바탕은 '고요하되 항상 비춤'[寂而常照]이 마

치 거울빛과 같아서 단절(斷絶)됨이 없다.

　저 高成화상이 노래하여 일렀다.

「눈에 응(應)하면

천개(千個)의 태양과 같으니,

만상은 영상(影像)과 형질(形質)에서 도망가지 못한다.

범부는 단지 일찍이 본 적이 없으니,

어찌 가벼이 물러나 스스로 굴복할 것인가!

귀에 응(應)하면

깊은 골짜기와 같으니,

크고 작은 음성(音聲)이 부족하지 않다.

十方의 종과 북이 일시에 울리는데,

영광(靈光)이 운전(運轉)하여 항상 이어지네!

뜻에 응(應)하면

분별(分別)이 끊어지고,

삼라만상을 비추되 끝내 쉬지 않는다.

산하(山河)와 석벽(石壁) 사이를 투과하니

또한 비추는 때에 항상 적멸(寂滅)하다.」

[심부(心賦) 제464번]

正業常新。恒居本位。
統一心之高廣。

정업(正業)은 항상 새롭고, 항상 본위(本位)에 있다.
일심(一心)의 높고 넓음을 통섭한다.

[주(註)] 法華經云。其車高廣。高則豎徹三際。廣則橫亙
十方。攝法無遺。包藏無外。凡有所見。皆是自心。如華
嚴經云。如有人將欲命終。見隨其業所受報相。行惡業
者。見於地獄畜生餓鬼。所有一切眾苦境界。或瞋或罵。
囚執將去。亦聞嘷叫悲歎之聲。或見灰河。或見鑊湯。
或見刀山。或見劍樹。種種逼迫。受諸苦惱。作善業者。
即見一切諸天宮殿。無量天眾天諸綵女。種種衣服具足莊
嚴。宮殿園林盡皆妙好。身雖未死。而諸業力見如是事。
善財童子亦復如是。以菩薩業不思議力。得見一切莊嚴境
界。

　　<법화경>에서 일렀다. 「그 수레는 높고 넓으니, 높기는
시간으로 삼제(三際)에 통해 있고, 넓기로는 시방(十方)에
걸쳐 있다. 모든 법을 남김없이 아우르고, 예외 없이 다 포
장한다.」 무릇 보이는 모든 것은 다 자심(自心)이다.
　　저 <화엄경>에서 일렀다.

「이를테면 어떤 사람이 수명(壽命)이 끝날 때 그 업(業)에 따라 받게 되는 과보(果報)의 상(相)을 보게 된다. 악업(惡業)을 지은 자는 지옥(地獄)·축생(畜生)·아귀(餓鬼)의 모든 뭇 고통의 경계를 본다. 혹은 성을 내고, 혹은 욕하면서 죄수를 잡아가듯 데리고 간다. 또한 울부짖고 비탄(悲歎)하는 소리를 듣는다. 혹은 잿빛 강을 보고, 혹은 끓는 솥을 보며, 혹은 칼의 산을 보고, 혹은 칼의 숲을 보는데, 갖가지가 핍박해 오니 여러 가지 고뇌(苦惱)를 당한다. 한편 선업(善業)을 지은 자는 바로 모든 천상의 궁전(宮殿)과 한량없는 천중(天衆)과 천상의 여러 채녀(綵女)들을 보는데, 갖가지 의복을 갖추어 장엄하였고, 궁전과 원림(園林)은 모두 다 묘하고 뛰어나다. 몸은 비록 아직 죽지 않았으나 저 업력(業力)으로 이러한 일들을 보는 것이다.」선재(善財)동자(童子) 또한 이와 같아서 보살업(菩薩業)의 부사의(不思議)한 힘으로 일체의 장엄(莊嚴)한 경계를 본다.

[심부(心賦) 제473번]

몽 택 허 무 。
夢宅虛無。

꿈꾸는 집이 허무하다.

[주(註)] 三界是夢宅。故云長眠三界中。所夢之境。皆是夢中意識。如唯識論云。如夢觸女形。能出不淨。覺時亦爾。未觸女形之時。由極重染愛現前。便致如斯流溢之相。由於夢有等無間緣差別力故。遂便引起非理作意。以此為因。便見遺洩。又如小兒夢遺尿等事。如似夢中雖無實境。能出不淨。又如夢食毒等。應身成病。有悶絕流汗之事。此亦由其唯識有用。

삼계(三界)는 꿈꾸는 집이다. 그래서 일렀다.「삼계(三界)에서 길게 잠자면서, 꿈꾸는 경계는 모두 몽중(夢中)의 식이다.」저 <유식론>에서 일렀다.「마치 꿈에서 여자 몸을 접촉하고 사정(射精)하는 것과 같다.」생시에도 또한 그러하니, 아직 여자 몸을 접촉하지 않았을 때도 극도로 흥분하면 문득 이렇게 사정하는 모습에 이른다. 꿈에도 등무간연(等無間緣)의 差別力이 있는 까닭에 바로 非理인 作意를 이끌어 낸다. 이것이 因이 되어 바로 몽정(夢精)을 본다. 또 어린애가 꿈에서 오줌을 싸는 일과 같다. 마치 꿈에는 비록 實境이 없는데도 능히 사정함과 같다. 또 이를테면 꿈에 독(毒)을 먹는 것 등(等)도 그에 응하여 몸을 병들게 하고, 정신을 잃게 하며, 식은땀을 흘리게 함과 같다. 이 또한 저 유식(唯識)이 작용이 있기 때문이다.

又如論云。諸地獄中所有獄倅狗烏等。所有動作。不待外緣。彼地獄受罪眾生。先罪惡業。為任持故。如木影舞。同眾生相。所以首楞嚴經云。晝則想心。夜成諸夢。以夢覺俱不出心故。夢中無境。唯心成事。與覺無異。

또 <논(論)>에서 일렀다. 「저 지옥(地獄) 중에 있는 옥졸과 개와 까마귀 등과 그 모든 동작(動作) 등은 외연(外緣)에 의지하지 아니하고, 저 지옥에서 죗값을 받는 중생(衆生)들의 先罪惡業이 임지(任持)하고 있기 때문에 일어난다. 마치 나무 그림자가 춤을 추는 것이 중생상(衆生相)과 같은 것과 유사하다.」

그래서 <수능엄경>에서 일렀다. 「낮에는 생각하는 마음이고, 밤에는 여러 가지 꿈을 꾼다.」 꿈이든 생시든 모두 마음을 벗어나지 않는다.[27] 꿈에는 경계가 없는데, 오직 마음이 그러한 일을 만드는 것이, 생시와 다름이 없다.

是以華嚴經頌云。菩薩了世法。一切皆如夢。非處非無處。體性恒寂滅。諸法無分別。如夢不異心。三世諸世間。一切悉如是。夢體無生滅。亦無有方所。三世悉如是。見者心解脫。夢不在世間。不在非世間。此二不分別。得入於忍地。

이리하여 <화엄경>의 게송에서 일렀다.

---

27) 몽교(夢觉)에서 교(觉)는 꿈깰 <교>, 생시 <교>라고 읽는다.

주심부와 유식

「보살(菩薩)은, 세간의 법 알기를
일체(一切)가 모두 꿈 같다고 하며,
처소도 아니고 처소가 없는 것도 아니어서,
체성(體性)이 항상 적멸(寂滅)하다.

제법(諸法)은 분별함이 없는데,
꿈과 같아서 마음과 다르지 않다.
三世의 모든 세간은
일체(一切)가 모두 이와 같다.

꿈의 바탕은 생멸(生滅)이 없고,
또한 方所도 없으니
三世가 모두 이와 같다면
보는 자는 마음이 해탈(解脫)이다.

꿈은 세간(世間)에 있는 것도 아니고,
세간(世間)이 아닌 곳에 있는 것도 아니다.
이 둘을 분별(分別)하지 않으면,
인지(忍地)에 들어갔다.」

又大智度論云。佛說諸法。無有根本定實如毫釐許所
有。欲證明是事。故說夢中受五欲譬。如須菩提意。若一
切法畢竟空無所有性。今何以故現有眼見耳聞法。以是

故。佛說夢譬喻。如人夢力故。雖無實事。而有種種聞
見瞋處喜處。覺人在傍。則無所見。如是凡夫人。無明顛
倒力故。妄有所見。聖人覺悟。則無所見。一切法。若有
漏。若無漏。若有為。若無為。皆不實虛妄。故有見聞。

또 <대지도론>에서 일렀다. 「부처님께서 설하시되, "제
법(諸法)은 근본(根本)에 결정적으로 참이란 것이 터럭 끝
만큼도 없다"고 하셨다. 이 일을 증명하시려고 꿈에서 오
욕(五慾)을 감수(感受)하는 비유(譬喩)를 설하셨다. 저 수
보리(須菩提)의 뜻은, "만약 일체법(一切法)이 필경(畢竟)
에 공(空)하여 소유성(所有性)이 없다면, 지금 어찌하여 눈
으로 보고, 귀로 듣는 법(法)이 있는 것입니까?"라고 한 것
이다. 이 까닭에 부처님께서 꿈을 비유(譬喩)하여 설한 것
이다. 마치 사람이 꿈의 힘으로 인해, 비록 실사(實事)는 없
지만, 갖가지 듣고, 보고, 성나는 자리, 기쁜 자리가 있지만,
깨어서 옆에 있던 사람에게는 보이는 것이 없다.」 이와 같
이 범부(凡夫)는 무명(無明) 전도(顚倒)된 힘 때문에 망령
되이 보는 것이 있고, 성인은 깨달아서 보는 것이 없다. 일
체법(一切法)은 유루(有漏)이든, 무루(無漏)이든, 유위(有
爲)이든, 무위(無爲)이든 모두 부실(不實)하여 허망하다.
까닭에 보고 듣고 하는 것이 있다.

如幽冥錄。焦湖廟有一柏枕。或云玉枕。枕有小坼。
時單父縣人楊林為估客。至廟祈求。廟巫謂曰。君欲好婚

否。林曰。幸甚。巫即遣林近机邊。因入坼中。遂見朱門
瓊室。有趙太尉在其中。即嫁女與林。生六子。皆為祕書
郎。歷數十年。並無思歸之志。忽如夢覺。猶在机傍。林
愴然久之。

　저 <유명록>幽冥錄에서 일렀다. 「초호묘(焦湖廟)에 하
나의 잣나무 그루터기가 있는데, 혹은 옥올(玉杌)이라고 불
렀다. 그루터기에 조그마한 갈라진 틈이 있었다. 당시 단부
현(單父縣)의 사람인 양림(楊林)이 물건 팔 사람을 찾기 위
해 묘(廟)에서 기구(祈求)하였다. 묘무(廟巫)가 말하였다.
"당신은 결혼하고 싶은가요?" 양림이 말하였다. "결혼할 수
있으면 매우 행복하겠습니다." 무(巫)가 곧바로 양림을 그
루터기에 가까이 가게 하여 그 갈라진 틈 속으로 들어가게
했다. 드디어 주문(朱門)경실(瓊室)이 보였는데, 조태위(趙
太尉)가 그 안에 있었다. 바로 딸을 양림에게 시집보내어
여섯 아들을 낳았는데 모두 비서랑(秘書郎)이 되었다. 수십
년이 지났는데도 도무지 돌아갈 생각이 없었다. 홀연 꿈에
서 깨어나니 아직 그루터기 옆에 있었다. 양림은 오랫동안
슬퍼하였다.」

　又菩薩行者是想念生。此有二意。一要須想念方能起
行。如夢從想故。智論之中。所聞見事。多思惟念。故夢
見也。二。夫大覺是佛。近而說之。七地已前。猶為夢
行。八地為覺。如夢渡河。八地無明未盡。亦是夢境。唯

佛一人故稱大覺。

또한 보살행(菩薩行)이란 것은 이 상념(想念)에서 생긴다. 여기에 두 가지 뜻이 있다. 일(一)은 상념(想念)이 있어야 비로소 행(行)이 일어난다. 마치 꿈이 상념에 따라 일어나는 것과 같은 까닭이다. <대지도론>에서 "듣고 본 일과, 많이 사유(思惟)한 것이 꿈에 보인다"고 하였다. 이(二)는 무릇 大覺하면 이것이 佛이다. 가까이 설명하면, 제7지(地) 이전(以前)에는 아직 몽행(夢行)이다. 제8지(地)는 각(覺)이니 마치 꿈속에서 도하(渡河)하는 것과 같은데, 제8지는 무명이 아직 다하지 않았으니, 아직 꿈속의 경계이다. 오직 佛 한 사람만을 大覺이라 칭한다.

如華嚴記云。覺夢相成。故須說覺。於中初以覺成夢。以未覺時不知是夢故。於中初要在覺時方知是夢者。正辨須覺。所以謂大夢之外。則必有彼大覺之明。謂我世尊方知三界皆如夢故。上引楞伽歎佛能了於夢。次正在夢時不知是夢者。謂為實故。為諸凡夫長眠大夜。不生厭求。

저 <화엄기>華嚴記에서 일렀다.

「교(覺)와 몽(夢)이 상성(相成)한다. 까닭에 반드시 교(覺)를 설명해야 한다. 처음에 '교(覺)로써 몽(夢)을 이룬다'고 한 것은, 아직 깨어나지 않았을 때에는 꿈인 줄 모르는 까닭이다. '처음에 깨어났을 때에 비로소 꿈인 줄 안다'라고

주심부와 유식

한 것은, 바로 반드시 깨어나야 한다는 것을 설명하고 있다. 따라서 대몽(大夢)의 밖에 반드시 저 대각(大覺)의 밝음이 있다는 이야기이다. 말하자면 우리 세존께서 삼계(三界)가 모두 꿈과 같은 것임을 바야흐로 요지(了知)하였으므로, 위에서 인용한 <능가경>에서 佛은 능히 꿈을 요달(了達)함을 찬탄하였다. 다음에, '즉 꿈에서는 꿈인 줄 모른다' 고 한 것은, 말하자면 꿈을 참인 것으로 여기기 때문이다. 모든 범부(凡夫)들은 무릇 대야(大夜)에 길이 잠들어서 싫증 내거나 구(求)하지 않는다.」

故叡公云。夢中瞻夢。純昏心也。次。設知是夢亦未覺故者。此通妨難。謂亦有人夢知是夢。如人重眠。忽有夢生。了知我夢。以睡重故。取覺不能。喻諸菩薩從初發心。即知三界皆夢。豈非是覺。何用更說覺時。故今釋云亦未見覺。未大覺故。

까닭에 예공(叡公: 僧叡)이 일렀다. "꿈속에서 꿈을 보니 순전히 혼심(昏心)이다." 또, "설사 이것이 꿈인 줄 알아도 또한 아직 깨어나지 않았다"라고 한 것은, 이것은 방난(妨難)에 통한다. 말하자면 어떤 사람은 꿈속에서 꿈인 줄 아는 것이다. 사람이 깊이 잠들어서, 홀연 꿈이 생기면서, 자신이 꿈꾸고 있는 것을 알더라도, 잠이 깊은 까닭에 깨어나려고 해도 불가능(不可能)한 것과 같다. 비유(譬喩)하면, 모든 보살이 초발심(初發心)으로부터 삼계(三界)가 모두 꿈임을 바로 아는 것과 같다. 어찌 이것이 깨달음이 아니겠는가! 어찌 다시 각시(覺時)를 설명하겠는가! 그래서 지금 해석하기를, '또한 아직 각(覺)을 보지 못하였으니, 아직 大覺이 아니다'라고 하였다.

故起信論云。若人覺知前念起惡。令其不起。雖復名覺。即是不覺。有生滅故。無明覆心不自存故。次云。覺時了夢知實無夢者。非唯覺時知夢。亦知無夢。如八地菩薩夢渡河喻。證無生忍。不見生死此岸。涅槃彼岸。能度所度皆叵得故。況於大覺。

까닭에 <기신론>에 이른다. 「만약 사람이 앞생각에서 악심을 일으켰음을 각지(覺知)하여 그것이 일어나지 않도록 한다면, 비록 또한 이름하여 각(覺)이라 하지만 이것은 바로 불각(不覺)이다.」 생멸(生滅)이 있는 까닭에, 무명(無明)이 마음을 덮어서 자존(自存)하지 못하기 때문이다. 다음에 일렀다. 「교(覺)한 때에 꿈을 요달하면 실(實)로 꿈이 없는 줄을 안다」고 한 것은, 교(覺)한 때에 꿈임을 알 뿐 아니라, 또한 꿈이 없는 줄을 안다. 저 제8지(地)보살이 '꿈에 강을 건너는 비유'에서, 무생법인(無生法忍)을 증득하지만, 생사(生死)의 차안(此岸)과 열반의 피안(彼岸)을 보지 못하여 능도(能度)와 소도(所渡)를 모두 얻을 수 없기 때문이다. 하물며 대각(大覺)이야 더 말할 나위가 있겠는가!

주심부와 유식

故經云。久念眾生苦。欲扳無由脫。今日證菩提。豁
然無所有。然由夢方有覺。故辨夢覺時者。上辨以覺成
夢。此辨以夢成覺。對夢說覺。無夢無覺。既了夢無夢。
對何說覺。故覺夢斯絕。如無不覺。則無始覺。覺夢雙
絕。方為妙覺也。

까닭에 경(經)에서 일렀다.「오랫동안 중생의 고통을 생
각하여 뽑아주고자 하나 벗어나게 할 길이 없었으나, 금일
보리(菩提)를 증득하니, 확 트여서 얻는 것이 없다.」그러
나 꿈으로 말미암아 비로소 교(覺)가 있으니, 까닭에 '꿈과
생시'를 분변(分辨)한다. 위에서는 교(覺)로써 꿈이 이루어
짐을 분변(分辨)하였고, 여기서는 꿈으로써 교(覺)가 이루
어짐을 분변(分辨)하였다. 꿈에 상대해서 교(覺)를 설하지
만, 꿈도 없고 교(覺)도 없다. 이미 꿈이 없는 꿈임을 요달
하면 무엇에 상대하여 생시인 교(覺)를 말하겠는가! 까닭에
교(覺)와 꿈이 여기에서 끊어진다. 마찬가지로 대각(大覺)
이 없으니 시각(始覺)도 없다. 교(觉)와 몽(夢)이 같이 끊어
져야 비로소 묘각(妙覺)이 된다.

[심부(心賦) 제484번]

응 량 출 생 。 여 룡 왕 지 강 우 차 별 。
應量出生。如龍王之降雨差別。

사량(思量)에 응하여 출생(出生)하는 것이
마치 용왕이 비를 내리는 데 차별이 있는 것과 같다.

[주(註)] 如龍王雨。隨人間天上能感之緣。因自業而不
同。成異味而有別。如經偈云。譬如虛空中。雨八功德
水。到鹹等住處。生種種異味。如來慈悲雲。雨八聖道
水。到衆生心處。生種種解味。

　　마치 용왕이 비를 내릴 적에, 인간과 천상이 감수(感受)하
는 연(緣)에 따르고, 자업(自業)을 인(因)하므로, 같지가 않고
다른 맛을 이루니 차별(差別)이 있다. 저 경(經)의 게송에서
일렀다.

　　「비유하건대, 허공(虛空) 중에서
　　팔공덕수(八功德水)를 비 내리지만
　　주처(住處)에 따라서 짠 맛 등
　　갖가지 다른 맛을 내는 것과 같다.
　　여래(如來)의 자비 구름이
　　팔성도(八聖道)의 물을 비 내리지만
　　중생(衆生)의 마음에 이르면
　　갖가지 맛으로 지해(知解)한다.」

　　如華嚴經云。佛子。譬如海中有大龍王。名大莊嚴。
於大海中降雨之時。乃至從他化天至於地上。於一切處所

　　　　　　　　　　　　　　주심부와 유식

雨不同。所謂於大海中雨清冷水。名無斷絕。於他化自在
天雨簫笛等種種樂音。名為美妙。於化樂天雨大摩尼寶。
名放大光明。於兜率天雨大莊嚴具。名為垂髻。於夜摩天
雨大妙華。名種種莊嚴具。於三十三天雨眾妙香。名為悅
意。於四天王天雨天寶衣。名為覆蓋。於龍王宮雨赤真
珠。名涌出光明。於阿脩羅宮雨諸兵仗。名降伏怨敵。於
北鬱單越雨種種華。名曰開敷。餘三天下悉亦如是。然各
隨其處。所雨不同。雖彼龍王其心平等。無有彼此。但以
眾生善根異故。雨有差別。佛子。如來應正等覺無上法王
亦復如是。欲以正法教化眾生。先布身雲彌覆法界。隨其
樂欲。為現不同。

저 <화엄경>에서 일렀다.

「불자(佛子)여! 비유컨대 바다에 대용왕(大龍王)이 있
으니 이름이 대장엄(大莊嚴)이다. 대해(大海)에 비를 내리
는 때나 나아가서 타화천(他化天)으로부터 지상(地上)에
이르기까지 일체처(一切處)에 내리는 비가 같지 않다. 이른
바 대해(大海)에 청냉수를 비내림을 이름하여 '무단절(無斷
絕)'이라 하고, 타화자재천(他化自在天)에 피리 등 갖가지
음악소리를 비내림을 이름하여 '미묘함'이라 하고, 화락천
(化樂天)에 대마니보(大摩尼寶)를 비내림을 이름하여 '대
광명(大光明)을 발함'이라 하며, 도솔천(兜率天)에 대장엄
구가 비내림을 이름하여 '수계(垂髻)'라 하고, 야마천(夜摩
天)에 크게 묘한 꽃이 비내림을 이름하여 '갖가지 장엄구'라

이름하며, 삼십삼천에서 뭇 묘한 향이 비내림을 이름하여 '기쁜 마음'이라 하고, 사천왕천(四天王天)에 하늘 보배 옷을 비내림을 이름하여 '덮개'라 하며, 용왕궁(龍王宮)에 빨간 진주를 비내림을 이름하여 '광명이 용출함'이라 하고, 아수라궁(阿脩羅宮)에 여러 병기(兵器)를 비내림을 이름하여 '원수인 적을 항복시킴'이라 하며, 북울단월(北鬱單越)에 갖가지 꽃을 비내림을 이름하여 '꽃이 핌'이라 하고, 그 밖의 천상아래의 세 가지 중생계도 다 이와 같다. 그러나 각기 그 처소(處所)에 따라 내리는 비가 같지 않다.

비록 저 용왕(龍王)의 마음은 평등하여 피차(彼此)를 차별하지 않지만, 단지 중생의 선근이 다른 까닭에 비 내림에 차별이 있는 것이다.

불자(佛子)여! 여래(如來) 응정등각 무상(無上)법왕(法王) 또한 이와 같아 정법(正法)으로 중생을 교화하고자 먼저 신운(身雲)을 펴서 법계(法界)를 가득 덮는데, 그들의 낙욕(樂欲)에 따라 나타냄이 다른 것이다.」

[심부(心賦) 제485번]

循業發現。猶人間之隨福淺深。

주심부와 유식

업(業)에 따라 발현(發現)하니, 마치 인간이 복(福)의 얕고 깊음에 따르는 것과 같다.

[주(註)] 如福德人執石爲寶。猶業貧者變金爲蛇。法無定形。隨心轉變。如迷時菩提爲煩惱。悟時煩惱爲菩提。但隨迷悟之心。菩提性常不動。夫論一心。獨立絶妙。豈在文賦詞句而廣敷演乎。祇爲衆生不了眞心。妄起差別。但有一法纔生。並爲心病。執有成妄。達空成眞。

마치 복덕인은 돌을 집었는데 보석이 되고, 업(業)이 빈한한 자는 황금이 변하여 뱀이 되는 것과 같다. 법(法)에는 일정한 형상이 없어서 마음 따라 전변한다. 마치 미혹(迷惑)한 때에는 보리(菩提)가 번뇌이지만, 깨달으면 번뇌가 보리(菩提)인 것과 같다. 단지 미혹과 깨달음의 마음을 따른 것이고, 보리(菩提)의 성품은 항상하여 움직임이 없다. 무릇 일심(一心)을 논하면, 독립(獨立)되어 절묘(絶妙)하니, 어찌 글이나 시구로 널리 설명할 수 있겠는가. 다만 중생(衆生)이 진심(眞心)을 요달하지 못하여 망령되이 차별을 일으킨다. 단지 일법(一法)이라도 문득 생긴다면 모두 심병(心病)이다. 집착하면 망(妄)이 되고, 공(空)인 줄 요달하면 진(眞)이 된다.

如淨名經云。此四魔八萬四千諸煩惱門。而諸衆生爲之疲勞。諸佛則以此法而作佛事。是名入一切諸佛法門。

菩薩入此門者。若見一切淨妙佛土。不以為喜。不貪不
高。若見一切不淨佛土。不以為憂。不礙不沒。生法師
云。若投藥失所。則藥反為毒矣。苟曰得愈。毒為藥也。
是以大聖為心病之醫王。觸事皆是法之良藥。苟達其一。
眾事皆備矣。菩薩既入此門。便知佛土本是就應之義。好
惡在彼。於我豈有異哉。

저 <정명경>에서 일렀다.「이 사마(四魔) 8만 4천의 모
든 번뇌문이 모든 중생들을 피로(疲勞)하게 한다. 모든 부
처님은 이 법(法)으로 佛事를 하니, 이를 이름하여 일체(一
切)제불(諸佛)의 법문(法門)에 들어간다고 한다. 보살이 이
문에 들어가면, 만약 모든 정묘(淨妙)불토(佛土)를 보아도
기뻐하지 아니하고, 탐내지도 아니하며, 높다고 여기지도
않는다. 만약 모든 부정(不淨)불토(佛土)를 보아도 근심하
지 아니하고, 걸리지도 않고, 빠지지도 않는다.」

생(生)법사(法師)가 일렀다.「만약 약을 잘못 투입하면
약이 반대로 독(毒)이 된다. 진실로 치유되었다면 독(毒)이
약이 된다.」이 까닭에 대성(大聖)은 심병(心病)의 의왕(醫
王)이다. 촉사(觸事)마다 모두 법의 양약(良藥)이다. 그 가
운데 하나만 통달하여도 중사(衆事)가 다 갖추어진다. 보살
(菩薩)이 이미 이 문에 들어오면, 佛土가 본래 취응(就應)
한다는 뜻을 문득 알아차린다. 좋고 나쁨이 저기에 있거늘,
나라고 하여 어찌 다르겠는가!

주심부와 유식

[심부(心賦) 제506번]

如忉利雜林^{여 도 리 잡 림}。靡作差殊之見^{미 작 차 수 지 견}。

마치 도리천의 잡림(雜林)은 다르게 보이지 않는 것과
같다.

[주(註)] 佛地論云。三十三天有一雜林。諸天和合福力所
感。若諸天眾不在此林。宮殿等事共樂時受。勝劣有異。
有我我所差別受用。若在此林。若事若受都無勝劣。皆同
上妙。無我我所和合受用。能令平等。故名雜林。此由諸
天各修平等和合福業增上力故。令彼諸天阿賴耶識變現此
林。同處同時同一相狀。由此雜林增上力故。令彼轉識亦
同變現。雖各受用而謂無別。是以若達諸法皆心想生。即
從世俗門入聖行處。

<불지론>佛地論에서 일렀다.

「삼십삼천에 하나의 잡림(雜林)이 있는데 諸天이 和合
한 福力이 感應한 것이다. 만약 여러 천중(天眾)들이 이 숲
에 있지 않고, 各自가 宮殿 등에서 즐거움을 누릴 때는 뛰
어나고 열등함의 차이가 있고, 我와 我所의 차별을 受用한
다. 그러나 이 숲에 있게 되면 事와 受가 모두 뛰어나고 열
등함의 차이가 없어서 모두 똑같이 上妙하며, 我와 我所의
화합으로 인한 受用이 없고, 능히 平等하게 한다. 까닭에

이름하여 雜林이라 한다. 이는 제천이 각기 평등 화합의 福業을 닦은 증상력(增上力)에 연유하여 저 제천의 阿賴耶識이 이 숲을 同處, 同時, 同一한 모습으로 변현한 것이다. 이 잡림의 增上力으로 말미암아 저 전식(轉識) 또한 같이 변현한다. 비록 각기 受用하되 차별이 없다.」

이 까닭에 만약 諸法이 다 마음의 想念이 生한 것임을 了達하면 바로 世俗門으로부터 聖行處에 들어간다.

[심부(心賦) 제508번]

作似醉醒。如同夢起。
작 사 취 성   여 동 몽 기

外道授呪於天中。婦人求男於林裏。
외 도 수 주 어 천 중   부 인 구 남 어 림 리

마치 술 취했다가 깨어남이 꿈에서 일어나는 것과 같고,
外道가 범천에서 주문(呪)을 받거나,
부인이 숲속에서 남자를 구함과 같다.

[주(註)] 西天有外道。供養梵天求呪。遂於夢中見天授呪。然梵天實不下。但託天為增上力。皆是夢心所感如斯事耳。又復聞乎為求子息者。密隱林中。夢見有人共為交集。便得其子。此並是夢中意識所變。但是自心。

주심부와 유식

實無外境。

西天에 어떤 외도가 있었는데 梵天에 공양하며 呪文을 구하였다. 마침내 꿈속에서 梵天이 주문을 주는 것을 보았다. 그러나 범천은 實로 내려온 바가 없다. 단지 범천에게 부탁한 것이 增上力이 된 것이다. 모두 꿈꾸는 마음에서 이러한 일들을 느끼는 것이다. 또한 듣지 못하였는가! 子息을 구하던 사람이 은밀히 숲속에 들어갔다가 꿈속에서 어떤 사람과 만나 함께 어울렸는데, 바로 그 자식을 얻게 되었다. 이는 모두 夢中意識이 轉變한 것이다. 단지 自心일 뿐이고 實로 바깥 경계는 없다.

[심부(心賦) 제509번]

무위무사。 전당실상지문。
無爲無事。全當實相之門。
유적유심。 돈오법공지지。
唯寂唯深。頓悟法空之旨。

無爲이고 無事이니, 實相의 門에 온전히 합당하다.
오직 고요하고 깊으니, 法空의 宗旨를 頓悟한다.

[주(註)] 千經萬論。正談人空法空。悟入一心之旨。八識之源。此一心八識。微細難知。唯佛能了。且八識心王。

以第八阿賴耶識爲根本。能生起前之七識。如起信論云。
生滅與不生滅和合。非一非異。名阿賴耶識。

천경만론(千經萬論)이 人空과 法空을 바로 설하여, 一
心의 뜻과 八識의 근원에 깨달아 들어가게 한다. 이 一心과
八識은 미세하여 알기 어려워서, 오직 부처님만이 능히 요
달한다. 또한 八識인 心王은 제8식인 阿賴耶識을 근본으로
하되, 능히 前七識을 生起한다. 저 <기신론>에서 일렀다.
「生滅과 不生滅이 和合하여, 하나도 아니고 다르지도 않은
것을 이름하여 阿賴耶識이라 한다.」

古德釋云。不生滅心與生滅和合。非一非異者。以七
識染法爲生滅。以如來藏淨法爲不生滅。不生滅心擧體動
故。心不離生滅相。生滅之相莫非神解故。生滅不離心
相。如是不相離。故名和合爲阿賴耶識。以和合故。非一
非異。若一即無和合。若異亦無和合。非一非異。故得和
合也。

고덕(古德)이 해석하였다.

"不生滅心과 生滅이 和合하여, 하나도 아니고 다르지도
않다"라고 한 것은, 七識인 染法은 生滅하고, 如來藏인 淨
法은 不生滅이다. 不生滅인 마음이 擧體하여 動하는 까닭
에 마음이 生滅相을 떠나지 않는다. 生滅하는 相이 神解하
므로, 生滅이 心相을 떠나지 않는다. 이와 같이 서로 떠나지
않으므로 이름하여 "和合하여 阿賴耶識이 된다."고 하고,

주심부와 유식

和合된 까닭에 "하나도 아니고 다르지도 않다."고 한다. 만약 하나라면 화합이 없고, 만약 다르더라도 또한 화합이 없다. 하나도 아니고 다르지도 않은 까닭에 和合할 수 있다.

又如來藏淸淨心．動作生滅不相離．故云和合．非謂別有生滅．來與眞合．如動水作波．波非外合．謂生滅之心．心之生滅．無相故．心之生滅．因無明成．生滅之心．從本覺起．而無二體．不相捨離．故云和合．

또 如來藏인 淸淨心은 動作과 生滅을 서로 떠나지 않는다. 까닭에 화합(和合)이라고 한다. 따로 生滅이란 것이 있어서, 찾아와서 眞과 合하는 것이 아니다. 마치 움직이는 물이 파도를 만드는데, 파도란 것이 밖에서 合한 것이 아니다. 말하자면 生滅하는 마음은 마음의 生滅이니 相이 없다. 마음의 生滅은 無明으로 인하여 이루어진다. 生滅하는 마음은 本覺으로부터 일어난 것이어서, 二體가 없고, 서로 떨어져 있지 않다. 까닭에 화합(和合)이라고 말한다.

如大海水．因風波動．水相風相不相捨離．生與無生若是一者．生滅識相滅盡之時．心神之體亦應隨滅．墮於斷邊．若是異者．依無明風熏動之時．靜心之體不應隨緣．即墮常邊．離此二邊．非一非異．又上所說覺與不覺．二法互熏．成其染淨．旣無自體．全是一覺．何者．由無明故成不覺．以不覺義熏本覺故．生諸染法．又由本

覺熏不覺故。生諸淨法。依此二義。遍生一切。故言識有
二義。生一切法。

　　마치 大海의 물이 바람으로 인하여 파도를 치는데 水相
과 風相이 서로 떨어져 있지 않은 것과 같다. 만약 生과 無
生이 一이라면, 생멸하는 識相이 멸진(滅盡)하는 때에 心
神의 바탕도 또한 응당 그에 따라 멸진(滅盡)할 것이니 단
견(斷見)의 변(邊)에 떨어진다. 만약 生과 無生이 다르다면
無明風이 훈동(熏動)하는 때에 靜心의 바탕은 緣에 따르
지 않으므로 바로 상견(常見)의 변(邊)에 떨어진다. 이 이변
(二邊)을 떠나면, 하나도 아니고 다르지도 않다. 또한 위에
서 설한 바 각(覺)과 불각(不覺)의 二法이 서로 熏習하여,
염(染)과 정(淨)을 이루므로, 그래서 이미 自體가 없으니 전
부 一覺이다. 왜냐하면, 無明으로 말미암아 不覺을 이루고,
不覺의 뜻이 本覺을 훈습하여 여러 染法을 생한다. 또한 本
覺이 不覺을 훈습함으로 인하여 여러 淨法을 생한다. 이 二
義에 의지하여 一切를 두루 생하므로, "識에 二義가 있어
서 一切法을 生한다"고 말한다.

[심부(心賦) 제510번]

백 씨 명 귀 。 만 고 난 이 。
百氏冥歸。萬古難移。

據前塵之無體。唯自法之施爲。
若樂工之弄木偶。如戲場之出技兒。

百氏가 그윽하게 돌아가니, 萬古에 옮기기 어렵다.
現前하는 六塵이 無體이니, 오직 自法의 施爲이다.
마치 곡예사가 목우(木偶)를 부리는 것 같고, 극장에
서 技兒가 나와 연기(演技)하는 것과 같다.

[주(註)] 起信疏云。經頌云。佛說如來藏。以爲阿賴耶。
惡慧不能知。藏卽賴耶識。阿賴耶。是梵語。此云我愛執
藏。卽是一切衆生第八根本識心。第八識心。卽如來藏。
以一切外道衆生。不能了達。執爲藏識。佛言。大慧。七
識不流轉。不受苦樂。非涅槃因。大慧。如來藏受苦樂。
與因俱。若生若滅。

<기신론소>에서 일렀다.「경(經)의 게송(偈頌)에서 일
렀다.

"佛이 설한 여래장(如來藏)이

아뢰야(阿賴耶)이니

악혜(惡慧)는 알 수 없다.

장(藏)이 곧 아뢰야식(阿賴耶識)이다."」

아뢰야(阿賴耶)란 범어(梵語)인데, 여기 말로는 아애집
장(我愛執藏)이다. 바로 일체(一切) 중생(衆生)의 제8 근본
(根本) 식심(識心)이다. 제8識心이 곧 여래장(如來藏)이다.

일체(一切) 외도(外道)중생은 집(執)이 장식(藏識)인 줄 요
달(了達)할 수 없다.

「부처님이 말씀하였다. "대혜(大慧)여! 칠식(七識)은 유
전(流轉)하지 아니하고, 고락(苦樂)을 받지도 않으며, 열반
의 인(因)도 되지 않는다. 대혜여! 여래장(如來藏)이 고락
(苦樂)을 받고, 因과 더불어 함께하며, 생(生)하기도 하고
멸(滅)하기도 한다.」

解曰。七識念念生滅無常。當起即謝。如何流轉。自
體無成。故不受苦樂。既非染依。亦非無漏涅槃依矣。其
如來藏真常普遍。而在六道。迷此能令隨緣成事。受苦樂
果。與七識俱。名與因俱。不守自性而成。故七識依此而
得生滅。云若生若滅。此明如來藏。即是真如隨緣。故受
苦樂等。又云。常與無明七識共俱。無有斷絕。意云。如
來藏以隨緣故。名阿賴耶識。故與無明共俱。說大海如阿
賴耶。波如無明七識。水即如來藏。云無斷絕者。無始時
來。相續不斷故。

해석(解釋)한다. 칠식(七識)은 念念이 生滅하며 無常하
다. 일어나는 자리에서 바로 사라지므로 어떻게 유전(流轉)
하겠는가! 自體가 성립되지 않으니 苦樂을 받음도 없다. 이
미 염법(染法)에 의지하지 않으니, 또한 無漏의 涅槃에 의
지함도 아니다. 그러나 여래장은 眞常이고 普遍하여 六道
에 존재한다. 이것에 昏迷하여 緣을 따라 事가 이루어지면

서 苦樂의 果를 받는다. '칠식(七識)과 함께함'을 이름하여 '因과 함께한다'고 하였다. 自性을 지키지 아니하고 인연 따라 이루므로, 칠식(七識)이 이것에 의지하여 생멸하므로, '생(生)하기도 하고 멸(滅)하기도 한다'고 하였다. 이것은 여래장(如來藏)이 바로 진여(眞如)인데도, 수연(隨緣)하므로 고락(苦樂) 등을 받는 것을 밝힌 것이다.

또 일렀다. "항상 무명(無明) 칠식(七識)과 함께하면서 단절(斷絶)됨이 없다." 의(意)에서 말했다. 여래장이 隨緣하기 때문에 이름하여 阿賴耶識이라 한다. 그래서 무명(無明)과 함께한다. 설명하기를, "大海는 아뢰야식과 같고, 波濤는 無明 七識과 같고, 물은 곧 如來藏이다." '단절(斷絶)이 없다'란 것은 無始 이래로 相續하여 不斷하기 때문이다.

如來藏者。即所熏之淨性。隨染緣成虛僞等者。即能熏之染幻。識藏即所成賴耶也。爲善不善因者。謂此性隨善緣起諸善法。性即爲善因。隨不善緣起諸不善法。性即爲不善因。受苦樂與因俱者。隨善受樂。性在其中。隨惡受苦。性亦在其中。若生若滅者。循環諸趣。萬死萬生。如技兒等。如人作戲。變改服章。體是一人。初未曾易。

'여래장(如來藏)'이란 바로 소훈(所熏)된 정성(淨性)이다. '염연(染緣)을 따라 허위(虛僞) 등을 이룬다'는 것은 바로 능훈(能熏)인 염환(染幻)이다.

'식장(識藏)'은 바로 所成한 아뢰야식(阿賴耶識)이다.

'선(善)과 불선(不善)의 인(因)'이란, 이 性이 善緣에 따라 여러 善法을 일으키면 性이 곧 善因이 되고, 不善緣에 따라 여러 不善法을 일으키면 性이 곧 不善因이 되는 것을 말한다.

'고락(苦樂)을 받고, 인(因)과 더불어 함께한다'란 善에 따라 樂을 받는 경우 性이 그 가운데 있고, 惡을 따라 苦를 받아도 性이 또한 그 가운데 있음을 말한다.

'생(生)하기도 하고 멸(滅)하기도 한다'는 것은, 중생의 종류에 순환하면서 萬死萬生하는 것이 마치 저 기아(技兒)와 같고, 연극하는 사람과 같다. 복장(服章)을 바꾸어 걸친 것일 뿐이고, 몸은 한사람이니, 처음부터 바뀐 적이 없다.

故楞伽經頌云。心如工技兒。意如和技者。五識如音樂。妄想觀技眾。所以草堂和尚偈云。樂兒本是一形軀。乍作官人乍作奴。名目服章雖改變。始終奴主了無殊。故知清淨如來藏一點真心。不增不減。湛然常住。以不守自性。隨染淨之緣。遂成凡聖十法界。雖即隨緣。又不失自性。在凡不減。處聖不增。如水隨風作波之時。不失溼性。一切眾生真心亦復如是。隨相轉變。性常不動。故還源觀云。真如之性。法爾隨緣。隨緣之時。法爾歸性。

그래서 <능가경>의 게송(偈頌)에서 일렀다.

「心은 주연(主演)배우와 같고[제8식],

意는 조연(助演)배우와 같으며[제7식],

五識은 音樂과 같고[전5식],

妄想은 구경꾼과 같다[제6식].」

그래서 초당(草堂) 화상이 게송(偈頌)에서 일렀다.

「배우(俳優)는 본래 하나의 몸인데,

잠깐 官人이 되었다가는 잠깐 奴婢가 되기도 한다.

명목(名目)과 복장(服章)은 비록 바뀌지만

처음부터 끝까지 노비와 주인이 다른 놈이 아니다!」

따라서 알겠구나. 청정(淸淨)한 여래장(如來藏)인 일점(一點)인 진심(眞心)은 늘지도 않고 줄지도 않으며, 해말쑥하여 상주한다. 자성(自性)을 지키지 않고 염(染)과 정(淨)의 緣에 따르므로, 마침내 범성십법계(凡聖十法界)를 이룬다. 비록 바로 수연(隨緣)하지만 또한 자성(自性)을 잃지 않는다. 범부(凡夫)에 있어도 줄지 아니하고, 성인(聖人)에 처하여도 늘지 않는다. 마치 물이 바람을 따라 파도(波濤)를 이룰 때, 습성(濕性)을 잃지 않는 것과 같다. 일체(一切) 중생의 진심(眞心)도 또한 이와 같다. 상(相)을 따라 전변(轉變)하지만, 성(性)은 항상 부동(不動)이다.

그래서 <환원관>還源觀에서 일렀다.

「진여(眞如)의 성(性)이

그만 그대로 연(緣)에 따른다.

연(緣)에 따르는 그때에

그만 그대로 성(性)에 돌아간다.」

[심부(心賦) 제512번]

^{임연임촉。단당유식지시。}
任延任促。但當唯識之時。

느리고 빠름에 자재(自在)하니, 단지 唯識에 해당될 때에만 가능하다.

[주(註)] 如經云。如是我聞一時佛在舍衛城等。時即是一心唯識之時。故云。一念無量劫。無量劫一念。法華玄贊疏云。如經中說一時者。即是唯識時。說聽二徒心識之上。變作三時相狀而起。實是現在隨心分限。變作短長事。緖終說。總名一時。如夢所見。謂有多生。覺位唯心。都無實境。聽者心變三世亦爾。唯意所緣。是不相應行蘊。法界法處所攝。

　저 경(經)에서 일렀다.「이와 같이 내가 들었다. 일시(一時)에 부처님께서 사위성(舍衛城)에 계셨다」에서, 시(時)는 바로 일심유식(一心唯識)의 시(時)이다. 그래서 일렀다. "일념(一念)이 무량겁(無量劫)이고, 무량겁(無量劫)이 일념(一念)이다."

　<법화현찬소>法華玄贊疏에서 일렀다.

　「저 경(經)에서 설한 "일시(一時)"란 곧 '유식(唯識)인 때'이다. 설(說)하고 청(聽)하는 두 무리가 심식(心識)에서 삼시(三時)로 상상(相狀)을 변작(變作)하며 일으키지만, 실

　　　　　　　　　　　　　　주심부와 유식

(實)은 현재(現在)에 마음의 분한(分限)에 따라 단장(短長)인 사(事)와 서종(緒終)의 설(說)을 변작하여, 총체(總體)를 '일시(一時)'라고 한다. 마치 꿈에서 본 것은 다생(多生)이지만 覺位에서는 유심(唯心)인지라 모두 실경(實境)이 없다. 청자(聽者)도 마음이 삼세(三世)로 변작(變作)하여 일어난 것이 그와 같다. 오직 의(意)에 緣되는 것이니, 이는 불상응(不相應)인 행온(行蘊)으로, 법계(法界) 중에 법처(法處)에 포섭(包攝)된다.」

古德言。一時者有四。一則不定約刹那。二則不定約相續。三則不定約四時六時八時十二時等。四則不定約道已後年數時節。名為一時。但是聽者根熟。感佛為說。說者慈悲。應機為談。說聽事訖。總名為一時。

고덕(古德)이 일렀다.「'일시(一時)'에 넷이 있다. 1은 찰나(刹那)를 기준하여 일정(一定)하지 않음이고, 2는 상속(相續)을 기준하여 일정(一定)하지 않음이며, 3은 4時·6時·8時·12時 등을 기준하여 일정(一定)하지 않음이고, 4는 성도(成道)이후(以後)의 연수(年數)와 시절(時節)을 기준하여 일정(一定)하지 않음을 '일시(一時)'라고 부른다. 단지 청자(聽者)의 근기(根機)가 원숙하면 부처님이 설(說)함을 감득(感得)한다. 설자(說者)는 자비(慈悲)로우니, 근기(根機)에 응(應)하여 설명한다. 설(說)하고 청(聽)하는 것을 통틀어서 일시(一時)라고 칭한다.」

今不定約刹那等者。聽法之徒根器或鈍。說時雖短。
聽解時長。或說者時長。聽者亦久。於一刹那。猶未能
解。故非刹那。亦不定說。若約相續者。猶能說者得陀羅
尼。說一字義。一切皆了。或能聽者得淨耳意。聞一字
時。一切能解。故非相續。

지금 "찰나(刹那) 등에 의거해서 일정(一定)하지 않다"
고 한 것은, 청법(聽法)하는 무리들의 근기(根器)가 혹 우둔
(愚鈍)하거나, 설(說)하는 시간은 비록 짧은데 법을 듣고 이
해하는 시간이 길거나, 혹은 설자(說者)의 시간이 길고 청
자(聽者)도 길어서 한 찰나(刹那)에 능히 이해하지 못하면,
찰나(刹那)가 아니며 또한 정설(定說)도 아니다.

만약 "상속(相續)에 의거하면", 마치 설자(說者)가 능히
다라니(陀羅尼)를 얻어서 일자(一字)의 뜻을 설하면 일체
를 다 요달하거나, 혹은 청자(聽者)가 능히 정이(淨耳)의 뜻
을 얻어서 一字의 법문을 들을 때에 일체(一切)를 능히 이
해하는 것과 같다. 까닭에 상속(相續)에 한정되지 않는다.

由於一會聽者根機有利有鈍。如來神力。或延短念為
長劫。或促多劫為短念。亦不定故。總約說聽究竟名時。
亦不定說。若約四時六時八時十二時者。一日一月照四天
下。長短暄寒。近遠晝夜。諸方不定。恒二天下同起用
故。又除已下。上諸天等。無此四時及八時等。經擬上地

주심부와 유식

諸方流通。若說四時等。流行不遍故。亦不定說。若約成
道已後年數時節者。三乘凡聖所見佛身報化年歲短長成道
已來近遠各不同故。

　일회(一會)에서는 청자(聽者)의 근기(根機)가 날카롭기
도 하고 둔하기도 하다. 여래(如來)의 신력(神力)은 혹 단념
(短念)을 연장하여 장겁(長劫)이 되게 하기도 하고, 혹은 다
겁(多劫)을 단축하여 단념(短念)이 되게 하기도 한다. 이 또
한 '일정하지 않은 것'[不定]이다. 설(說)과 청(聽)을 의거함
을 구경(究竟)으로 이름하면 역시 '일정하지 않은 설(說)이
다.' 4時·6時·8時·12時에 의거하는 것도, 하나의 해와 하나
의 달이 사방 천하를 비추고, 길고 짧음, 따뜻함과 추움, 근
(近)과 원(遠), 낮과 밤이 여러 지방(地方)에 따라 일정(一
定)하지 않고, 항상 낮과 밤이라는 이천하(二天下)가 함께
기용(起用)되는 까닭이다. 또 '제(除)이하'는 위로는 제천
(諸天) 등에 이러한 4時와 8時가 없기 때문에, 경(經)에서
상지(上地)를 기준 삼아 비교하여 통하게 한 것이다. 만약
4時 등을 설한다면 그 유행(流行)함이 두루 하지 않는 까닭
에 또한 일정(一定)하지 못한다. 만약 성도 이후(以後)의 연
수(年數)와 시절(時節)에 의거하면, 삼승(三乘)과 범부(凡
夫) 성인(聖人)이 보는 바의 불신(佛身)·보신(報身)·화신(化
身)의 연세(年歲)와 장단(長短), 성도(成道) 이래(以來)의
근원(近遠)이 각기 다른 까닭에 일정하지 않다.

釋曰。上所說不定約刹那時。及相續時。與四時六時
八時十二時等。及約成道已後年數時節。名為一時者。以
根有利鈍。長短不定。上界下界。時節無憑。但說唯心之
一時。可為定量。無諸過失。事理相當。

해석(解釋)한다: 위에서 설한 바, 찰나시(刹那時) 및 상
속시(相續時)와 4時·6時·8時·12時 등과 아울러 成道 이후
의 年數와 時節에 의거하면 일정(一定)하지 않으므로, 이
를 '일시(一時)'라고 칭한다면 근기(根器)에 날카로움과 둔
함, 길고 짧음이 일정치 않고, 上界와 下界의 時節이 빙거
(憑據)할 수 없으므로, 단지 '유심(唯心)의 일시(一時)'라고
해야만 가히 定量이 되어서 여러 과실(過失)이 없고, 事와
理가 相當하다.

既亡去取之情。又絕斷常之見。不唯一時作唯識解。
實乃萬義皆歸一心。則稱可教宗。深諧祕旨。能開正見。
永滅羣疑。所以經云。一切諸法。以實際為定量。又云。
但以大乘而為解說。令得一切種智。故知但說大無過。夫
言大乘者。即是一心之乘。乘是運載義。若論運載。豈越
心耶。又夫不識心人。若聽法看經。但隨名相。不得經
旨。如僧崖云。今聞經語。句句與心相應。又釋法聰。因
聽慧敏法師說法。得自於心。蕩然無累。乃至見一切境。
亦復如是。

이미 버리고 취하는 정(情)이 없고, 또한 단견(斷見)과

상견(常見)이 끊어졌기에, 오직 '일시(一時)'를 유식(唯識)으로 해석할 뿐 아니라, 실(實)은 만의(萬義)가 다 일심(一心)에 돌아가므로, 그래서 가히 敎의 宗이라 칭할 수 있으니, 깊이 비밀한 뜻에 합치하고 능히 正見을 열고, 영원히 뭇 疑問을 없앤다. 그래서 경(經)에서 일렀다. 「일체(一切) 모든 법은 실제(實際)가 정량(定量)이 된다.」 또 일렀다. 「단지 대승(大乘)으로 해설(解說)하여 일체종지(一切種智)를 얻게 하는 까닭에, 단지 대승(大乘)만을 설(說)함에 잘못이 없음을 안다.」 무릇 대승(大乘)이라 함은 곧 一心의 乘이다. 乘은 '실어서 운반한다'는 뜻이다. '실어서 운반함'을 논한다면 어찌 마음을 넘을 수가 있겠는가! 또한 마음을 모르는 사람이 만약에 법문(法門)을 듣거나 경전(經典)을 보더라도, 이는 단지 名相에 따라가는 것일 뿐이니, 경(經)의 뜻을 얻지 못한다. 저 승애(僧崖)법사가 이르길, 「지금 경(經)의 말씀을 듣건대, 구절마다 마음과 상응(相應)한다.」 하였고, 또 석법총(釋法聰)은 「혜민(慧敏)법사의 설법을 듣고서 마음에 자(自)를 얻으니, 탕연(蕩然)하여 걸림이 없다. 나아가서, 일체경(一切經)을 보아도 또한 그러하다.」고 하였다.

若不觀心。盡隨物轉。是故大乘入道安心論云。若以有是。為是有所不是。若以無是為是。則無所不是。一智慧門。入百千智慧門。見柱作柱解得柱相。不作柱解。觀

心是柱法。無柱相。是故見柱即得柱法。一切形色亦得如
是。故華嚴經頌云。世間一切法。但以心為主。隨解取眾
相。顛倒不如實。

만약 관심(觀心)하지 않으면 언제까지나 사물(事物)에
따라서 굴러갈 뿐이다. 그래서 <대승입도안심론>大乘入道
安心論에서 일렀다.

「만약 '옳은 것[是]'이 있으면, 옳은 것 때문에 '옳지 않
은 것[不是]'이 있게 된다. 만약 옳은 것이 없으면 옳지 않은
것도 없다. 하나의 지혜문(智慧門)이 백천(百千)의 지혜문
에 들어간다.」

기둥[柱]을 보고 주해(柱解)를 짓고 주상(柱相)을 얻는
다. 주해(柱解)를 짓지 않으면, 관심(觀心)이 주법(柱法)이
고, 주상(柱相)이 없다. 이 까닭에 기둥[柱]을 보면 바로 주
법(柱法)을 얻는다. 일체(一切) 형색(形色)도 이렇게 인식
(認識)한다. 저 <화엄경>의 게송(偈頌)에서 일렀다.

「세간(世間)의 일체법(一切法)은
단지 마음을 주인으로 한다.
지해(知解)에 따라 뭇 상(相)을 취하면
전도(顛倒)되어 실(實)다운 것이 아니다.」

주심부와 유식